Além do bem e do mal

Prelúdio a uma filosofia do futuro

Livros de Nietzsche publicados pela **L&PM** EDITORES:

Além do bem e do mal
O anticristo
Assim falou Zaratustra
Crepúsculo dos ídolos
Ecce homo
A filosofia na era trágica dos gregos
Nietzsche – obras escolhidas: Além do bem e do mal, O anticristo, Ecce homo
Por que sou tão sábio

Leia também na Coleção **L&PM** POCKET:

Assim falou Zaratustra (MANGÁ)
Nietzsche – Jean Granier (SÉRIE **ENCYCLOPAEDIA**)
Nietzsche – Dorian Astor (SÉRIE BIOGRAFIAS)

NIETZSCHE

Além do bem e do mal

Prelúdio a uma filosofia do futuro

Tradução e notas de Renato Zwick

Apresentação e cronologia de Marcelo Backes

www.lpm.com.br

L&PM POCKET

Coleção **L&PM** POCKET, vol. 677

Texto de acordo com a nova ortografia.

Título original: *Jenseits von Gut und Böse*

Primeira edição na Coleção **L&PM** POCKET: fevereiro de 2008
Esta reimpressão: setembro de 2025

Tradução: Renato Zwick
Tradução a partir da edição organizada por Giorgio Colli e Mazzino Montinari (Friedrich Nietzsche Sämtliche Werke. Kritische Studienausgabe in 15 Bänden. Berlin/New York: De Gruyter/dtv, 1999. Bd. 5)
Apresentação: Marcelo Backes
Capa: Ivan Pinheiro Machado
Revisão: Elisângela Rosa dos Santos e Bianca Pasqualini

CIP-Brasil. Catalogação na Publicação
Sindicato Nacional dos Editores de Livros, RJ

N581a

Nietzsche, Friedrich Wilhelm, 1844-1900
Além do bem e do mal: prelúdio a uma filosofia do futuro / Friedrich Nietzsche; tradução e notas de Renato Zwick; apresentação e cronologia de Marcelo Backes. – Porto Alegre, RS: L&PM, 2025.
256p. – (L&PM POCKET ; v. 677)

Tradução de: *Jenseits von Gut und Böse*
ISBN 978-85-254-1735-0

1. Filosofia alemã. I. Título. II. Série.

08-0111. CDD: 193
CDU: 1(43)

Rua Comendador Coruja, 314, loja 9 – Floresta – 90.220-180
Porto Alegre – RS – Brasil / Fone: 51.3225.5777

Pedidos & Depto. Comercial: vendas@lpm.com.br
Fale conosco: info@lpm.com.br
www.lpm.com.br

Impresso no Brasil
Primavera de 2025

Sumário

APRESENTAÇÃO

Marcelo Backes

Friedrich Nietzsche (1844-1900) é um dos pensadores mais importantes de todos os tempos, um dos filósofos mais estudados nos dias de hoje. Estendeu sua influência para muito além da filosofia, adentrando a literatura, a poesia e todos os âmbitos das belas-artes. Marcou movimentos que vão do naturalismo alemão ao existencialismo francês, e escritores tão diferentes quanto os irmãos Heinrich e Thomas Mann. Com sua obra aparentemente fragmentária, que adquire unidade e vitalidade orgânica ao manejar o aforismo, Nietzsche mostrou, desde o início, que todo o pensador – todo o artista – genuíno tem de conspurcar o próprio ninho. E, assim, ele, que nasceu em uma família de pastores protestantes, cercado de moral e religião por todos os lados, fez da moral e da religião o alvo de seus combates, considerando sua guerra pessoal contra ambas sua maior vitória.

Além do bem e do mal (1886) é o centro dessa guerra, o primeiro livro "destrutivo" após o ainda "construtivo" *Zaratustra* (1883-85), o primogênito entre seus escritos negativos e negadores, conforme o próprio Nietzsche declara em seu *Ecce homo* (1888, publicado apenas em 1908),[1] a mais singular entre as autobiografias que o mundo jamais conheceu. Em *Ecce homo*, essa obra maior do egocentrismo humano, Nietzsche afirma ainda que *Além do bem e do mal* é a primeira crítica séria da modernidade, da ciência moderna,

1. Ver edição comentada do livro, L&PM POCKET, 2003.

da arte moderna e até mesmo da política moderna, e que, depois do olhar distante do *Zaratustra*, concentrou o foco sobre aquilo que está mais próximo do homem, aquilo que o rodeia na vida cotidiana.

De um modo geral, *Além do bem e do mal* retoma os temas mais decisivos de *Humano, demasiado humano* (1878-80), mas o faz de forma ainda mais livre, mais ousada, mais profunda e ao mesmo tempo mais escondida, misteriosa e labiríntica. Na obra, Nietzsche desenvolve uma verdadeira crítica da filosofia, da religião e da moral, apontando as congruências existentes entre as três. Alega que o cristianismo representou a orientalização do mundo antigo e a reversão nefasta de todos os valores ainda nobres da Grécia e de Roma, que ele significou a revolta fundamentalmente plebeia do escravo oriental contra seu senhor e é uma enfermidade vital que transformou o homem europeu de seu tempo em um monstro sublime. Nietzsche diz ainda que toda a filosofia praticada até sua época continua presa a preconceitos morais. Mais que isso, acusa a filosofia de assumir de maneira acrítica as noções da moral vigentes e de não se posicionar – conforme deveria – *além do bem e do mal*; e isso desde Platão, mas mais do que nunca em Kant, o filósofo da ética. A saída proposta por Nietzsche é a psicologia. Ele a declara instância decisiva na solução do embate, e única "ciência" capaz de jogar a âncora da análise mais fundo; só com a ajuda dela o pensamento – a especulação – pode tentar alcançar as distâncias mais noturnas da alma humana.

Na esteira desse debate e no centro de *Além do bem e do mal*, Nietzsche desenvolve conceitos como os de "moral de senhor" e "moral de escravo". A "moral do senhor" seria nobre, soberana, animicamente elevada; uma moral da hierarquia que despreza tudo aquilo que é baixo, que pensa baixo, uma moral que vê no baixo o ruim. Já a "moral de escravo" teria tendência niveladora, vontade de igualdade, e enalteceria tudo que é pobre, fraco e enfermo; tudo que é baixo. E mais uma vez o vigoroso espírito crítico de Nietzsche se volta contra a ética do ocidente, e especificamente contra a ética cristã. Se para ela o bom é o humilde, o pacífico, o maleável, e o mau é o forte, o enérgico e o altivo, para Nietzsche isso significa apenas a moralidade de um mundo dividido entre senhores e escravos. O valor supremo que deve nortear o critério do que é bom, verdadeiro e belo é, para Nietzsche, a vontade do forte. Trocando em miúdos e esboçando o pensamento de Nietzsche a grosso modo: é bom o que vem da força, é mau o que vem da fraqueza. No mesmo sentido, aliás, Nietzsche ataca a democracia e os movimentos socialistas e comunistas mais à esquerda, dizendo que eles propagam o apequenamento do homem e a mediocridade geral.

Para Nietzsche o homem aspira à imortalidade, mas isso não significa – nem importa – nada, já que a realidade se repete a si mesma num devir renitente, que constitui o eterno retorno. O homem só se salva pela aceitação da finitude, pois assim se converte em dono de seu destino, se liberta do desespero para afirmar-se soberanamente no gozo e na dor de existir, ultrapassando os limites de sua condição. De modo que o futuro da humanidade depende dos super-homens, capazes de se sobrepor à fraqueza, e não da integração destes ao rebanho comum dos fracos.

O filósofo e seus intérpretes

Nietzsche viveu sempre sobre a navalha da interpretação. Mal interpretado como filósofo, tanto em função de seu estilo poético – Nietzsche foi um dos maiores estilistas de uma língua que critica ferozmente, sobretudo em *Além do bem e do mal* –, quanto devido à exploração de certos aspectos de seu pensamento, mal versados pela irmã Elisabeth e pelo nazismo, Nietzsche demorou a ser levado a sério no âmbito da filosofia.

Primeiro foram as acusações duras vindas da esquerda, que deturparam seu pensamento depois do impulso inicial dado pela irmã. Nacionalista – alemã fanática, assim como o marido morto, Elisabeth chegou a escrever uma biografia do irmão. Na biografia (1897-1904), deturpou – a serviço dos ideais chauvinistas – os fatos biográficos e as opiniões políticas de Nietzsche, atribuindo caráter nacionalista às investidas do filósofo contra os valores cristãos e a seus conceitos da "vontade de poder" e do "super-homem". A obra póstuma *A vontade de poder*, abandonada por Nietzsche, foi organizada pela irmã. Nela, Elisabeth reuniu arbitrariamente notas e rascunhos de Nietzsche, muitas vezes infiéis às ideias do autor. Elisabeth chegou a falsificar algumas cartas do filósofo, responsáveis em parte pela má fama que cairia sobre ele anos mais tarde, como profeta da ideologia alemã que veio a culminar no nazismo. (Erich Podach, editor das obras do filósofo, diz que a irmã malversou, sim, o legado de Nietzsche, mas mostra-se coerente ao alegar que ela jamais teria alcançado ludibriar o mundo acadêmico e letrado da Alemanha inteira se o mesmo mundo não estivesse preparado para tanto, e inclusive não sentisse uma espécie de "necessidade" de cair no engodo.)

Mais tarde, Nietzsche foi limitado à condição de mero poeta-filósofo e, na melhor das hipóteses, filósofo-poeta; e o máximo que alcançou por muito tempo foi ser caracterizado como um "filósofo da vida" na esteira de Schopenhauer, ou seja, um filósofo que deixa para trás o mundo dos conceitos abstratos e sua interpretação teórica para se ocupar dos motivos da precariedade espiritual e cultural de seu tempo. De fato e na realidade, Nietzsche foi um dos críticos mais ferozes da religião, da moral e da tradição filosófica do ocidente; um dos primeiros filósofos desde a Antiguidade a tentar abarcar – de maneira inteiriça – o homem na condição de fenômeno. Sua potência na condição de antípoda da superficialidade de um mundo cristão e burguês é equivalente a de Kierkegaard e Karl Marx. Seu ímpeto prospectivo e especulativo encontrou força semelhante apenas em seus antecessores do "Sturm und Drang", o movimento literário de índole romântica e exacerbada, que festejou o gênio e a inspiração da musa.

Assim – e merecidamente –, os intérpretes de Nietzsche sempre colocaram o filósofo no apogeu de um desenvolvimento, no fim de uma evolução, no auge de um processo histórico; ou no princípio da decadência...

Karl Jaspers, por exemplo, dividiu a história do pensamento ocidental em dois períodos, fazendo de Nietzsche um divisor de águas. Se antes de Nietzsche dominava o "conhece-te a ti mesmo" socrático – que perdurou até Hegel, com o qual alcançou seu ápice –, depois dele a filosofia se caracteriza por um profundo desengano em relação à racionalidade, pela dissolução de todos os elos entre as coisas e pela queda de todas as autoridades.

György Lukács viu em Nietzsche o "destruidor da razão", a "expressão da ideologia reacionária do imperialismo mundial", principalmente no livro intitulado *De Nietzsche a Hitler ou o Irracionalismo e a Política Alemã.* Heidegger, por sua vez, identificou Nietzsche como o último dos filósofos metafísicos e colocou o divisor de águas em si mesmo, dizendo ter sido ele o primeiro filósofo não metafísico da história da filosofia ocidental. Coisa que Karl Marx já postulava um século antes, seja dito.[2]

Max Weber, de sua parte, disse: "O mundo onde nós mesmos existimos em termos de pensamento é um mundo cunhado pelas figuras de Marx e Nietzsche". Michel Foucault desenvolveu a Teoria do Filósofo e a base de todo seu pensamento sobre a visão que ele mesmo tinha da obra do pensador alemão. Foucault vê Marx e Hegel como os responsáveis pelo humanismo de seu tempo e Nietzsche como a opção não dialética – e, portanto, não humanista – a esse ponto de vista.

Fundamentais na reavaliação recente da obra de Nietzsche foram a biografia escrita pelo professor da Universidade de Basileia Curt Paul Janz, em três volumes (que através de uma intensa pesquisa genética desvendou as-

2. Ver MARX, Karl e ENGELS, Friedrich. *A ideologia alemã.* Tradução, organização e prefácio de Marcelo Backes. Rio de Janeiro: Record, 2007.

pectos da vida e da obra de Nietzsche até então desconhecidos), as investidas polêmicas de Erich Podach e sobretudo a edição de suas Obras Completas encaminhada por Giorgio Colli e Mazzino Montinari em 1969.

Uma filosofia em aforismos

O aforismo sempre viveu na fronteira entre a poesia e a filosofia. Se a origem do aforismo no mais das vezes é espontânea como a da lírica, ele pensa o mundo com a consciência extrema típica da filosofia. Fragmentário e antissistemático, sentencioso no ato de lapidar uma sensação ou um pensamento e propício tanto a representar a realidade quanto a esboçar aquilo que ainda não é real, o aforismo pode alcançar o estatuto de obra na extensão exígua de apenas três linhas. É um estilhaço de pensamento, uma máxima espirituosa de fôlego curto e sabedoria imensa. É uma formulação arguta – ora combativa, ora contemplativa –, apta a desvelar o mundo na ligeireza de um espasmo.[3] Mais que uma conceituação do aforismo, o esboço de conceito serviria muito bem para caracterizar a filosofia de Nietzsche, sobretudo quando assume a forma que assume em livros como *Além do bem e do mal*.

A tradição do aforismo é antiga. Hipócrates foi o primeiro escritor de aforismos e criou um gênero ao publicar seus *Aphorismoi*, por volta de 400 a.C. O opúsculo era apenas uma compilação de regras de tratamento médico, expostas de forma curta e programática. O procedimento aforístico também marcou a obra de Heráclito, a especulação moral de Sêneca, a observação histórica de Plutarco, as cartas de Marco Aurélio, a ética de Confúcio e as sentenças de Salomão. A partir do renascimento, a abrangência do aforismo estendeu-se ao estudo dos caracteres e ao ensinamento humano, ganhando desenvolvimento moderno com

3. O assunto é desenvolvido extensivamente em meu livro *Estilhaços*, sobretudo no Prelúdio (Record, 2006), e ecoa inclusive em meu romance *Maisquememória* (Record, 2007).

os adágios de Erasmo e com a teoria de Bacon. Mas foi só no barroco que o gênero veio a se desenvolver de verdade. A tentativa de iluminar, em sentenças curtas, os paradoxos vitais que surgiram a partir do período deu origem ao aforismo segundo o conhecemos hoje. O espanhol Baltasar Gracián, carro-chefe do conceptismo espanhol, foi decisivo na popularização do gênero, com a publicação de *Oráculo manual y arte de prudencia*, em 1647. Pascal, com a seriedade religiosa dos *Pensamentos*, e La Rochefoucauld, com a satirização do amor-próprio em suas *Máximas*, modernizaram o gênero.

Na Alemanha a contemplação interior ganharia importância e o aforismo se tornaria mais subjetivo. Se na França ele teve sempre uma forma mais fechada e uma tendência didática – até La Rochefoucauld escreve para a sociedade –, na Alemanha o aforismo nasce mais aberto, é bem mais privado e configura uma arte essencial na lida consigo mesmo.

Lichtenberg foi o primeiro aforista alemão. Inaugurou uma tradição secundada pelo romantismo universalizante de Friedrich von Schlegel e Novalis, incrementada pelo "irracionalismo" brilhante de Schopenhauer, pessoalizada por Heine, trabalhada de forma oculta nos *Diários* de Hebbel e levada aos píncaros por Nietzsche. Karl Kraus, já no século XX, voltaria a fazer uso do aforismo em toda sua força; assim como Franz Kafka e Ernst Jünger. Antes de Lichtenberg, o aforismo já existia na Alemanha, na condição de procedimento, nos provérbios de Lutero, nos epigramas de Gryphius e nas fábulas de Lessing.

A importância do aforismo na obra de Nietzsche é tão grande a ponto de ser a base formal de suas obras e de sua filosofia, como já era, em parte, no caso de Schopenhauer e, mais ainda, no de Blaise Pascal, cuja obra Nietzsche aliás ataca seguidamente, e no de Nicolas Chamfort, a quem Nietzsche elogia constantemente.

O impressionismo de Nietzsche desvendava o mundo aforisticamente. Na verdade, o autor parece capaz de filosofar apenas através do espasmo do aforismo e do fulgor poético do ditirambo. Nietzsche filosofou em aforismos e considerava-se o mestre do gênero na pátria literária de Lichtenberg. Sobre o aforismo, Nietzsche chegou a dizer, manifestando toda a humildade que sempre o caracterizou e unindo seu nome eternamente ao destino do gênero:

> O aforismo, a sentença, gêneros nos quais eu sou o primeiro entre os mestres alemães, são as formas da "Eternidade"; minha ambição é dizer, em dez frases, o que todos os outros dizem num livro... o que todos os outros *não* dizem num livro...

Além do bem e do mal – que agora encontra nova edição na tradução cuidadosa e precisa de Renato Zwick – é um dos maiores exemplos do vigor aforístico de Nietzsche.

Muito além de toda a "petulância" que caracteriza a obra, Nietzsche afirma a vida onde Schopenhauer a nega, e arranca a compaixão do centro da ética, lançando um vitupério contra o amolecimento humanitário de sua época. *Além do bem e do mal* também não deixa de ser uma espécie de síntese da obra de Nietzsche pelo seu caráter provocador, pelo fato de levar a provocação às últimas consequências, por representar um universo no qual ninguém entra sem alguma expectativa e do qual ninguém sai sem reagir.

Além do bem e do mal

Prelúdio a uma filosofia do futuro

Prólogo

Pressupondo que a verdade seja uma mulher – o quê?, não é fundamentada a suspeita de que todos os filósofos, na medida em que foram dogmáticos, pouco entendiam de mulheres? De que a medonha seriedade, a canhestra impertinência com que até agora eles costumaram abordar a verdade foram meios inábeis e indecorosos para conquistar justamente uma moça? O certo é que ela não se deixou conquistar – e todo tipo de dogmatismo está hoje parado por aí numa atitude de tristeza e desânimo. *Se* é que ainda está parado! Pois há zombeteiros que dizem que ele caiu, que todo dogmatismo se encontra por terra, e mais, que todo dogmatismo se encontra nas últimas. Falando seriamente, há boas razões para esperar que toda dogmatização na filosofia, por mais solene, por mais definitiva e acabada que tenha se mostrado, possa ter sido tão somente uma nobre criancice e coisa de principiantes; e está talvez bastante próximo o tempo em que mais e mais se compreenderá *o que* efetivamente já não bastou para servir de pedra fundamental a tais sublimes e absolutos edifícios filosóficos que os dogmáticos até agora construíram – alguma superstição popular de um tempo imemorial (tal como a superstição da alma, que, como superstição do sujeito e do eu, ainda hoje não cessou de gerar absurdos), talvez algum jogo de palavras, uma sedução por parte da gramática ou uma atrevida generalização de fatos por demais limitados, por demais pessoais, por demais humanos, demasiado humanos. A filosofia dos dogmáticos foi, assim esperamos, apenas uma promessa para daqui a milênios: da mesma forma que em época ainda mais antiga a astrologia, a cujo serviço talvez se despendeu mais trabalho, dinheiro, sagacidade, paciência do que até agora a serviço de qualquer ciência efetiva: – devemos à astrologia e às suas pretensões "supraterrenas" o grande estilo da arquitetura da Ásia e do Egito. Parece que todas as grandes coisas, a fim de se inscrever no coração da humanidade com exigências eternas, devem primeiramente vagar pela Terra como carantonhas monstruosas e aterradoras: uma dessas carantonhas foi a filosofia dogmática, exemplos dela a doutrina vedanta na Ásia e o platonismo na Europa. Não sejamos ingratos com ela, por mais certo que também se deva admitir que o mais grave, o mais duradouro e o mais perigoso de todos os erros cometidos até agora tenha sido um erro de dogmático, a saber, a invenção platônica do espírito puro e do bem em si. Doravante, porém, quando esse erro está superado, quando a Europa respira aliviada desse pesadelo e pelo menos pode gozar um – sono mais saudável, nós, *cuja tarefa é a própria vigília*, somos os herdeiros de toda a energia que a luta contra esse erro acumulou.[1] Falar do espírito e do bem conforme Platão o fez significa, de fato, colocar a verdade de pernas para o ar e mesmo negar o *caráter perspectivo*, a condição fundamental de toda a vida; deve-se até, na condição de médico, perguntar: "Donde semelhante doença na mais bela planta da Antiguidade, em Platão? Corrompeu-o realmente o malvado Sócrates? Teria Sócrates sido realmente o corruptor da juventude? E teria merecido sua cicuta?" – Mas a luta contra Platão, ou, para dizê-lo de modo mais compreensível e para o "povo", a luta contra a opressão cristã-eclesiástica de milênios – pois o cristianismo é platonismo para o "povo" –, criou na Europa uma magnífica tensão do espírito como

1. O travessão que parece partir a frase inexplicavelmente ao meio (tal como ocorre na frase inicial, onde é seguido de uma irônica perguntinha) é, na verdade, um recurso de que o autor se vale – com muita frequência, aliás – para indicar uma pausa, a qual como que prepara o espírito do leitor para alguma ideia inesperada, surpreendente, incômoda.

jamais houve igual sobre a Terra: com um arco assim tensionado pode-se doravante atirar nos alvos mais distantes. Todavia, o homem europeu sente essa tensão como um estado de necessidade; e por duas vezes já se tentou em grande estilo distender o arco, a primeira delas através do jesuitismo, a segunda através do Esclarecimento democrático – o qual, com a ajuda da liberdade de imprensa e da leitura de jornais, pôde realmente conseguir que o espírito não sinta mais a si mesmo tão facilmente como "necessidade"! (Os alemães inventaram a pólvora – parabéns! Mas eles também a liquidaram – eles inventaram a imprensa.) Mas nós, que não somos nem jesuítas, nem democratas, nem mesmo alemães o bastante, nós, *bons europeus* e espíritos livres, *muito* livres – nós ainda as possuímos, a inteira necessidade do espírito e a inteira tensão de seu arco! E talvez também a seta, a tarefa e, quem sabe?, o *alvo*.....

Sils-Maria, Alta Engandina
Junho de 1885

PRIMEIRA PARTE
DOS PRECONCEITOS DOS FILÓSOFOS

1

A vontade de verdade, que ainda nos seduzirá a muitas ousadias, essa célebre veracidade, da qual todos os filósofos até agora falaram com veneração: que questões essa vontade de verdade já não nos colocou! Que estranhas, graves, questionáveis questões! Essa já é uma longa história – e, no entanto, não parece que ela começou agorinha mesmo? Será de espantar se enfim nos tornamos desconfiados, perdemos a paciência, olhamos em volta impacientemente? Que também *nós* aprendemos com essa esfinge, por nossa parte, a questionar? *Quem* é propriamente que nos coloca questões aqui? *O que* em nós almeja propriamente "à verdade"? – Na realidade, detivemo-nos longamente diante da pergunta pela causa dessa vontade – até que, por fim, estacamos completamente diante de uma pergunta ainda mais fundamental. Nós perguntamos pelo *valor* dessa vontade. Supondo que queremos a verdade: *por que não, preferentemente*, a inverdade? E a incerteza? Ou mesmo a ignorância? – O problema do valor da verdade se colocou diante de nós – ou fomos nós que nos colocamos diante do problema? Quem de nós aqui é Édipo? Quem a Esfinge? É um encontro, assim parece, de interrogações e pontos de interrogação. – E acreditariam em nós se por fim disséssemos que, segundo nos parece, o problema jamais foi colocado até agora – que fomos nós que o vimos, encaramos, *ousamos* pela primeira vez? Pois há uma ousadia nisso, e talvez não haja maior.

2

"Como *poderia* algo se originar de seu oposto? Por exemplo, a verdade do erro? Ou a vontade de verdade da vontade de ilusão? Ou a ação desinteressada do interesse próprio? Ou a pura e solar contemplação do sábio a partir da concupiscência? Semelhante origem é impossível; quem sonha com isso, um louco, até algo pior; as coisas de supremo valor devem ter uma outra origem, *própria* – elas não podem ser deriváveis desse mundo transitório, sedutor, ilusório, baixo, dessa confusão de loucura e cobiça! Sua origem está antes no seio do ser, no eterno, no deus oculto, na 'coisa em si' – *aí* deve estar seu fundamento, e em mais nenhum outro lugar!" – Esse modo de julgar constitui o preconceito[2] típico pelo qual os metafísicos de todos os tempos se deixam reconhecer; esse tipo de valoração se encontra por trás de todos os seus procedimentos lógicos; dessa sua "crença" se esforçam por extrair seu "saber"[3], por algo que no final será solenemente batizado de "a verdade". A crença fundamental dos metafísicos é *a crença nas oposições de valores.* Nem ao mais cauteloso deles ocorreu duvidar disso já aqui na soleira, onde, porém, era o mais necessário: mesmo quando eles haviam jurado para si próprios "*de omnibus dubitandum*"[4]. Pois se pode duvidar, em primeiro lugar, se há mesmo oposições e, em segundo lugar, se essas valorações e oposições de valor populares sobre as quais os metafísicos imprimiram seu selo não são talvez somente avaliações de fachada, somente perspectivas provisórias, e talvez, além disso, a partir de um ângulo, talvez de baixo para cima, perspectivas de rã[5], por assim dizer, para tomar

---

2. Intraduzível jogo de palavras entre *urteilen* (julgar) e *Vorurteil* (preconceito, "pré-juízo").

3. Alusão a Kant, mesmo caso da antes referida "coisa em si". Em *Crítica da razão pura* (Prefácio à segunda edição, XXX), Kant afirma: "Tive, portanto, que suprimir o *saber* para obter lugar para a *fé* (...)".

4. "De tudo duvidar." Ponto de partida da filosofia de Descartes.

5. A "perspectiva de rã" (*Froschperspektive*) opõe-se à "perspectiva de pássaro" (*Vogelperspektive*), que representa objetos vistos de cima. Significa também, em sentido figurado, "ponto de vista limitado, vistas curtas".

de empréstimo uma expressão familiar aos pintores. Apesar de todo o valor que possa caber àquilo que é verdadeiro, veraz, desinteressado: existe a possibilidade de que devêssemos atribuir à aparência, à vontade de ilusão, ao interesse próprio e à cobiça um valor superior e mais fundamental para toda vida. Seria até mesmo possível que *aquilo* que constitui o valor dessas boas e veneradas coisas resida precisamente em serem elas insidiosamente aparentadas, ligadas, entrelaçadas, talvez até essencialmente iguais a essas coisas ruins, aparentemente contrárias. – Talvez! – Mas quem está disposto a se preocupar com tais perigosos talvezes! Para tanto é já preciso esperar a chegada de uma nova espécie de filósofos, tais que possuam um outro gosto e inclinação, contrários aos que até agora existiram – filósofos do perigoso "talvez" em todos os sentidos. – E falando com toda seriedade: eu vejo esses novos filósofos surgirem no horizonte.

3

Depois que atentei por tempo o bastante para as entrelinhas e para os manejos dos filósofos, digo a mim mesmo: deve-se incluir a maior parte do pensamento consciente entre as atividades instintivas, e inclusive no caso do pensamento filosófico; aqui se precisa mudar a maneira de ver da mesma forma que se mudou a maneira de ver com respeito à hereditariedade e ao "inato". Assim como o ato do nascimento pouco interessa a todo o processo e progresso da hereditariedade, assim tampouco "estar consciente"[6] é *oposto* em qualquer sentido decisivo ao que é instintivo – a maior parte do pensamento consciente de um filósofo é secretamente guiada e compelida a determinados rumos pelos seus instintos. Mesmo por trás de toda lógica e de sua aparente soberania de movimentos se encontram va-

6. Na edição de Colli e Montinari, "*Bewusstsein*", na de Karl Schlechta, "*Bewusst-sein*". Ainda que o hífen seja omitido na edição de Colli e Montinari, o contexto deixa evidente que o autor joga com *Bewusstsein* ("consciência") e *bewusst sein* ("ser, estar consciente"). Sutileza que a tradução não permite conservar.

lorações, falando mais claramente, exigências fisiológicas de conservação de uma determinada espécie de vida. Por exemplo, que o determinado valha mais que o indeterminado, a aparência valha menos que a "verdade": semelhantes avaliações, apesar de toda a sua importância reguladora para *nós*, poderiam ser tão somente avaliações de fachada, uma determinada espécie de *niaiserie*[7], tal como seria necessária precisamente para a conservação de seres como os que somos. Admite-se, pois, que não é exatamente o homem a "medida das coisas"...

4

A falsidade de um juízo não chega a ser para nós objeção alguma contra um juízo; é nisto que a nossa nova linguagem talvez soe mais estranha. A questão é até que ponto ele é fomentador da vida, conservador da vida, conservador da espécie, talvez inclusive melhorador da espécie; e nós estamos fundamentalmente inclinados a afirmar que os juízos mais falsos (entre os quais se incluem os juízos sintéticos *a priori*) são os mais imprescindíveis para nós, que sem uma aceitação das ficções lógicas, sem medir a realidade pelo mundo puramente inventado do absoluto, idêntico a si mesmo, sem uma constante falsificação do mundo através do número, o homem não poderia viver – que a renúncia a juízos falsos seria uma renúncia à vida, uma negação da vida. Admitir a inverdade como condição da vida: isso significa, sem dúvida, opor-se de uma maneira perigosa aos sentimentos de valor habituais; e uma filosofia que ousa isso apenas por fazê-lo já se coloca além do bem e do mal.

5

O que incita a olhar todos os filósofos de um modo meio desconfiado, meio zombeteiro não é o fato de mais e mais se descobrir o quanto eles são inocentes – com que

---

7. "Tolice."

frequência e com que facilidade eles se enganam e se perdem, em poucas palavras, sua criancice e infantilidade –, mas o fato de que eles não procedem de modo honesto o bastante, ao mesmo tempo em que fazem em conjunto um grande e virtuoso alarido tão logo o problema da veracidade seja tocado ainda que de leve. Todos fazem de conta que descobriram e alcançaram suas autênticas opiniões através do desenvolvimento próprio de uma dialética fria, pura, divinamente despreocupada (à diferença dos místicos de todas as categorias, mais honestos que eles e mais simplórios – os místicos falam de "inspiração"): enquanto, no fundo, defendem uma tese adotada antecipadamente, uma ideia repentina, uma "inspiração", geralmente um anelo abstratizado e peneirado, com razões procuradas posteriormente: – são, todos eles, advogados que não querem ser chamados por esse nome, e, na sua maioria, até mesmo defensores manhosos de seus preconceitos, que batizam de "verdades" – e estão *muito* distantes da coragem de consciência que confessa isso, precisamente isso, a si própria, muito distantes do bom gosto da coragem que também dá isso a entender, seja para advertir um inimigo ou um amigo, seja por uma alegria incontida e para zombar de si própria. A tão rígida quanto decorosa tartufice do velho Kant, com a qual ele nos atrai às vias dialéticas clandestinas que conduzem, ou melhor, seduzem, ao seu "imperativo categórico" – esse espetáculo faz sorrir a nós, exigentes, que encontramos um divertimento nada pequeno em atentar para os manejos de velhos moralistas e pregadores da moral em suas sutis perfídias. Ou então aquele *hocus-pocus*[8] de forma matemática com o qual Espinosa como que blinda com bronze e mascara sua filosofia – "o amor à *sua* sabedoria", afinal, interpretada a palavra correta e justamente – com o propósito de amedrontar de antemão a coragem do atacante que ouse

8. Fórmula mágica, truque de prestidigitação, charlatanice.

lançar o olhar a essa inconquistável virgem e Palas Atena[9]: – quanto do próprio temor e vulnerabilidade não trai essa mascarada de um doente ermitão!

6

Pouco a pouco se tornou evidente para mim o que foi toda grande filosofia até agora: a saber, a confissão pessoal de seu autor e uma espécie de *mémoires* involuntárias e inadvertidas; também se tornou evidente que os propósitos morais (ou imorais) de toda filosofia constituíram o autêntico broto vital a partir do qual sempre cresceu a planta inteira. De fato, para explicar o modo como verdadeiramente surgiram as mais remotas asserções metafísicas de um filósofo, age-se bem (e com prudência) ao perguntar sempre em primeiro lugar: de que moral partem (*ele* parte)? Eu não acredito, por conseguinte, que um "impulso ao conhecimento" seja o pai da filosofia, mas que um outro impulso, aqui como em outros casos, serviu-se do conhecimento (e do desconhecimento!)[10] apenas como de um instrumento. Mas quem observar, a partir disso, os impulsos fundamentais do homem para ver até que ponto, precisamente aqui, eles poderiam ter exercido sua influência como gênios (ou demônios e duendes) *inspiradores*, descobrirá que todos eles alguma vez já fizeram filosofia – e que cada um deles gostaria por demais de mostrar que justamente ele *próprio* é o alvo último da existência e o legítimo *senhor* de todos os demais impulsos. Pois todo impulso é sequioso de poder: e como *tal* ele busca filosofar. – Todavia: com os eruditos, os autênticos homens de ciência, pode ser diferente – "melhor", caso se queira –, pode haver realmente algo como um

9. Palas Atena: deusa da sabedoria, da guerra, das ciências e das artes. Foi tirada por Hefestos da cabeça de Zeus, donde já saiu armada e dançando uma dança de guerra.

10. Em alemão, *Verkenntnis*. A tradução não é precisa: "desconhecimento" em alemão é *Unkenntnis*, e o termo forjado por Nietzsche a partir do verbo *verkennen* é algo mais rico: *verkennen*, além de "desconhecer", "ignorar", também significa "não compreender", "compreender mal", "interpretar mal".

impulso cognitivo, algum pequeno mecanismo de relojoaria independente que, dando uma boa corda, funciona a valer a partir de então, *sem* que nenhum dos demais impulsos do erudito tome parte essencial aí. É por isso que os autênticos "interesses" do erudito residem habitualmente em coisas completamente diferentes, por exemplo, na família ou em ganhar dinheiro ou na política; é até quase indiferente se a sua pequena máquina é posta a funcionar neste ou naquele campo da ciência, e se o "promissor" jovem trabalhador faz de si um bom filólogo ou micólogo ou químico – não o *caracteriza* que ele se torne isto ou aquilo. No filósofo, ao contrário, não há absolutamente nada de impessoal; e sua moral, em especial, dá um decidido e decisivo testemunho de *quem ele é* – quer dizer, em que hierarquia os mais íntimos impulsos de sua natureza estão colocados uns em relação aos outros.

7

Quão maldosos podem ser os filósofos! Não conheço nada mais venenoso do que o chiste que Epicuro se permitiu contra Platão e os platônicos: ele os chamou de *dionysiokolakes*. Isto significa literalmente e em primeiro lugar "aduladores de Dionísio", portanto, apetrechos de tiranos e lambe-botas; mas além de tudo também quer dizer que "são todos *atores*, neles não há nada autêntico" (pois *dionysokolax* era uma designação popular para ator)[11]. E neste último sentido está propriamente a maldade que Epicuro disparou contra Platão: aborrecia-o a maneira grandiosa, o colocar-se em cena, do qual Platão, juntamente com seus discípulos, entendia bem – do qual Epicuro nada entendia! Ele, o velho mestre-escola de Samos que vivia escondido em seu jardinzinho de Atenas e escreveu trezentos livros, quem sabe, talvez, por ambição e raiva de Platão? – Foram

11. *Dionysiokolakes/dionysokolax*: a graça da piada de Epicuro está na semelhança entre os nomes do deus Dioniso e de Dionísio, tirano de Siracusa. Sendo Dioniso também o deus do teatro, os atores eram seus "aduladores".

necessários cem anos até que a Grécia descobrisse quem foi esse deus dos jardins chamado Epicuro. – Ela descobriu? –

8

Em toda filosofia há um ponto em que a "convicção" do filósofo entra em cena: ou, para dizê-lo na linguagem de um antigo mistério:

adventavit asinus
pulcher et fortissimus.[12]

9

Quereis *viver* "segundo a natureza"? Ó nobres estoicos, que intrujice de palavras! Imaginai um ser semelhante à natureza, desmedidamente pródigo, desmedidamente indiferente, sem propósitos e consideração, sem misericórdia e justiça, fecundo e estéril e incerto ao mesmo tempo, imaginai a própria indiferença como poder – como *poderíeis* viver segundo essa indiferença? Viver – isso não é justamente um querer-ser-diferente do que essa natureza é? Viver não é avaliar, estabelecer preferências, ser injusto, limitado, querer ser diferente? E supondo que vosso imperativo "viver segundo a natureza" signifique no fundo o mesmo que "viver segundo a vida" – como é que poderíeis *não* fazê-lo? Para que fazer um princípio daquilo que vós próprios sois e tendes de ser? – Na verdade, as coisas são bem diferentes: enquanto afirmais, encantados, tomar da natureza o cânone de vossa lei, quereis algo que é o oposto, vós, estranhos comediantes e autoenganadores! Vosso orgulho quer prescrever e incorporar à natureza, inclusive à natureza, a vossa moral, o vosso ideal; quereis que ela seja uma natureza

12. "Chegou o asno, belo e muito forte." O trecho pertence a um *festum asinorum* ("festa do asno") medieval, ritual originalmente destinado a comemorar a fuga da Sagrada Família para o Egito, mas que se transformou numa exaltação do asno, símbolo da humildade e da tolice.

"segundo a Stoa"[13] e gostaríeis que toda a existência apenas existisse à vossa própria imagem – como uma imensa, eterna glorificação e generalização do estoicismo! Não obstante todo o vosso amor à verdade, vos obrigais por tanto tempo, tão teimosamente, com tamanha fixidez hipnótica, a ver a natureza *falsamente*, isto é, estoicamente, até que não sois mais capazes de vê-la de outro modo – e por fim algum abismal orgulho ainda vos inspira a louca esperança de que, *visto que* sabeis tiranizar a vós próprios – estoicismo é autotirania –, também a natureza se deixe tiranizar: pois não é o estoico um *fragmento* de natureza?... Mas esta é uma velha, longa história: o que daquela vez sucedeu com os estoicos, sucede ainda hoje tão logo uma filosofia começa a acreditar em si mesma. Ela sempre cria o mundo à sua imagem, ela não pode fazer diferente; a filosofia é esse impulso tirânico mesmo, a mais espiritual vontade de poder, de "criação do mundo", de *causa prima.*[14]

10

A diligência e a sutileza, eu quase diria a astúcia, com que hoje se ataca por toda parte na Europa o problema "do mundo real e do mundo aparente"[15], dá o que pensar e o que escutar; e quem aqui escuta ao fundo apenas uma "vontade de verdade" e nada mais certamente não goza dos ouvidos mais aguçados. Em casos raros e isolados pode realmente estar implicada aí tal vontade de verdade, alguma coragem descomedida e aventureira, alguma ambição de metafísico ao posto perdido, ambição que, afinal, sempre

---

13. Zenão de Cítio (c.333-c.264 a.C.) reunia-se com quem quisesse ouvi-lo junto a um pórtico (*stoá*, em grego) de Atenas, donde a designação de "estoicos" dada aos seus discípulos.

14. "Causa primeira."

15. Alusão à obra do filósofo G. Teichmüller (1832-1888), *Die wirkliche und die scheinbare Welt* ("O mundo real e o mundo aparente"), publicada em 1882. Teichmüller ocupava a cátedra de filosofia da Universidade de Basileia, e quando a deixou, em 1871, Nietzsche candidatou-se ao cargo – sem sucesso, porém.

prefere um punhado de "certeza" a um vagão inteiro cheio de belas possibilidades; pode até mesmo haver fanáticos da consciência puritanos que preferem morrer estendidos sobre um nada certo a fazê-lo sobre um algo incerto. Mas isto é niilismo e sinal de uma alma desesperada, morta de cansaço: por mais valentes que os gestos de semelhante virtude possam parecer. Entre os pensadores mais fortes, mais cheios de vida, ainda sedentos de vida, as coisas parecem se dar de outro modo: ao tomar partido *contra* a aparência e pronunciar a palavra "perspectivo" quase com orgulho, ao avaliar a credibilidade de seus próprios corpos como sendo aproximadamente tão pequena quanto a credibilidade da evidência que diz "a Terra está imóvel", e desse modo aparentemente bem-disposto deixam escapar entre os dedos a mais segura das posses (pois no que se acredita agora com mais firmeza do que no próprio corpo?), quem sabe se no fundo eles não querem reconquistar algo que se possuía outrora ainda *mais firmemente*, alguma parte das velhas terras da fé de antigamente, talvez "a alma imortal", talvez "o velho deus", em suma, ideias com as quais se podia viver melhor, quer dizer, de modo mais vigoroso e mais jovial, do que com as "ideias modernas"? Há nisso *desconfiança* contra essas ideias modernas, há descrença de tudo aquilo que foi construído ontem e hoje; há talvez um ligeiro fastio e um escárnio aí mesclados que não suportam mais o *bric-à-brac* de conceitos da mais variada procedência, que é como o assim chamado positivismo se apresenta hoje no mercado, uma repulsa do gosto mais exigente diante do colorido de feira e da andrajosidade de todos esses filosofastros da realidade,[16] nos quais nada há de novo e genuíno a não ser esse colorido. Nisto, segundo me parece, deve-se dar razão a esses céticos antirrealistas e microscopistas do conhecimento atuais: seu instinto, que os afasta da realida-

16. Referência a Eugen Dühring (1833-1921), que definia seu pensamento como "filosofia da realidade".

de *moderna*, não é refutado – que nos importam seus atalhos retrógrados! O essencial neles *não* é que eles querem "voltar": mas que eles querem – *afastar-se*. Um pouco *mais* de energia, voo, coragem, senso artístico: e eles quereriam ir *adiante* – e não de volta! –

11

Parece-me que por toda parte ocorre hoje um esforço no sentido de desviar o olhar da verdadeira influência que Kant exerceu sobre a filosofia alemã e, em particular, de se esquivar astutamente do valor que ele concedia a si próprio. Antes de tudo e em primeiro lugar, Kant tinha orgulho de sua tábua de categorias, e com essa tábua nas mãos, dizia: "isto é o mais difícil que alguma vez pôde ser empreendido em prol da metafísica". – Mas entenda-se este "pôde ser"! Ele tinha orgulho de haver *descoberto* no homem uma nova faculdade, a faculdade para os juízos sintéticos *a priori*. Supondo que ele tenha se enganado quanto a isso: mas o desenvolvimento e o rápido desabrochar da filosofia alemã se ligam a esse orgulho e à competição de toda a juventude para descobrir talvez maiores motivos de orgulho – e, em todo caso, "novas faculdades"! – Mas reflitamos: está na hora. Como são *possíveis* os juízos sintéticos *a priori*?, perguntava-se Kant – e o que propriamente ele respondeu? *Eles são facultados por uma faculdade*[17] mas, infelizmente, não o fez em tão poucas palavras, mas de modo tão cerimonioso, venerável e com tal dispêndio de gravidade e tortuosidade[18] alemãs, que não se percebeu a divertida *niaiserie allemande* que se encontra em tal resposta. Grande foi o entusiasmo com essa nova faculdade, e o júbilo chegou ao seu ápice quando Kant, não bastasse isso, ainda descobriu uma fa-

---

17. Em alemão, *vermöge eines Vermögens*, ou seja, "graças a uma faculdade".

18. Outro jogo de palavras, não menos espirituoso: formando par com *Tiefsinn* (reflexão profunda, profundidade, gravidade), Nietzsche forja *Schnörkelsinn* (*Schnörkel*: linha tortuosa, floreio, voluta), que traduzimos de modo aproximado e sem o mesmo grau de invenção por "tortuosidade". *Niaiserie allemande*, pouco depois: "tolice alemã".

culdade moral no homem – pois naquele tempo os alemães ainda eram morais, e absolutamente ainda não eram "*real-politisch*"[19]. – Veio a lua de mel da filosofia alemã; todos os jovens teólogos do Seminário de Tübingen[20] se embrenhavam imediatamente nas moitas – todos procuravam por "faculdades". E quanta coisa não se encontrou – naquela época inocente, rica, ainda juvenil do espírito alemão, em que a malévola fada do romantismo soprava, cantava, tempo em que ainda não se sabia distinguir entre "encontrar" e "inventar"![21] Em primeiro lugar, uma faculdade para o "suprassensível": Schelling a batizou de intuição intelectual, vindo, com isso, ao encontro dos desejos mais íntimos de seus alemães, no fundo desejosos de devoção. Não se pode fazer injustiça maior a todo esse buliçoso e exaltado movimento, que era juventude, por mais que se disfarçasse ousadamente com conceitos grisalhos e decrépitos, do que levá-lo a sério e tratá-lo até mesmo com indignação moral; enfim, a idade chegou – o sonho acabou. Chegou um momento em que as pessoas punham a mão na cabeça: e assim continuam até hoje. As pessoas haviam sonhado: antes de todos e em primeiro lugar – o velho Kant. "Facultado por uma faculdade" – dissera ele, ou pelo menos, dera a entender. Mas então isto é – uma resposta? Uma explicação? Ou não é antes apenas uma repetição da pergunta? Como afinal o ópio faz dormir? "Facultado por uma faculdade", a saber, a *virtus dormitiva* – responde aquele médico de Molière:

19. Referência à *Realpolitik* (política realista), concepção apresentada por L. von Rochau na obra *Princípios de política realista* (1853). Na definição precisa do *Houaiss*: "Política internacional que se baseia em fatores pragmáticos e materiais, especialmente nas relações entre as forças vigentes e em cenários concretos, em detrimento de influências ideológicas ou considerações sobre doutrina e princípios". O termo *Realpolitik* passou a ser aplicado sobretudo à política de Bismarck.

20. Foi no seminário protestante de Tübingen que estudaram Hegel, Schelling e Hölderlin.

21. "Encontrar" e "inventar": em alemão, *"finden" und "erfinden"*.

quia est in eo virtus dormitiva,
cujus est natura sensus assoupire.[22]

Mas respostas assim são próprias de comédia, e está finalmente na hora de substituir a pergunta kantiana, "como são possíveis os juízos sintéticos *a priori*?", por uma outra pergunta, "por que é *preciso* crer em tais juízos?" – ou seja, está na hora de compreender que para o objetivo de conservação de seres de nossa espécie, tais juízos têm de ser *cridos* como verdadeiros; razão pela qual eles naturalmente também poderiam ser juízos *falsos*! Ou, dito de modo mais claro, grosseiro e radical: juízos sintéticos *a priori* não deveriam absolutamente "ser possíveis": não temos qualquer direito a eles, em nossa boca eles são todos juízos falsos. Só que é preciso, contudo, a crença na sua verdade como uma crença de fachada e aparência que pertence à ótica de perspectivas própria da vida. – E para recordar, por fim, a enorme influência que "a filosofia alemã" – compreende-se, como espero, seu direito às aspas? – exerceu em toda a Europa, não se duvide que uma certa *virtus dormitiva* teve parte nisso: entre nobres ociosos, virtuosos, místicos, artistas, cristãos três-quartos e obscurantistas políticos de todas as nações, as pessoas estavam encantadas por possuir, graças à filosofia alemã, um antídoto contra o sensualismo ainda predominante que transbordou do século anterior para o presente, em suma – "*sensus assoupire*".....

12

No que respeita ao atomismo materialista: este pertence às coisas melhor refutadas que existem; e talvez não haja atualmente na Europa ninguém entre os doutos tão indouto a ponto de ainda lhe atribuir, exceto para o cômodo

---

22. Molière, *O doente imaginário*: comédia-balé, Ato III, 3º interlúdio. Na cerimônia burlesca em que Argan, o doente imaginário, recebe o título de médico, um dos examinadores lhe interroga sobre as razões do efeito soporífero do ópio. Num latim macarrônico, Argan responde: "Porque há nele uma faculdade dormitiva, cuja natureza é entorpecer os sentidos".

uso diário e doméstico (ou seja, como uma abreviação dos meios de expressão), um significado sério – graças, em primeiro lugar, àquele polonês Boscovich,[23] que, juntamente com o polonês Copérnico, foi até agora o maior e o mais vitorioso adversário da aparência. Pois enquanto Copérnico nos persuadiu a acreditar, contrariamente a todos os sentidos, que a Terra *não* está parada, Boscovich nos ensinou a abjurar da crença na última coisa da Terra que "estava parada", a crença na "substância"[24], na "matéria", no átomo, montinho e resto de Terra: foi o maior triunfo sobre os sentidos até agora conquistado sobre a Terra. – Mas é preciso ir ainda mais longe e declarar guerra também à "necessidade atomista", que, do mesmo modo que aquela mais famosa "necessidade metafísica", ainda leva uma perigosa sobrevida em áreas onde ninguém imagina – uma guerra sem piedade por todos os meios: – deve-se aniquilar, em primeiro lugar, também aquele outro e mais funesto atomismo que o cristianismo ensinou melhor e por mais tempo, o *atomismo da alma.* Que nos seja permitido designar com essa expressão a crença que considera a alma como sendo algo inextinguível, eterno, indivisível, uma mônada, um átomo: *essa* crença deve ser eliminada da ciência! Ao fazer isso, não é absolutamente preciso, dito entre nós, livrar-se da "alma" mesma e renunciar a uma das mais antigas e mais respeitáveis hipóteses: como costuma ocorrer à falta de jeito dos naturalistas, que, mal tocam na "alma", também a perdem. Mas o caminho para novas versões e refinamentos da hi-

23. O jesuíta R.J. Boscovich (1711-1787), matemático, físico e astrônomo, autor de *Philosophiae naturalis theoria redacta ad unicam legem virium in natura existentium* (Teoria da filosofia natural, redigida segundo a única lei das forças existentes na natureza), obra publicada em 1769, era na verdade croata.

24. O termo "substância" não é a melhor tradução para *Stoff,* usualmente vertida por "matéria". *Materie,* porém, vem logo a seguir... Caso comum no alemão, há duas palavras diferentes para designar a mesma coisa: uma de origem latina, outra propriamente alemã. "Substância" satisfaz apenas parcialmente pelo fato de que possui usualmente a conotação de "elemento químico", e se Nietzsche tivesse empregado "substância" em seu sentido metafísico, provavelmente usaria *Substanz...*

pótese da alma se encontra aberto: e conceitos como "alma mortal", "alma como multiplicidade do sujeito" e "alma como estrutura social dos impulsos e afetos" querem doravante ter direito de cidadania na ciência. Ao dar um fim à superstição que até agora se alastrava com um viço quase tropical em torno da ideia de alma, o *novo* psicólogo sem dúvida se lançou, por assim dizer, em um novo deserto e em uma nova desconfiança – pode ser que para os psicólogos mais velhos as coisas fossem mais cômodas e alegres –: mas, no fim, justamente por isso ele também se sabe condenado à *invenção* – e, quem sabe, talvez à *descoberta*.[25]

13

Os fisiólogos deveriam refletir ao estabelecer o impulso de autoconservação como o impulso cardinal de um ser orgânico. Algo que é vivo quer sobretudo *dar vazão* à sua força – a vida mesma é vontade de poder –: a autoconservação é apenas uma das *consequências* indiretas e mais frequentes disso. – Em suma, nisso, como em tudo, cuidado com princípios teleológicos *supérfluos*! – caso do impulso de autoconservação (que se deve à inconsequência de Espinosa). Assim ordena o método, que deve ser essencialmente economia de princípios.

14

Talvez cinco, seis cabeças começam agora a compreender que também a física é apenas uma interpretação e ordenação do mundo (de acordo conosco!, permitam-me dizê-lo) e *não* uma explicação do mundo: mas, na medida em que ela se apoia na crença nos sentidos, ela passa por ser algo mais, e por longo tempo ainda deve passar por ser algo mais, a saber, por explicação. Ela tem olhos e dedos a seu favor, ela tem a evidência e a palpabilidade a seu favor: sobre uma época cujo gosto fundamental é plebeu, isto

---

25. Repete-se o jogo entre *finden* e *erfinden*: desta vez, porém, os verbos são substantivados: *Erfinden* (invenção) e *Finden* (descoberta).

exerce um efeito encantador, persuasivo, *convincente* – isto até segue instintivamente o cânone de verdade do eterno sensualismo popular. O que é claro, o que "esclarece"? Primeiramente, aquilo que pode ser visto e tocado – até esse ponto é preciso levar cada problema. De modo inverso: precisamente na resistência *contra* a evidência dos sentidos consistia o encanto do modo de pensar platônico, que era um modo de pensar *nobre* – talvez entre homens que inclusive gozavam de sentidos mais fortes e mais exigentes do que os de nossos contemporâneos, mas que sabiam encontrar um triunfo mais elevado em permanecer senhores desses sentidos: e isto através de pálidas, frias, cinzentas redes conceituais que lançavam sobre o colorido turbilhão dos sentidos – a turba dos sentidos, como disse Platão[26]. Nessa sujeição do mundo e nessa interpretação do mundo à maneira de Platão, havia um tipo de *gozo* diverso daquele que nos oferecem os físicos de hoje, bem como os darwinistas e antiteleólogos dentre os operários da fisiologia, com seu princípio da "força mínima" e da idiotice máxima. "Onde o homem não tem mais nada para ver e tocar, ali ele também não tem mais nada a fazer" – este é sem dúvida um imperativo diverso do platônico, o qual, porém, para uma rude e laboriosa espécie futura de operadores de máquinas e construtores de pontes, que apenas tem trabalho *grosseiro* a fazer, pode ser precisamente o imperativo adequado.

15

Para praticar a fisiologia com boa consciência, é preciso sustentar que os órgãos dos sentidos *não* são fenômenos no sentido da filosofia idealista: como tais, eles não poderiam ser causas! Assim, o sensualismo é ao menos hipótese reguladora, para não falar de princípio heurístico. – O quê? E outros até dizem que o mundo externo seria obra de nossos órgãos? Mas então nosso corpo, sendo uma parte desse mundo externo, seria obra de nossos órgãos! Mas então nossos órgãos mes-

26. Platão, *Leis,* 689 a-b.

mos seriam – obra de nossos órgãos! Esta é, assim me parece, uma radical *reductio ad absurdum*[27]: supondo que o conceito de *causa sui* seja algo radicalmente absurdo. Por conseguinte, o mundo externo *não* é obra de nossos órgãos –?

16

Ainda há cândidos autoobservadores que acreditam na existência de "certezas imediatas", por exemplo, "eu penso", ou, caso da superstição de Schopenhauer, "eu quero": como se aqui o conhecer conseguisse apreender seu objeto puro e nu, como "coisa em si", e nem por parte do sujeito nem por parte do objeto ocorresse uma falsificação. Repetirei cem vezes, porém, que "consciência imediata", do mesmo modo que "conhecimento absoluto" e "coisa em si", implica uma *contradictio in adjecto*[28]: deveríamos nos libertar, afinal, da sedução das palavras! Que o povo acredite que o conhecer é um conhecer até o fim, o filósofo deve dizer a si próprio: "Se decomponho o processo que está expresso na proposição 'eu penso', obtenho uma série de ousadas afirmações, cuja fundamentação é difícil, talvez impossível – por exemplo, que sou *eu* quem pensa, que de fato deve haver um algo que pensa, que pensar é uma atividade e um efeito por parte de um ser que é pensado como causa, que existe um 'eu', e finalmente, que já está estabelecido o que designar com pensar – que eu *sei* o que é pensar. Pois se acerca disso eu já não tivesse me decidido comigo, pelo que eu deveria medir que aquilo que acaba de acontecer não é talvez 'querer' ou 'sentir'? Enfim, aquele 'eu penso' pressupõe que eu *compare* meu estado atual com outros estados que conheço em mim, para assim estabelecer o que ele é: devido a essa relação retrospectiva com ou-

---

27. "Redução ao absurdo." Em lógica, regra de derivação que permite demonstrar que determinada proposição, por implicar uma contradição, levaria necessariamente a uma conclusão absurda. *Causa sui*: "causa de si mesmo".

28. "Contradição nos termos." Neste caso, o adjetivo "imediato" implicaria em contradição com o substantivo "consciência".

tro 'saber', ele não tem para mim, em todo caso, qualquer 'certeza' imediata." – No lugar dessa "certeza imediata", na qual o povo eventualmente pode acreditar, o filósofo recebe nas mãos, assim, uma série de questões de metafísica, verdadeiras questões de consciência para o intelecto, que são: "Donde tomo o conceito de pensar? Por que acredito em causa e efeito? O que me dá o direito de falar de um eu, e até de um eu como causa, e, por fim, ainda de um eu como causa dos pensamentos?" Quem se atreve a responder de imediato tais questões metafísicas apelando a uma espécie de *intuição* do conhecimento, como faz aquele que diz: "Eu penso, e sei que pelo menos isso é verdadeiro, real, certo" – esse, hoje, num filósofo, encontrará prontos um sorriso e dois pontos de interrogação. "Meu senhor", o filósofo talvez lhe dê a entender, "é improvável que não te enganes: mas por que afinal sempre a verdade?" –

17

No que respeita à superstição dos lógicos: eu não me cansarei de voltar a sublinhar um pequeno, ínfimo fato que esses supersticiosos confessam de má vontade – a saber, que um pensamento vem quando "ele" quer, e não quando "eu" quero; de modo que é uma *falsificação* dos fatos afirmar: o sujeito "eu" é a condição do predicado "penso". Isso pensa[29]: mas que este "isso" seja precisamente aquele velho, célebre "eu", é, para dizer o mínimo, apenas uma suposição, uma afirmação, sobretudo não é qualquer "certeza imediata". No fim, com esse "isso pensa" já se foi longe demais: esse "isso" já contém uma *interpretação* do processo e não pertence ao próprio processo. Aqui se tiram conclusões segundo o hábito gramatical de que "pensar é uma atividade, a cada atividade corresponde alguém que age, logo –". Aproximadamente segundo o mesmo es-

29. Em alemão: *es denkt.* A palavrinha "*es*", equivalente ao *it* do inglês, possui múltiplos usos no idioma alemão. No presente caso, aponta para a impessoalidade do ato de pensar, que não dependeria de um eu, mas ocorreria à sua revelia.

quema, o mais antigo atomismo ainda procurava, além da "força" que atua, aquele montinho de matéria no qual ela se encontra, a partir do qual ela age, o átomo; mentes mais rigorosas aprenderam por fim a passar sem esse "resto de Terra", e talvez um dia as pessoas se habituem, e os lógicos também, a passar sem esse pequeno "isso" (no qual o velho e venerável eu se volatilizou).

18

Numa teoria, não é realmente o menor de seus atrativos o fato de ela ser refutável: precisamente com isso ela atrai mentes mais sutis. Parece que a cem vezes refutada teoria do "livre-arbítrio" deve sua perduração tão somente a esse atrativo –: sempre volta a aparecer alguém e se sente forte o bastante para refutá-la.

19

Os filósofos costumam falar da vontade como se ela fosse a coisa mais conhecida do mundo; até Schopenhauer deu a entender que somente a vontade nos é verdadeiramente conhecida, completamente conhecida, conhecida sem desconto e sem acréscimo. Mas sempre volta a me parecer que também nesse caso Schopenhauer apenas fez precisamente aquilo que os filósofos costumam fazer: ele assumiu e exagerou um *preconceito popular*. Querer me parece antes de tudo algo *complicado*, algo que é uma unidade apenas como palavra – e precisamente em uma palavra reside o preconceito popular que se assenhoreou da sempre apenas escassa cautela dos filósofos. Sejamos, então, ao menos uma vez, mais cautelosos, sejamos "afilosóficos" – digamos: em todo querer há, primeiro, uma multiplicidade de sensações, a saber, a sensação do estado do qual nos *afastamos*, a sensação do estado ao qual nos *dirigimos*, a própria sensação desse "afastamos" e "dirigimos", e então, ainda, uma sensação muscular concomitante, que, por uma espécie de hábito, ainda que não coloquemos "braços e pernas" em movimento, principia seu jogo tão logo nós "queremos". Como, portanto, sentir, e mais precisamente, um sentir múltiplo, pode ser reconhecido como ingrediente do querer, assim, em segundo lugar, também o pensar: em todo ato de vontade há um pensamento que comanda; – e não se deve acreditar que se possa separar esse pensamento do "querer", como se então ainda restasse vontade! Terceiro, a vontade não é apenas um complexo de sentir e pensar, mas antes de tudo, ainda um *afeto*:[30] e, mais precisamente, esse afeto do comando. Aquilo que é chamado de "livre-arbítrio" é essencialmente o afeto de superioridade com respeito àquele que tem de obedecer: "eu sou livre, 'ele' tem de obedecer" – essa consciência reside em toda vontade, e do mesmo modo, aquela tensão da atenção, aquele olhar direto que fixa exclusivamente uma coisa, aquela valoração absoluta, "agora é necessário isso e não outra coisa", aquela certeza interior de que haverá obediência e o que mais ainda pertença à condição do mandante. Um homem que *quer* – ordena a um algo em si que obedece ou que ele acredita que obedece. Mas atente-se para o que há de mais estranho na vontade – nessa coisa tão múltipla, para a qual o povo tem apenas uma palavra: na medida em que no caso dado somos ao mesmo tempo os mandantes *e* os obedecentes, e, como obedecentes, conhecemos as sensações de coação, insistência, pressão, resistência, movimento, que costumam iniciar imediatamente após o ato de vontade; na medida em que, por outro lado, temos o hábito de não fazer caso, de nos enganar acerca dessa dualidade graças ao conceito sintético "eu", prendeu-se ao querer ainda toda uma cadeia de conclusões errôneas e, por conseguinte, de falsas valorações da própria vontade – de tal modo que o querente acredita de boa-fé que o querer *basta* para a ação. Visto que na maioria dos casos apenas se quis quando tam-

30. A palavra alemã é *Affekt*. Traduções alternativas seriam "paixão" ou "emoção", termos que talvez abrangessem melhor o que há de impetuoso e veemente em *Affekt*.

bém o efeito da ordem, portanto a obediência, portanto a ação, podia ser *esperado*, a *aparência* se traduziu na sensação de que aí haveria uma *necessidade do efeito*; em suma, o querente acredita, com um razoável grau de certeza, que vontade e ação, de algum modo, são uma só coisa – ele atribui o êxito, a execução do querer, à própria vontade, gozando com isso de um aumento daquela sensação de poder que todo êxito traz consigo. "Livre-arbítrio" – essa é a expressão para aquele multiforme estado de prazer do querente que ordena e ao mesmo tempo se funde num só com o executante – que, como tal, goza conjuntamente o triunfo sobre as resistências, mas julga consigo mesmo que foi sua própria vontade que verdadeiramente superou as resistências. O querente toma assim as sensações de prazer dos instrumentos executantes bem-sucedidos, das serviçais "subvontades" ou subalmas – nosso corpo é tão somente uma estrutura social de muitas almas – em acréscimo às suas sensações de prazer como mandante. *L'effet c'est moi*[31]: ocorre aqui o que sucede em toda comunidade bem constituída e feliz, a classe reinante se identifica com os êxitos da comunidade. Em todo querer, trata-se simplesmente de mandar e obedecer, sobre a base, como dissemos, de uma estrutura social de muitas "almas": razão pela qual um filósofo deveria se arrogar o direito de compreender o querer em si já dentro do horizonte da moral: moral, pois, entendida como a teoria das relações de dominação sob as quais se origina o fenômeno "vida". –

20

Que os diversos conceitos filosóficos não são algo casual, que não são algo que cresce por si, mas que medrem em relação e com parentesco entre si, que eles, por mais súbita e arbitrariamente que pareçam surgir na história do pensamento, pertençam a um sistema tanto quanto o

31. "O efeito sou eu": paródia da frase atribuída a Luís XIV, *L'Etat c'est moi* ("O Estado sou eu").

conjunto dos membros da fauna de um continente: isso é algo que ainda se revela, por fim, no modo seguro como os mais diferentes filósofos sempre voltam a preencher um certo esquema básico de filosofias *possíveis*. Sob um encantamento invisível, eles percorrem sempre do início, mais uma vez, a mesma órbita: por mais independentes que eles possam se sentir uns dos outros com sua vontade crítica ou sistemática: algo neles os guia, algo os impulsiona numa determinada ordem um atrás do outro, precisamente aquela inata sistemática e afinidade de conceitos. Seu pensamento é de fato muito menos uma descoberta do que um reconhecimento, uma rememoração, um retorno e um regresso a um distante e remoto lar geral da alma, do qual esses conceitos um dia saíram – o filosofar, nesse sentido, é uma espécie de atavismo da mais alta categoria. A singular semelhança de família de todo filosofar indiano, grego e alemão esclarece-se de modo bastante simples. Precisamente onde existe parentesco linguístico, é absolutamente inevitável que, graças à comum filosofia da gramática – quero dizer, graças ao inconsciente domínio e condução por meio de idênticas funções gramaticais –, tudo esteja preparado de antemão para um idêntico desenvolvimento e sequência de sistemas filosóficos: do mesmo modo que para certas possibilidades diversas de interpretação do mundo, o caminho parece como que bloqueado. Filósofos do âmbito linguístico uralo-altaico (no qual o conceito de sujeito é menos desenvolvido) com grande probabilidade olharão "para o mundo" de maneira diferente, e serão encontrados em outras trilhas, do que indo-germânicos ou muçulmanos: o encantamento de determinadas funções gramaticais é, em seu fundamento último, o encantamento de juízos de valor *fisiológicos* e de condições raciais. – É o que basta para a rejeição da superficialidade de Locke no que respeita à origem das ideias.

21

A *causa sui* é a melhor autocontradição que até agora foi imaginada, uma espécie de violação e antinatureza lógicas: mas o desmedido orgulho do homem o levou a se enredar de modo profundo e terrível precisamente com esse absurdo. O anseio por "livre-arbítrio",[32] naquele superlativo sentido metafísico que infelizmente ainda impera nas cabeças dos semi-instruídos, o anseio de carregar sozinho a inteira e última responsabilidade por suas ações e dela desobrigar Deus, mundo, antepassados, acaso, sociedade, não é nada menos do que o de ser precisamente essa *causa sui* e, com uma audácia maior que aquela de Münchhausen,[33] puxar-se pelos cabelos do pântano do nada para a existência. Supondo que, desse modo, alguém se dá conta da ingenuidade campônia desse célebre conceito de "livre-arbítrio" e o risca de sua mente, então lhe peço agora que leve seu "esclarecimento" um passo adiante e também risque de sua mente a inversão desse não conceito de "livre-arbítrio": refiro-me à "vontade não livre", que chega a ser um abuso de causa e efeito. Não se deve *coisificar* erroneamente "causa" e "efeito" tal como fazem os investigadores da natureza (e aqueles que, como eles, naturalizam no pensamento hoje em dia) conforme a dominante palermice mecanicista que aperta e pisa a causa até que ela "produza efeito"; devemos nos servir da "causa", do "efeito", meramente como de pu-

---

32. No texto alemão, *Freiheit des Willens*, literalmente "liberdade da vontade". Também empregamos "livre-arbítrio" para traduzir *freie Wille* ("vontade livre"), logo abaixo.

33. Nietzsche se refere ao Barão de Münchhausen (1720-1797), cujas patranhas se tornaram populares especialmente através do livro de Gottfried August Bürger (1747-1794). Eis aquela a que Nietzsche se refere: "*De como o Barão de Münchhausen salva-se a si mesmo e a seu cavalo puxando-se pela trança do cabelo para fora do lamaçal.* De outra feita eu quis pular sobre um lamaçal, que de primeiro não me pareceu tão largo. No meio do salto, no entanto, me dei conta de seu verdadeiro tamanho. Suspenso no ar, me virei e voltei para o lugar donde saíra, a fim de tomar maior impulso. Entretanto, voltei a pular muito pouco pela segunda vez e caí no lamaçal, afundando até o pescoço, não muito distante da margem oposta. Eu estaria irremediavelmente perdido naquela situação, não tivesse a força de meu próprio braço me agarrado pela minha própria trança e me puxado, junto com meu cavalo – que eu abracei com força entre meus joelhos –, para fora dali." (In: Marcelo Backes. *A arte do combate*. São Paulo, Boitempo, 2003.)

ros *conceitos*, quer dizer, como de ficções convencionais para fins de designação, de comunicação, *não* de explicação. No "em si" não há nada de "associações causais", de "necessidade", de "não liberdade psicológica", aí *não* se segue "o efeito à causa", não rege nenhuma "lei". Fomos *nós* somente que inventamos as causas, a sucessão, a reciprocidade, a relatividade, a coação, o número, a lei, a liberdade, o motivo, a finalidade; e quando introduzimos pela imaginação, quando misturamos às coisas esse mundo de signos considerado como algo "em si", agimos novamente como sempre agimos, a saber, *mitologicamente*. A "vontade não livre" é mitologia: na vida real, trata-se apenas de vontade *forte* e *fraca*. – Já é quase sempre um sintoma daquilo que lhe falta, quando um pensador percebe em toda "conexão causal" e "necessidade psicológica" algo de coação, carência, obediência compulsória, pressão, não liberdade: é revelador sentir justamente assim – a pessoa se revela. E, em geral, se observei corretamente, a "não liberdade da vontade" é tomada como um problema por dois lados completamente opostos, mas sempre de um modo profundamente *pessoal*: uns não querem perder por nada deste mundo sua "responsabilidade", a fé em *si*, o direito pessoal ao *seu* mérito (as raças vaidosas aí se incluem); outros, ao contrário, não querem responder por nada, não querem ser culpados de nada e exigem, a partir de um autodesprezo íntimo, poder *se eximir* de qualquer maneira. Estes últimos, quando escrevem livros, costumam hoje intervir a favor dos criminosos; uma espécie de compaixão socialista é o seu disfarce mais agradável. E, realmente, o fatalismo dos fracos de vontade ganha espantosamente em beleza quando sabe se apresentar como "*la religion de la souffrance humaine*"[34]: esse é o *seu* "bom gosto".

34. "A religião do sofrimento humano."

22

Na condição de um velho filólogo que não pode abrir mão da maldade de apontar o dedo para artes de interpretação ruins, peço que me perdoem: mas essa "lei da natureza", da qual vós, físicos, falais tão orgulhosamente, como se – – apenas existe graças à vossa interpretação e vossa péssima "filologia" – ela não é nenhum fato, nenhum "texto", antes somente um arranjo ingênuo-humanitário e uma deturpação de sentido com que vindes à saciedade ao encontro dos instintos democráticos da alma moderna! "Igualdade perante a lei por toda parte – nisso a natureza não é diferente e nem melhor do que nós": uma graciosa segunda intenção em que mais uma vez se encontra disfarçada a hostilidade plebeia contra tudo que é privilegiado e autocrático, bem como um segundo e mais refinado ateísmo. "*Ni dieu, ni maître*"[35] – assim também o quereis vós: e por isso, "viva a lei natural"! – não é verdade? Mas, como foi dito, isso é interpretação, não texto; e poderia vir alguém que, com intenção e arte de interpretação contrária, soubesse ler na mesma natureza e com vista aos mesmos fenômenos precisamente a imposição tirânica-impiedosa e implacável de pretensões de poder – um intérprete que colocasse de tal modo diante de vossos olhos a ausência de exceção e a incondicionalidade existente em toda "vontade de poder", que quase toda palavra, e mesmo a palavra "tirania", parecesse por fim inútil ou já como metáfora debilitante e atenuante – como demasiado humana –; um intérprete que, não obstante, concluiria afirmando acerca do mundo o mesmo que afirmais, a saber, que ele possui um decurso "necessário" e "calculável", mas *não* porque nele regem leis, senão porque absolutamente *faltam* as leis, e todo poder, a todo momento, extrai sua última consequência. Supondo

35. "Nem deus, nem senhor." Nome de um jornal fundado em 1880 por Louis Auguste Blanqui (1805-1881), político, escritor e socialista francês. A expressão também foi *slogan* anarquista.

que também isso é apenas interpretação – e sereis rápidos o bastante em objetar isso? –, então, tanto melhor. –

23

Até agora, toda a psicologia ficou presa a preconceitos e temores morais: ela não se arriscou nas profundezas. Concebê-la como morfologia e *teoria do desenvolvimento da vontade de poder*, como eu a concebo – ninguém tocou nisso ainda, sequer em pensamentos: desde que seja lícito, pois, reconhecer naquilo que até agora se escreveu, um sintoma daquilo que até agora se calou. A força dos preconceitos morais penetrou profundamente no mundo mais espiritual, aparentemente mais frio e mais desprovido de pressupostos – e, como é obvio, causando danos, tolhendo, ofuscando, distorcendo. Uma verdadeira fisiopsicologia tem de lutar com resistências inconscientes no coração do investigador, ela tem "o coração" contra si: já uma teoria do condicionamento mútuo dos impulsos "bons" e dos "maus" provoca, como uma imoralidade mais sutil, aflição e desgosto numa consciência mais enérgica e corajosa – ainda mais uma teoria da derivabilidade de todos os impulsos bons a partir dos maus. Supondo-se, porém, que alguém considere que mesmo os afetos do ódio, da inveja, da cobiça, da ambição de poder são afetos condicionantes da vida, são algo que precisa existir na economia global da vida de modo fundamental e essencial e, por conseguinte, que ainda devam ser intensificados caso se deva intensificar a vida – esse sofrerá, por tal orientação de seu juízo, como de um enjoo marítimo. E, no entanto, mesmo essa hipótese não é nem de longe a mais penosa e a mais estranha nesse imenso, ainda quase inexplorado reino de perigosos conhecimentos – e há realmente cem boas razões para que permaneça longe dele todo aquele que o – *consiga*! Por outro lado: uma vez que se veio parar aqui com sua embarcação, pois bem! Dentes bem cerrados agora! Olhos abertos! A mão firme no leme! – nós *partimos* diretamente rumo à moral, e nisso nós esmagamos, nós reduzimos a pó, talvez, nosso próprio resto de moralidade ao fazer e ousar nossa viagem nesse rumo – mas o que importamos *nós*! Jamais se abriu antes para ousados viajantes e aventureiros um *mundo mais profundo* de conhecimento: e o psicólogo que desse modo "faz sacrifício" – *não* é o *sacrifizio dell'intelletto*,[36] ao contrário! – ao menos poderá pedir em troca que a psicologia seja novamente reconhecida como rainha das ciências, a cujo serviço e para cuja preparação existem as demais ciências. Pois doravante a psicologia volta a ser o caminho para os problemas fundamentais.

36. "Sacrifício do intelecto." A partir da subordinação dos bispos católicos ao dogma da infalibilidade papal, estabelecido pelo Concílio Vaticano Primeiro (1870), a expressão passou a designar a submissão cega do próprio entendimento a alguma instância superior.

Segunda parte
O espírito livre

24

O sancta simplicitas![37] Em que simplificação e falsificação singulares vive o homem! O espanto não tem fim se por uma vez apenas voltamos os olhos para essa coisa espantosa! Como tornamos tudo à nossa volta claro e livre e fácil e simples! Como soubemos dar aos nossos sentidos um passe livre para tudo que é superficial, e ao nosso pensamento uma divina ânsia por levianos saltos e conclusões falsas! – como soubemos, desde o início, conservar nossa ignorância a fim de gozar uma liberdade, uma irreflexão, uma imprudência, um destemor, uma jovialidade da vida dificilmente compreensíveis, a fim de gozar a vida! E somente sobre essa base agora firme e granítica de ignorância é que até aqui se pôde edificar a ciência, a vontade de saber sobre a base de uma vontade muito mais forte, a vontade de ignorar, de incerteza, de inverdade! Não como o seu oposto, mas – como seu refinamento! Ainda que a *linguagem*, aqui como em outros assuntos, não possa deixar da sua grosseria e continue a falar de oposições onde há apenas graus e variada sutileza de níveis; ainda que também a entranhada tartufice da moral, que agora pertence aos nossos insuperá-

---

37. "Ó santa simplicidade!" Exclamação de São Jerônimo (c.347-c.419) a propósito da linguagem singela dos discípulos no Novo Testamento. Também proferida, diz-se, pelo sacerdote tcheco, mártir e precursor da Reforma Protestante Jan Hus (1349-1415) ao ver uma velhinha colocar um galho na fogueira onde ele ardia.

veis "carne e sangue",[38] distorça a nós próprios, sabedores, as palavras na boca: vez por outra nos damos conta, e disso rimos, de como justamente ainda a melhor ciência nos quer manter presos da melhor maneira nesse mundo *simplificado*, completamente artificial, inventado, falsificado, de como, de maneira involuntária-submissa[39], ela ama o erro, pois ela, a vivente – ama a vida!

25

Depois de um início tão jovial, uma palavra séria não deveria passar despercebida: ela se dirige aos mais sérios. Acautelai-vos, filósofos e amigos do conhecimento, e cuidado com o martírio! Com o sofrimento "por amor à verdade"! E mesmo com a defesa de si próprios! Corrompe toda a inocência e sutil neutralidade de vossa consciência, torna-os teimosos diante de objeções e panos vermelhos, idiotiza, enfurece e entourece[40], se, na luta contra o perigo, a difamação, a suspeição, a proscrição e outras ainda mais rudes consequências da hostilidade, por fim ainda tendes de fazer o papel de defensores da verdade sobre a Terra – como se "a verdade" fosse uma mocinha tão inocente e desajeitada que precisasse de defensores! E precisamente vós, cavaleiros da mais triste figura, meus senhores mandriões e fiadores de teia do espírito! Afinal, sabeis bem o bastante que nada deve importar se precisamente *vós* tendes razão, e sabeis igualmente que até agora nenhum filósofo ainda teve razão, e que poderia haver uma veracidade mais digna de louvor em cada pequeno ponto de interrogação que colocais após vossas palavras favoritas e teorias prediletas (e ocasionalmente após vós próprios) do que em todos os solenes gestos e trunfos diante de acusadores e tribunais! Preferi o

---

38. Figuradamente, "hábitos entranhados".

39. Em alemão, *unfreiwillig-willig*. Note-se: involuntário: que *independe* da *própria* vontade; submisso: que *depende* da vontade *alheia*.

40. Em alemão, *vertiert und verstiert*; literalmente: "animaliza e transforma em touro".

distanciamento! Fugi para a clandestinidade! E tende vossa máscara e sutileza para que vos confundam com outros! Ou para que vos temam um pouco! E não esquecei o jardim, o jardim de cercas douradas! E tende pessoas ao vosso redor que sejam como um jardim – ou como uma música sobre as águas, na hora do entardecer, quando o dia já se torna lembrança: – escolhei a *boa* solidão, a solidão livre, deliberada, leve, que também vos dá um direito de permanecer bons em algum sentido! Quão venenoso, quão ardiloso, quão ruim torna toda guerra prolongada que não pode ser feita abertamente! Quão *pessoal* torna um temor prolongado, uma atenção prolongada voltada para inimigos, para possíveis inimigos! Esses proscritos da sociedade, esses longamente perseguidos, terrivelmente acossados – e também os reclusos forçados, os Espinosa ou os Giordano Bruno –, tornam-se sempre, por fim, ainda que seja sob a mais espiritual mascarada, e talvez sem que eles próprios o saibam, rancorosos e envenenadores refinados (desencave-se uma vez o fundamento da ética e da teologia de Espinosa!) – para não falar da palermice que é a indignação moral, que num filósofo é o sinal infalível de que seu humor filosófico se foi. O martírio do filósofo, seu "sacrifício pela verdade", traz à luz o que nele se esconde de agitador e de comediante; e supondo que até agora se o tenha contemplado apenas com curiosidade circense, no que se refere a muitos filósofos pode decerto ser compreensível o perigoso desejo de, por uma vez, também vê-lo em sua degeneração (degenerado em "mártir", em gritalhão de estrados e tribunas). Só que se deve ter claro, com semelhante desejo, *o que*, em todo caso, se verá: – apenas um drama satírico[41], apenas uma farsa final, apenas a constante demonstração de que a longa, verdadeira tragédia

41. O drama satírico (*satyriká*; em alemão *Satyrspiel*) foi introduzido na tragédia por Pratinas no século V a.C. Tratava-se de um epílogo burlesco-jovial à representação de uma trilogia trágica, contrastando com esta, e do qual tomava parte apenas o coro de sátiros.

chegou ao fim: pressupondo que toda filosofia tenha sido em sua origem uma longa tragédia. –

26

Todo homem seleto busca instintivamente seu castelo e seu recolhimento, onde ele esteja *a salvo* da massa, da multidão, da maioria, onde lhe seja permitido, como sua exceção, esquecer da regra "homem" – apenas excetuado o caso em que ele seja impelido por um instinto ainda mais forte diretamente a essa regra, como cognoscente no sentido grande e excepcional. Quem, no trato com as pessoas, não oscila ocasionalmente entre todas as cores da aflição, ruborizado e pálido de asco, fastio, compaixão, abatimento, isolamento, esse com certeza não é homem de gosto superior; supondo, porém, que ele não carregue todo esse fardo e essa repugnância voluntariamente, que ele sempre se esquive deles e permaneça, como foi dito, quieto e orgulhoso, escondido em seu castelo, então uma coisa é certa: ele não é feito, não é predestinado para o conhecimento. Pois, se fosse, um dia ele teria de dizer a si próprio: "Que o diabo leve meu bom gosto! A regra é mais interessante do que a exceção – do que eu, a exceção!" – e se dirigiria *para baixo*, sobretudo "para dentro". O estudo do homem *mediano*, estudo prolongado, sério e, para esse fim, exigindo muito disfarce, autossuperação, intimidade, más companhias – toda companhia é má companhia, exceto a de nossos iguais –: isso constitui uma parte necessária da biografia de todo filósofo, talvez a parte mais desagradável, mais malcheirosa, mais rica em desilusões. Mas se ele tem sorte, como convém a um felizardo do conhecimento, ele encontra verdadeiros abreviadores e facilitadores de sua tarefa – refiro-me aos assim chamados cínicos, àqueles, portanto, que simplesmente reconhecem em si próprios o animal, a vulgaridade, a "regra", e, ao fazê-lo, ainda possuem aquele grau de espiritualidade e prurido que os obriga a falar de si e de seus iguais *diante de testemunhas* – às vezes, eles se espojam inclusive em livros tal como o fazem em seus próprios excrementos. O cinismo é a única forma pela qual as almas vulgares tocam de leve naquilo que é a honestidade; e o homem superior tem de aguçar seus ouvidos para todo cinismo grosseiro ou refinado, e felicitar-se a cada vez que, precisamente diante dele, falar o bufão despudorado ou o sátiro da ciência. Há casos, inclusive, em que ao asco se mescla o encantamento: a saber, ali onde, por um capricho da natureza, o gênio está unido a um desses bodes e macacos indiscretos, como no caso do *abbé* Galiani,[42] o mais profundo, o mais perspicaz e talvez também o mais imundo homem de seu século – ele era muito mais profundo que Voltaire e, por conseguinte, um bom tanto mais calado. Ocorre com mais frequência, como foi aludido, que a cabeça científica está colocada sobre um corpo de macaco, um sutil intelecto excepcional sobre uma alma vulgar – um caso nada raro particularmente entre médicos e entre fisiólogos da moral. E quando alguém fala do homem sem exasperação, antes com inocência, como sendo um ventre com duas necessidades e uma cabeça com uma; por toda parte em que alguém sempre vê, *quer* ver e procura apenas fome, desejo sexual e vaidade, como se estes fossem os verdadeiros e únicos móveis das ações humanas; em suma, onde se fala "mal" do homem – mas de modo algum *maldosamente* –, ali o amante do conhecimento deve ouvir de modo sutil e diligente, ele deve estar de ouvido atento sobretudo lá onde se fala sem indignação. Pois o homem indignado, quem sempre despedaça e dilacera com os próprios dentes a si mesmo (ou, em substituição de si, o mundo, ou Deus, ou a sociedade), decerto pode ser superior, calculando moralmente, ao sátiro risonho e auto-satisfeito, mas em qualquer outro sentido ele é o caso mais habitual, mais indiferente, menos instrutivo. E ninguém *mente* tanto quanto o indignado. –

---

42. Ferdinando Galiani (1728-1787), economista italiano, despertou o interesse de Nietzsche em razão de sua correspondência.

27

É difícil ser compreendido: particularmente quando se pensa e se vive *gangasrotogati*[43] entre pessoas que, todas elas, pensam e vivem diferente, ou seja, *kurmagati* ou, no melhor dos casos, "no andar da rã", *mandeikagati* – não faço tudo para que eu mesmo seja compreendido com dificuldade? –, e já se deve ser reconhecido de coração pela boa vontade de alguma sutileza de interpretação. Mas no que se refere aos "bons amigos", que são sempre muito acomodados e, justamente por ser amigos, acreditam possuir um direito à acomodação: faz-se bem ao conceder-lhes de antemão um espaço e um terreno de incompreensão: – assim ainda temos do que rir; – ou dispensá-los completamente, esses bons amigos – e rir também!

28

O que mais dificilmente se deixa traduzir de uma língua para a outra é o *tempo*[44] de seu estilo: que tem seu fundamento no caráter da raça, falando mais fisiologicamente, no *tempo* médio de seu "metabolismo". Há traduções feitas honestamente que são quase falsificações, como vulgarizações involuntárias do original, apenas porque seu *tempo* valente e alegre não pôde ser traduzido junto, *tempo* que salta por cima, que ajuda a passar por cima de tudo que é perigoso em palavras e coisas. O alemão é quase incapaz do *presto* em sua língua: portanto, como razoavelmente se pode concluir, também incapaz de muitas das mais deleitosas e ousadas nuances do pensamento livre, do pensamento do espírito livre. Assim como o bufão e o sátiro lhe são estranhos, no corpo e na consciência, assim Aristófanes e

---

43. "No fluir da corrente do Ganges"; *kurmagati*: "no andar da tartaruga". Numa analogia musical do próprio Nietzsche: *presto*, *lento* e *staccato* (*Friedrich Nietzsche Sämtliche Werke - Kritische Studienausgabe*, vol. XII, 3 [18], conforme indica Paulo César de Souza em sua tradução de *Além do bem e do mal*, Companhia das Letras, 1992).

44. Em italiano no texto alemão: "andamento", "velocidade", "ritmo".

Petrônio lhe são intraduzíveis. Tudo que é grave, xaroposo, solene-deselegante, todos os gêneros claudicantes e maçantes de estilo desenvolveram-se em profusa variedade entre os alemães – que me perdoem, mas o fato é que mesmo a prosa de Goethe, em sua mescla de rigidez e graciosidade, não constitui exceção, como um reflexo dos "bons velhos tempos" aos quais ela pertence, e como expressão do gosto alemão na época em que ainda havia um "gosto alemão": que era um gosto rococó, *in moribus et artibus.*[45] Lessing constitui uma exceção, graças a sua natureza de comediante, que entendia muitas coisas e entendia de muitas coisas: ele, que não por acaso era tradutor de Bayle e gostava de se refugiar junto a Diderot e Voltaire, e ainda mais entre os comediógrafos romanos: – Lessing também amava no *tempo* o livre-pensar, a fuga da Alemanha. Mas como poderia a língua alemã, mesmo que fosse na prosa de um Lessing, imitar o *tempo* de Maquiavel, que no seu *Príncipe* nos deixa respirar o ar seco e fino de Florença e não pode deixar de apresentar o assunto mais sério num indômito *allegrissimo*: não talvez sem um malicioso sentimento de artista acerca do contraste a que se atreve – pensamentos demorados, graves, duros, perigosos, e um *tempo* de galope e o melhor de todos, o mais buliçoso dos humores. Quem afinal poderia arriscar uma tradução alemã de Petrônio, que, mais do que qualquer grande músico até agora, foi o mestre do *presto* em invenções, ideias, palavras: – que importam, afinal, todos os pântanos do mundo doente, adoentado, mesmo do "mundo antigo", quando se possui, conforme ele possuía, os pés de um vento, o fôlego e o alento, o escárnio libertador de um vento que torna tudo saudável à medida que coloca tudo a *correr*! E no que toca a Aristófanes, esse espírito transfigurador, complementar, por cujo amor se *perdoa* todo o helenismo por haver existido, supondo que se tenha compreendido em toda a sua profundidade

45. "Nos costumes e nas artes." Gotthold Ephraim Lessing (1729-1781): dramaturgo e crítico alemão. Pierre Bayle (1647-1706): filósofo cético francês.

tudo *o que* aí precisa de perdão, de transfiguração: – eu não saberia de algo que mais me fizesse meditar acerca do recolhimento e da natureza esfíngica de *Platão* do que esse *petit fait*[46] felizmente conservado: sob o travesseiro de seu leito de morte não se encontrou nenhuma "Bíblia", nada de egípcio, de pitagórico, de platônico – mas o Aristófanes. E como é que mesmo um Platão teria suportado a vida – uma vida grega, à qual ele disse um não – sem um Aristófanes? –

29

Ser independente é coisa de muito poucos – é um privilégio dos fortes. E quem tenta ser independente, ainda que com o melhor direito a tanto, sem, porém, *ter de* sê-lo, demonstra que provavelmente não é apenas forte, mas ousado ao extremo. Ele entra num labirinto, ele multiplica por mil os perigos que por si só a vida já traz consigo; dos quais não é o menor o de que ninguém vê claramente como e onde se perde, se isola e é despedaçado por algum Minotauro dos covis da consciência. Supondo que alguém assim sucumba, isso ocorre tão longe da compreensão dos homens que eles não o sentem e nem se compadecem: – e ele não pode mais voltar! Ele não pode mais voltar sequer para a compaixão dos homens! – –

30

Nossas compreensões mais elevadas precisam – e devem! – soar como tolices, às vezes como crimes, quando chegam ilicitamente aos ouvidos daqueles que não são feitos e predestinados para elas. O exotérico e o esotérico, distinção feita outrora pelos filósofos, entre indianos assim como entre gregos, persas e muçulmanos, em suma, por toda parte onde se acreditava em hierarquia e *não* na igualdade e em direitos iguais – não se distinguem tanto um do outro pelo fato de o exoterista estar fora e ver, avaliar, me-

46. "Pequeno fato."

dir, julgar de fora, e não de dentro: o mais essencial é que ele vê as coisas de baixo para cima – o esoterista, porém, *de cima para baixo*! Há alturas da alma em que, olhando-se a partir delas, mesmo a tragédia deixa de ter efeito trágico; e, tomada em conjunto toda a dor do mundo, quem poderia atrever-se a decidir se seu aspecto seduziria e coagiria *de modo necessário* justamente à compaixão e, dessa maneira, à duplicação da dor?... Aquilo que para a espécie superior de homem serve de alimento ou de refrigério, para uma espécie muito diferente e inferior deve ser quase veneno. As virtudes do homem ordinário talvez significassem, num filósofo, vícios e fraquezas; seria possível que um homem superiormente constituído, supondo que ele degenerasse e sucumbisse, somente então entrasse na posse de atributos em razão dos quais seria preciso, no mundo inferior a que teria descido, venerá-lo doravante como a um santo. Há livros que possuem um valor inverso para a alma e para a saúde, conforme se sirvam deles a alma inferior, a força vital inferior, ou a mais elevada e mais enérgica: no primeiro caso, se trata de livros perigosos, despedaçadores, desagregadores, no outro, de chamados de arauto que desafiam os mais valentes à *sua* valentia. Livros para todo mundo são sempre livros malcheirosos: o odor da gentinha gruda-se neles. Ali onde o povo come e bebe, mesmo ali onde ele venera, ali costuma feder. Não se deve frequentar igrejas caso se queira respirar ar *puro*. – –

31

Nos anos de juventude, ainda se venera e despreza sem aquela arte da nuance que constitui o melhor ganho da vida e, como é justo, precisa-se pagar caro por ter atacado desse modo homens e coisas com um sim ou um não. Tudo está disposto para que o pior de todos os gostos, o gosto pelo incondicional, seja cruelmente enganado e abusado até que o homem aprenda a colocar alguma arte em seus sentimentos e, de preferência, ainda ousar na tentativa com o que é artificial: como o fazem os verdadeiros artistas da vida. A cólera e a veneração, próprias da juventude, parecem não sossegar antes de falsear homens e coisas de tal modo que possam desafogar-se sobre eles: – a juventude já é em si algo falsificador e enganador. Mais tarde, quando a alma jovem, torturada por grande número de desilusões, finalmente se volta desconfiada contra si própria, ainda ardente e selvagem, também em suas desconfianças e remorsos: como então ela se irrita, como ela se despedaça impacientemente, como ela se vinga por sua prolongada auto-obcecação, como se ela tivesse sido uma cegueira voluntária! Nessa transição, ela pune a si própria através da desconfiança para com seu sentimento; tortura seu entusiasmo através da dúvida, até já sente a boa consciência como um perigo, uma autodissimulação e um cansaço da honestidade mais sutil, por assim dizer; e, sobretudo, toma partido, e partido por princípio, *contra* "a juventude". – Uma década depois: e se compreende que mesmo tudo isso ainda – era juventude!

32

Durante a mais longa época da história humana – a chamada época pré-histórica –, o valor ou o desvalor de uma ação era derivado de suas consequências: a ação em si interessava tão pouco quanto sua origem, mas, mais ou menos assim como ainda hoje na China uma distinção ou desonra do filho volta-se contra os pais, assim era que a força retroativa do sucesso ou do fracasso levava o homem a pensar bem ou mal de uma ação. Chamemos esse período de período *pré-moral* da humanidade: o imperativo "conhece-te a ti mesmo!" ainda era desconhecido naquele tempo. Nos dez últimos milênios, entretanto, em algumas grandes regiões da Terra se chegou passo a passo ao ponto de deixar a origem da ação, e não mais as consequências, decidir acerca de seu valor: um grande acontecimento como um todo, um considerável refinamento do olhar e do metro, a inconsciente repercussão do domínio de valores aristocráticos e da crença na "origem", o emblema de um período que em sentido estrito pode-se designar de *moral*: com isso, fez-se a primeira tentativa de autoconhecimento. Em vez das consequências, a origem: que inversão da perspectiva! E, certamente, uma inversão lograda somente após longas lutas e hesitações! Todavia: uma nova e funesta superstição, uma peculiar estreiteza de interpretação alcançou justamente por isso o domínio: a origem de uma ação foi interpretada no mais preciso sentido de origem a partir de uma *intenção*; chegou-se à crença unânime de que o valor de uma ação reside no valor de sua intenção. A intenção como a inteira origem e pré-história de uma ação: sob este preconceito se louvou, repreendeu, condenou e também se filosofou moralmente sobre a Terra quase até a época moderna. – Não teríamos hoje, porém, chegado à necessidade de mais uma vez nos decidirmos acerca de uma inversão e de um deslocamento radical dos valores, graças a uma repetida autorreflexão e aprofundamento do homem – não estaríamos no limiar de um período que, negativamente, poderia ser designado em primeiro lugar de *extramoral*: hoje, quando pelo menos entre nós, imoralistas, se faz sentir a suspeita de que precisamente naquilo que *não é intencional* numa ação reside o seu valor decisivo, e de que toda a sua intencionalidade, tudo que dela pode ser visto, sabido, "conhecido",[47] ainda pertence à sua superfície e epiderme – a qual, como toda epiderme, revela algo, mas *oculta* muito mais? Em suma, acreditamos que a intenção é apenas um sinal e um sintoma que primeiro precisa de interpretação, um sinal, além disso, que significa coisas demais e, por conseguinte, não significa quase nada por si mesmo – que a moral, no sentido em que ela foi entendida até agora, portanto, como moral de intenções, foi um preconceito, uma precipitação, uma provisoriedade talvez, uma coisa mais ou menos da categoria da astrologia e da alquimia, mas em

---

47. Sabido, "conhecido": *gewusst*, *"bewusst"*. A última palavra também possui o sentido de "intencionado".

todo caso algo que precisa ser superado. A superação da moral, num certo sentido até a autossuperação da moral: este pode ser o nome para esse longo e clandestino trabalho que ficou reservado às mais sutis e honestas, também às mais maliciosas consciências de hoje, como viventes pedras de toque da alma. –

33

De nada adianta: deve-se pedir-lhes satisfações e levar a julgamento impiedosamente os sentimentos de abnegação, de sacrifício pelo próximo, toda a moral da autorrenúncia: do mesmo modo, a estética da "contemplação desinteressada", sob a qual a emasculação da arte procura criar hoje para si uma boa consciência de modo bastante sedutor. Há encanto e açúcar demais nesses sentimentos do "para outros", do "para mim *não*", para que aqui não fosse preciso desconfiar em dobro e perguntar: "será que eles não são – *seduções*?" – Que eles *agradem* – àquele que os possui e àquele que goza seus frutos, também ao mero espectador –, isso ainda não constitui um argumento a seu *favor*, mas convida justamente à cautela. Sejamos, pois, cautelosos!

34

Qualquer que seja o ponto de vista que hoje se assuma na filosofia: vista a partir de qualquer ponto, a *equivocidade*[48] do mundo no qual acreditamos viver é o mais certo e o mais seguro que o nosso olho ainda pode apreender: – encontramos razão após razão para isso, as quais poderiam nos atrair a conjecturas acerca de um princípio enganador na "essência das coisas". Quem, no entanto, responsabiliza nosso próprio pensamento, ou seja, "o espírito", pela falsidade do mundo – uma saída honrosa, tomada por todo *advocatus dei*[49] consciente ou inconsciente –: quem toma

48. Ou "erroneidade", se pudéssemos ser mais literais e menos... equívocos. O termo alemão é *Irrtümlichkeit* (*Irrtum* = erro).

49. "Advogado de Deus."

esse mundo como falsamente *inferido*, juntamente com o espaço, o tempo, a forma, o movimento: esse teria pelo menos um bom motivo para aprender a finalmente desconfiar de todo o pensamento mesmo: ele não teria nos pregado até agora a maior de todas as peças? E que garantia poderia haver de que ele não continue a fazer o que sempre fez? Com toda a seriedade: a inocência dos pensadores tem algo de tocante e que inspira respeito, o que lhes permite ainda hoje postar-se diante da consciência com o pedido de que lhes dê respostas *honestas*: por exemplo, se ela é "real", e por que ela mantém o mundo exterior tão decididamente inacessível, e outras perguntas do mesmo gênero. A crença em "certezas imediatas" é uma ingenuidade *moral* que honra a nós, filósofos: mas – de modo algum devemos ser homens "*apenas* morais"! Abstraída a moral, essa crença é uma bobagem que pouco nos honra! Na vida civil, a desconfiança sempre a postos pode ser considerada um sinal de "mau-caráter" e, por conseguinte, ser contada entre as imprudências: aqui entre nós, além do mundo civil e de seus sins e nãos – o que deveria nos impedir de ser imprudentes e afirmar: o filósofo possui, quase se poderia dizer, um *direito* ao "mau-caráter", como a criatura que até agora sempre foi a mais ludibriada sobre a Terra – hoje ele possui o *dever* da desconfiança, do mais malicioso olhar de esguelha a partir de cada abismo da suspeita? – Que me perdoem a pilhéria dessa sombria carantonha e mudança de rumo: pois eu próprio há muito aprendi a pensar diferente, a avaliar diferente o enganar e o ser enganado, e tenho prontos pelo menos alguns golpes para a raiva cega com que os filósofos se defendem de ser enganados. Por que *não*? Que a verdade valha mais que a aparência não passa de um preconceito moral; é, inclusive, a hipótese mais mal demonstrada que há no mundo. Que se admita pelo menos isso: não haveria vida nenhuma se não fosse sobre a base de avaliações e aparências perspectivas; e caso se quisesse, com o virtuoso entusiasmo e a palermice de certos filósofos, eliminar completamente o "mundo aparente", supondo que *vós* o pudésseis – nem ao menos de vossa "verdade" restaria alguma coisa! Sim, o que nos compele afinal à suposição de que há uma oposição essencial entre "verdadeiro" e "falso"? Não basta supor graus de aparência e, por assim dizer, sombras e tonalidades gerais da aparência, mais claras e mais escuras – diferentes *valeurs*,[50] para falar na linguagem do pintor? Por que o mundo *que nos diz algum respeito* – não poderia ser uma ficção? E àquele que pergunta: "Mas à ficção não cabe um autor?" – não se deveria responder-lhe francamente: *Por quê*? Esse "cabe" não cabe talvez também à ficção? Não é permitido ser enfim um pouco irônico em relação ao sujeito, assim como em relação ao predicado e ao objeto? Não poderia o filósofo elevar-se acima da credulidade na gramática? Todo o respeito para com as governantas: mas não estaria na hora de a filosofia renegar a crença das governantas?[51] –

35

Ó Voltaire! Ó humanidade! Ó imbecilidade! A "verdade", a *busca* da verdade, tem lá a sua importância; e se o homem a conduz de modo demasiado humano – "*il ne cherche le vrai que pour faire le bien*"[52] –, aposto que não encontra nada!

36

Supondo que nenhuma outra coisa seja "dada" como real a não ser o nosso mundo de apetites e paixões, que não possamos descer ou subir a nenhuma outra "realidade" a não ser justamente à realidade de nossos impulsos – pois pensar é apenas um modo de comportar-se desses impulsos

---

50. "Valores." Conforme o *Houaiss*, em artes plásticas "valor" significa o "grau de intensidade luminosa de uma cor, em escala de tonalidades que vai do branco ao preto".

51. Vale reproduzir a nota de Paulo César de Souza: "A ideia é de que aprendemos a língua, a gramática – e as ficções nela incorporadas – com as babás, governantas ou preceptoras" (*Além do bem e do mal*, Companhia das Letras, 1992).

52. "Não busca a verdade senão para fazer o bem."

uns em relação aos outros –: não seria permitido fazer a experiência e perguntar se isso que é dado não *bastaria* para compreender, a partir de algo semelhante, também o assim chamado mundo mecânico (ou "material")? Não me refiro a compreendê-lo como uma ilusão, uma "aparência", uma "representação" (no sentido de Berkeley e de Schopenhauer), mas como sendo da mesma categoria de realidade que têm nossos próprios afetos – como uma forma mais primitiva do mundo dos afetos, no qual ainda se encontra, numa unidade mais ampla, tudo aquilo que então se ramifica e configura (e também, como é razoável, se atenua e se enfraquece –) no processo orgânico, como uma espécie de vida dos impulsos[53] em que todas as funções orgânicas, de autorregulação, assimilação, nutrição, excreção, metabolismo, ainda estão sinteticamente unidas umas às outras – como uma *forma prévia* da vida? – Por fim, não é apenas permitido fazer essa experiência: a partir da consciência do *método*, ela é forçosa. Não supor várias espécies de causalidade enquanto não se tiver feito experiência suficiente com uma única, levando essa experiência até seu limite extremo (– até ao absurdo, permitam-me dizê-lo): eis uma moral do método da qual a gente não pode hoje se esquivar – é o que se segue "a partir de sua definição", como diria um matemático. A questão, por fim, é se reconhecemos efetivamente a vontade como *efetiva*, se acreditamos na causalidade da vontade: se o fizermos – e, no fundo, a crença *nisso* é justamente nossa crença na própria causalidade –, então *temos de* fazer a experiência de estabelecer hipoteticamente a causalidade volitiva como sendo a única. "Vontade", naturalmente, só pode atuar sobre "vontade" – e não sobre "matéria" (não sobre "nervos", por exemplo) –, enfim, é preciso arriscar a hipótese de que por toda parte onde se reconhecem "efeitos", vontade atua sobre vontade – e de

53. "Vida dos impulsos": *Triebleben.* Não se trata da vida de cada um dos impulsos, mas da *totalidade* de ações, comportamentos etc. condicionados por impulsos (conforme definição – que abreviamos – do *Duden Deutsches Universalwörterbuch*).

que todo acontecer mecânico, na medida em que uma força se torna ativa nele, é justamente força da vontade, efeito da vontade. – Supondo, finalmente, que se conseguisse explicar toda a nossa vida dos impulsos como a configuração e ramificação de uma forma básica da vontade – a saber, da vontade de poder, como é *minha* tese –; supondo que se pudessem reduzir todas as funções orgânicas a essa vontade de poder, e que nela também se encontrasse a solução do problema da geração e da nutrição – trata-se de um único problema –, então se obteria com isso o direito de definir inequivocamente *toda* força atuante como: *vontade de poder*. O mundo visto de dentro, o mundo definido e classificado no seu "caráter inteligível" – ele seria precisamente "vontade de poder" e nada além disso. –

37

"O quê? Isso não significa, falando de maneira popular: Deus está refutado, mas não o Diabo –?" Pelo contrário! Pelo contrário, meus amigos! E, com os diabos, quem vos obriga a falar de maneira popular? –

38

Assim como finalmente, em plena claridade dos tempos modernos, também aconteceu com a Revolução Francesa, essa farsa horrenda e, julgada de perto, supérflua, mas na qual os nobres e exaltados espectadores de toda a Europa introduziram de longe, por tanto tempo e tão apaixonadamente, a interpretação de suas próprias indignações e arrebatamentos *até que o texto desapareceu sob a interpretação*: do mesmo modo uma nobre posteridade poderia mais uma vez entender mal todo o passado e só assim tornar talvez o seu aspecto suportável. – Ou antes: isso já não aconteceu? Não fomos nós próprios – essa "nobre posteridade"? E não é precisamente agora, na medida em que o compreendemos – que isso já é passado?

39

Ninguém tomará tão facilmente uma doutrina por verdadeira apenas porque ela torna feliz ou torna virtuoso: exceto talvez os graciosos "idealistas", que se entusiasmam com o bom, o verdadeiro, o belo, e deixam toda espécie de aspirações coloridas, toscas e bonachonas nadarem misturadas em seus tanques. A felicidade e a virtude não são argumentos. Mas se esquece de bom grado, mesmo entre espíritos circunspectos, que tornar infeliz e tornar mau tampouco são contra-argumentos. Algo poderia ser verdadeiro: ainda que fosse prejudicial e perigoso em grau máximo; poderia até mesmo ser parte da constituição fundamental da existência que o seu conhecimento completo levasse à ruína – de tal modo que a fortaleza de um espírito se medisse pelo quanto de "verdade" ele suporta, ou, de modo mais claro, pelo grau em que ele *necessitasse* diluir, disfarçar, adoçar, amortecer, falsificar a verdade. Mas não resta qualquer dúvida de que para a descoberta de certas *partes* da verdade os maus e infelizes são mais favorecidos e possuem uma maior probabilidade de êxito; para não falar dos maus que são felizes – uma espécie acerca da qual os moralistas silenciam. A dureza e a astúcia são talvez condições mais favoráveis para o surgimento do espírito e do filósofo forte, independente do que essa afável, fina, tolerante boa índole e arte de não se importar que se aprecia num douto, e com razão se aprecia. Pressupondo, em primeiro lugar, que não se restrinja o conceito de "filósofo" ao filósofo que escreve livros – ou que até mesmo apresenta *sua* filosofia em livros! – Um último traço para o retrato do filósofo de espírito livre é dado por Stendhal, que, por causa do gosto alemão, não quero deixar de sublinhar: – pois esse traço se *opõe* ao gosto alemão. "*Pour être bon philosophe*", afirma este último grande psicólogo, "*il faut être sec, clair, sans illusion. Un banquier, qui a fait fortune, a une partie du caractère requis pour faire des découvertes en philosophie, c'est-à-dire pour voir clair dans ce qui est.*"[54]

40

Tudo que é profundo ama a máscara; as coisas mais profundas possuem inclusive ódio à imagem e à parábola. Não deveria antes o *oposto* ser o disfarce adequado em que o pudor de um deus anda por aí? Uma pergunta digna de ser feita: seria estranho se algum místico já não tivesse ousado algo semelhante. Há acontecimentos de espécie tão delicada, que a gente faz bem ao soterrá-los e torná-los irreconhecíveis através de uma grosseria; há atos de amor e de uma magnanimidade descomedida, após os quais nada é mais aconselhável que tomar um porrete e espancar a testemunha ocular: com isso a gente turva sua memória. Há quem saiba turvar e maltratar a própria memória, a fim de vingar-se pelo menos desse consabedor: – o pudor é inventivo. Não é das piores coisas que a gente mais tem pudor: não há apenas manha atrás de uma máscara – há demasiada bondade na astúcia. Eu poderia imaginar que um homem que tivesse algo precioso e vulnerável a ocultar rolasse pela vida grosseira e redondamente como um tonel de vinho, verde velho e pesadamente guarnecido: a sutileza de seu pudor assim o quereria. A um homem que tem profundidade no pudor, também seus destinos e delicadas decisões o encontram em sendas às quais poucos alguma vez chegaram, e de cuja existência seus próximos e mais íntimos não devem tomar conhecimento: o perigo que corre sua vida se oculta aos olhos deles, da mesma maneira que a sua reconquistada certeza de vida. Semelhante homem oculto, que precisa por instinto da fala para calar e silenciar, e que é inesgotável em subterfúgios diante da comunicação, *quer* e exige que uma

54. "Para ser um bom filósofo, é preciso ser seco, lúcido, sem ilusões. Um banqueiro que tenha feito fortuna possui uma parte do caráter requerido para fazer descobertas em filosofia, isto é, para ver lucidamente naquilo que é" (citado por P. Mérimée em *Notes et souvenirs* na *Corréspondence inédite* de Stendhal).

máscara de si passeie em seu lugar nos corações e nas mentes de seus amigos; e supondo que ele não o quer, um dia seus olhos se abrirão para o fato de que não obstante existe lá uma máscara sua – e de que é bom que seja assim. Todo espírito profundo precisa de uma máscara: mais ainda, em torno de todo espírito profundo cresce continuamente uma máscara, graças à interpretação constantemente falsa, ou seja, *rasa*, de cada palavra, cada passo, cada sinal de vida que ele dá. –

41

É preciso dar a si mesmo provas de que se está destinado à independência e ao mando; e isso no tempo oportuno. Não se deve evitar suas provas, ainda que elas talvez sejam o jogo mais perigoso que se possa jogar, e apenas provas, por fim, das quais sejamos as únicas testemunhas, sem a presença de qualquer outro juiz. Não permanecer preso a uma pessoa: ainda que seja a mais amada – toda pessoa é uma prisão, e também um recanto. Não permanecer preso a uma pátria: ainda que seja a mais sofredora e mais necessitada – de uma pátria vitoriosa, já é menos difícil desligar seu coração. Não permanecer preso a uma compaixão: ainda que seja com relação a homens superiores, cujo raro martírio e desamparo um acaso nos permitiu vislumbrar. Não permanecer preso a uma ciência: ainda que ela atraia alguém com as descobertas mais preciosas, que parecem reservadas justamente a *nós*. Não permanecer preso a sua própria libertação, àquela lasciva lonjura e país longínquo do pássaro, que voa sempre mais longe nas alturas para ver sempre mais abaixo de si – o perigo daquele que voa. Não permanecer presos às nossas próprias virtudes e nos tornarmos, como um todo, vítimas de alguma particularidade nossa, por exemplo, de nossa "hospitalidade": o que é o perigo dos perigos para almas superiormente constituídas e ricas, que lidam consigo mesmas dispendiosamente, quase com indiferença, e que levam a virtude da liberalidade tão longe até que chegue a se tornar um vício. É preciso saber *preservar-se*: a prova mais forte de independência.

42

Uma nova espécie de filósofos está surgindo: ouso batizá-los com um nome nada inofensivo. Tal como eu os adivinho, tal como eles se deixam adivinhar – pois é de sua índole *querer* permanecer um enigma em algum aspecto –, esses filósofos do futuro poderiam ter algum direito, talvez também uma ausência de direito, de ser designados como *tentadores*.[55] Esse nome é ele mesmo, afinal, apenas uma tentativa e, caso se queira, uma tentação.

43

Serão novos amigos da "verdade", esses filósofos vindouros? É bastante provável: pois, até agora, todos os filósofos amaram suas verdades. Mas certamente não serão dogmáticos. Iria de encontro ao seu orgulho, e também de encontro ao seu gosto, caso a verdade deles ainda fosse tida por uma verdade para qualquer um: o que até agora foi o secreto desejo e o sentido por trás de todos os esforços dogmáticos. "Meu juízo é o *meu* juízo: não é tão facilmente que um outro também tem direito a ele" – diz talvez um desses filósofos do futuro. É preciso acabar com o mau gosto de querer concordar com muitos. O "bom" deixa de ser bom se o vizinho passa a papagueá-lo. E como poderia afinal haver um "bem comum"? A expressão contradiz a si própria: aquilo que pode ser comum sempre possui pouco valor. Deve ser de tal modo, por fim, como é e sempre foi: as grandes coisas ficam para os grandes, os abismos para os profundos, as delicadezas e arrepios para os sutis e, de modo geral e para resumir, tudo que é raro para os raros. –

---

55. Em alemão, *Versucher*, que também pode significar "experimentadores". Na frase seguinte: tentativa (*Versuch*, também "experimento", "experiência", "ensaio"); tentação (*Versuchung*).

44

Depois de tudo isso, ainda preciso dizer expressamente que esses filósofos do futuro também serão espíritos livres, *muito* livres – tão certo quanto eles também não serão meramente espíritos livres, mas algo mais, mais elevado, maior e fundamentalmente distinto, que não quer ser malinterpretado e confundido com outra coisa? Mas, ao dizer isso, sinto quase tanto em relação a eles quanto em relação a nós, que somos seus arautos e precursores, nós, espíritos livres! – sinto a *obrigação* de varrer para longe de nós todos um velho e estúpido preconceito e mal-entendido que turvou como um nevoeiro o conceito de "espírito livre" por tempo demasiado. Em todos os países da Europa, assim como na América, há quem hoje cometa abusos com esse nome, uma espécie de espíritos muito estreita, aprisionada, agrilhoada, que quer mais ou menos o contrário daquilo que se encontra em nossos propósitos e instintos – para não falar que, em vista desses *novos* filósofos vindouros, eles devem ser antes de tudo janelas fechadas e portas aferrolhadas. Eles pertencem, para dizê-lo numa só e horrenda palavra, aos *niveladores*, esses falsamente denominados "espíritos livres" – como eloquentes e escrevinhadores escravos do gosto democrático e de suas "ideias modernas": todos eles homens sem solidão, sem solidão própria, rapazes toscos e bem-comportados, aos quais não se deve negar coragem nem costumes respeitáveis, só que eles são acanhada e ridiculamente superficiais, sobretudo na sua inclinação fundamental de ver nas formas da sociedade antiga até agora existente mais ou menos a causa de *toda* miséria e fracasso humanos: no que, felizmente, a verdade vem a estar de pernas para o ar! O que eles gostariam de obter com todas as forças é a felicidade campestre do rebanho, universal, verde, com segurança, inofensividade, bem-estar, facilitação da vida para todo mundo; suas duas cantilenas e doutrinas mais cantadas chamam-se "igualdade de direitos" e "compaixão para com tudo que sofre" – e o próprio sofrimento é tomado por eles como algo que se deve *eliminar*. Nós, os contrários, que abrimos um *olho* e uma consciência para a questão de saber onde e como até agora a planta "homem" cresceu nas alturas com mais vigor, somos da opinião de que isso ocorreu toda vez sob as condições contrárias, que para isso a periculosidade de sua situação teve antes de crescer até a exorbitância, sua força inventiva e dissimuladora (seu "espírito" –), de desenvolver-se sob prolongada pressão e coação até tornar-se algo sutil e ousado, sua vontade de vida, de elevar-se até chegar a ser absoluta vontade de poder: – somos da opinião de que a dureza, a violência, a escravidão, o perigo na rua e no coração, o ocultamento, o estoicismo, a arte de tentador e a diabolice de toda espécie, de que tudo que no homem é mau, terrível, tirânico, rapinante e ofídico serve tão bem para a elevação da espécie "homem" quanto o seu contrário: – nós até nem mesmo dizemos o bastante quando apenas dizemos isso, e nos encontramos, em todo caso, com o nosso falar e calar nesse aspecto, na *outra* ponta de toda a moderna ideologia e aspiração de rebanhos: como seus antípodas, talvez? Será de admirar que nós, "espíritos livres", não somos exatamente os espíritos mais comunicativos? Que nós não desejamos, em cada aspecto, revelar *do que* um espírito pode se libertar e *para onde* ele talvez seja então impelido? E quanto à importância da perigosa fórmula "além do bem e do mal", com a qual, pelo menos, nos resguardamos de ser confundidos com outros: nós *somos* algo diverso dos "*libres-penseurs*", "*liberi pensatori*", "livres-pensadores" ou seja lá como for que todos esses honrados porta-vozes das "ideias modernas" gostam de se denominar. Estivemos em casa em muitos países do espírito, pelo menos na condição de hóspedes; esgueirando-nos sempre outra vez do recanto abafado e agradável em que a afeição e a desafeição,[56] a juventude, a origem, o acaso de

56. Em alemão, *Vorliebe und Vorhass*. *Vorliebe* significa propriamente "predileção" (amar com preferência); *Vorhass* (odiar com preferência) é criação de Nietzsche.

pessoas e livros, ou mesmo a fadiga das andanças pareciam nos cativar; cheios de maldade para com os chamarizes da dependência que se encontram escondidos em honras, ou dinheiro, ou cargos, ou entusiasmos dos sentidos; gratos inclusive à privação e às vicissitudes da doença, pois sempre nos livraram de alguma regra e de seu "preconceito", gratos para com deus, diabo, cordeiro e verme em nós, curiosos que chegam ao ponto do vício, investigadores que chegam ao ponto da crueldade, com dedos que não hesitam diante do inapreensível, com dentes e estômagos para o mais indigesto, prontos para todo ofício que exija agudeza e sentidos aguçados, prontos a toda ousadia, graças a um excesso de "livre-arbítrio", com almas de fachada e de fundos, às quais ninguém vê facilmente seus propósitos últimos, com fachadas e fundos que nenhum pé deveria percorrer até o fim, ocultos sob o manto da luz, conquistadores, ainda que herdeiros e esbanjadores pareçamos, ordenadores e colecionadores desde a manhã até a noite, avarentos de nossa riqueza e de nossas gavetas abarrotadas, econômicos no aprender e no esquecer, inventivos em esquemas, às vezes orgulhosos de tábuas de categorias, às vezes pedantes, às vezes corujas do trabalho mesmo em dia claro; e até, caso seja necessário, inclusive espantalhos – e hoje é necessário: ou seja, na medida em que somos os amigos natos, jurados, ciumentos da *solidão*, a nossa própria, mais profunda, mais noturna, mais meridiana solidão: – semelhante espécie de homem somos nós, nós, espíritos livres! E talvez *vós* também sejais algo disso, vós, vindouros? Vós, *novos* filósofos? –

Terceira parte
O mal religioso[57]

45

A alma humana e suas fronteiras, as proporções até agora em geral alcançadas pelas experiências humanas interiores, as alturas, profundidades e distâncias dessas experiências, toda a história da alma *até agora* e as suas possibilidades ainda não esgotadas: para um psicólogo nato e amigo da "caça grande", esse é o campo de caçadas que lhe foi predestinado. Mas com que frequência ele precisa dizer para si mesmo, desesperado: "Um indivíduo! Ah, apenas um indi-

57. O título original desta parte é *Das religiöse Wesen*. *Wesen* é termo de tradução sempre problemática, dada a sua grande variedade de sentidos. Dá uma ideia disso a evolução da palavra, de seu sentido mais concreto ao mais abstrato, conforme observa, por exemplo, Johann Christoph Adelung (1732-1806) em seu *Grammatisch-kritisches Wörterbuch der Hochdeutschen Mundart*. Assim, o sentido mais concreto de *Wesen* é "ruído, barulho", ainda conservado em expressões tais como *viel Wesens machen von* ("fazer muito caso de"), ao passo que entre os sentidos mais abstratos encontramos "natureza", "existência", "ser", "essência". Dentre os sentidos mais concretos também se inclui o uso de *Wesen* para designar doenças, patologias, moléstias: genericamente, pode ser usado para indicar qualquer doença, conforme exemplo oferecido pelo *Deutsches Wörterbuch* dos irmãos Grimm: *er hat ein schlimmes Wesen an einem Bein, an einem Auge etc.* ("ele possui uma doença/moléstia na perna, no olho etc."); mais especificamente, o termo aparece numa expressão para designar a epilepsia, que é chamada de *das böse Wesen*. Essa "ressonância patológica" de *Wesen* decerto não estava fora das intenções de Nietzsche ao optar por essa palavra, bastando considerar o uso de termos e expressões como "epilepsia", "neurose religiosa" (seção 47) e "infecção cristã" (seção 48). Daí a nossa opção por "O mal religioso", escolha que apresenta as desvantagens de ser um tanto "escancarada" demais em comparação à sutilíssima zombaria que o autor se permite a partir da polissemia do termo alemão, além de criar uma ressonância (vantajosa, talvez) com o título da obra que não ocorre no original.

víduo! E essa grande floresta e floresta virgem!" E assim ele deseja para si algumas centenas de ajudantes de caça e cães de busca doutos e sutis, que ele pudesse enviar pela história da alma humana adentro para que lá reunissem a *sua* caça. Em vão: ele sempre volta a experimentar, profunda e amargamente, o quanto é difícil encontrar ajudantes e cães para todas as coisas que precisamente excitam a sua curiosidade. O inconveniente que há em enviar doutos a campos de caça novos e perigosos, onde se fazem necessárias coragem, esperteza e sutileza em todos os sentidos, reside no fato de que eles não são mais úteis precisamente ali onde começa a "caça *grande*", mas também o grande perigo: precisamente ali eles perdem sua visão e seu faro. Para adivinhar e averiguar, por exemplo, qual foi até agora a história do problema da *ciência e da consciência*[58] na alma dos *homines religiosi*, talvez fosse preciso alguém tão profundo, tão ferido, tão imenso quanto foi profunda, ferida e imensa a consciência intelectual de Pascal – e então ainda seria sempre necessário aquele céu estendido de espiritualidade clara, malvada, que pudesse, de cima, abranger com a vista, ordenar, coagir em fórmulas esse bulício de experiências perigosas e dolorosas. – Mas quem me faria esse serviço? Quem teria tempo de esperar por tais serviçais? – É evidente que eles crescem muito raramente, eles são tão improváveis em todas as épocas! Por fim é preciso fazer tudo *sozinho* para saber alguma coisa: isso significa que se tem *muito* a fazer! – Mas uma curiosidade do meu tipo permanece como o mais agradável de todos os vícios – perdão! Eu quis dizer: o amor à verdade recebe seu salário no Céu e já sobre a Terra.

46

A fé, conforme o cristianismo primitivo a exigiu e não raro alcançou, em meio a um mundo cético e de espírito

---

58. No original, *Wissen und Gewissen*. *Wissen*: saber; *Gewissen*: consciência moral (distinta, portanto, da consciência dos estados mentais e da realidade, *Bewusstsein*). *Homines religiosi*: "homens religiosos".

livre meridional que tinha atrás de si e dentro de si uma luta secular de escolas filosóficas, somada à educação para a tolerância dada pelo *imperium Romanum* – essa fé *não* é aquela cândida e rabugenta fé de súditos com a qual talvez um Lutero ou um Cromwell ou outro bárbaro nórdico do espírito estiveram presos ao seu Deus e ao seu cristianismo; é, muito antes, aquela fé de Pascal, que se parece terrivelmente a um constante suicídio da razão – uma razão tenaz, longeva, vermiforme, que não se pode matar de uma vez e de um só golpe. A fé cristã é sacrifício desde o princípio: sacrifício de toda liberdade, de todo orgulho, de toda autoconfiança do espírito; ao mesmo tempo, servilização e autoescárnio, automutilação. Há crueldade e fenicismo[59] religioso nessa fé que é exigida de uma consciência domada, múltipla e muito mal-acostumada: sua precondição é que a submissão do espírito *doa* indescritivelmente, que todo o passado e hábito de semelhante espírito se defendam contra o absurdíssimo que a "fé" representa para ele. Os homens modernos, com seu embotamento para toda a nomenclatura cristã, não compreendem mais o que de horrendo-superlativo se encontrava para um gosto antigo no paradoxo da fórmula "Deus na cruz". Nunca houve até agora e em parte alguma semelhante ousadia na inversão, algo igualmente terrível, questionador e questionável quanto essa fórmula: ela prometia uma transvaloração[60] de todos os valores antigos. – É o Oriente, o Oriente *profundo*, é o escravo oriental que assim se vinga de Roma e de sua nobre e frívola

59. Uma explicação para esse termo pode ser encontrada na seção 229, em que Nietzsche fala da "automutilação de fenícios e ascetas".

60. Em alemão, *Umwertung*. Por infelicidade, a melhor palavra para traduzir *Umwertung* também é a pior escolha possível: "revaloração". Pois, se por um lado "revaloração" aponta uma nova valoração, também indica a repetição de uma valoração já existente. De modo que optamos, por fim, pelo mesmo termo utilizado por Rubens Rodrigues Torres Filho (Nietzsche, *Obras incompletas*, Abril, 1984, Coleção "Os pensadores"). "Transvaloração", além de conservar a referência a valores, não perde de vista o sentido de "transformação", pode-se dizer, implicado numa nova valoração.

tolerância, do "catolicismo"[61] romano da fé: – e não foi a fé, mas a liberdade da fé, aquela despreocupação meio estóica e risonha com a seriedade da fé, o que sempre revoltou os escravos em seus senhores, contra seus senhores. O "Esclarecimento" provoca revolta: pois o escravo quer algo incondicional, ele compreende apenas aquilo que é tirânico, também na moral, ele ama tal como odeia, sem nuance, até as profundezas, até chegar à dor, até chegar à doença – seu enorme sofrimento *oculto* se revolta contra o gosto nobre, que parece *negar* o sofrimento. O ceticismo diante do sofrimento, no fundo apenas uma pose da moral aristocrática, também não está menos implicado na origem da última grande rebelião de escravos que principiou com a Revolução Francesa.

47

Onde quer que até agora a neurose religiosa tenha aparecido sobre a Terra, nós a encontramos ligada a três perigosas prescrições dietéticas: solidão, jejum e abstinência sexual – mas sem que aqui se possa decidir com segurança o que aí é causa e o que é efeito, e *se* existe de fato aqui uma relação de causa e efeito. A última dúvida é autorizada pelo fato de que justamente entre seus sintomas mais regulares, tanto em povos selvagens quanto domesticados, também se encontra a mais súbita, mais desregrada voluptuosidade, a qual, do mesmo modo súbito se transforma em convulsão de penitência e em negação do mundo e da vontade: ambas, talvez, interpretáveis como epilepsia mascarada? Mas em parte alguma mais se deve renunciar a interpretações: em torno de nenhum outro tipo cresceu até agora semelhante profusão de absurdo e superstições, nenhum outro parece até agora ter interessado mais as pessoas, mesmo os filósofos – estaria na hora de justamente aqui tornar-se um pouco frio, aprender cautela, melhor ainda: apartar o olhar, *apartar-se.* – Mesmo no fundo da mais recente filosofia, a de Schopenhauer, encontra-se, quase como o problema em

61. Etimologicamente: "universalismo".

si, essa terrível questão da crise e do despertar religiosos. Como é *possível* a negação da vontade? Como é possível o santo? – essa parece ter sido realmente a questão que transformou Schopenhauer em filósofo e pela qual ele começou. E assim foi uma autêntica consequência schopenhaueriana que seu mais convicto adepto (o último, talvez, no que se refere à Alemanha –), a saber, Richard Wagner, levasse a termo precisamente aqui a própria obra da sua vida e, por fim, ainda levasse a palco esse terrível e eterno tipo na figura de Kundry, *type vécu*,[62] e em carne e osso; na mesma época em que os alienistas de quase todos os países da Europa tinham uma oportunidade para estudá-lo de perto por toda parte em que a neurose religiosa – ou, como a denomino, "o mal religioso" – fez sua última apresentação e eclosão epidêmica como "Exército de Salvação"[63]. – Mas caso se pergunte o que propriamente, para homens de toda espécie e época, inclusive os filósofos, foi tão extraordinariamente interessante em todo esse fenômeno do santo: sem qualquer dúvida, a aparência de milagre a ele ligada, a saber, a imediata *sucessão de oposições*, de estados da alma valorados de modo moralmente oposto: aqui se acreditava ser palpável o fato de que a partir de um "homem ruim" surgisse de repente um "santo", um homem bom. Nesse ponto, a psicologia praticada até agora naufraga: isso não teria acontecido principalmente porque ela se colocou sob o domínio da moral, porque ela inclusive *acreditou* nas oposições morais de valor e enxergou, leu, *interpretou* essas oposições no texto *e* nos fatos? – O quê? O "milagre" apenas um erro de interpretação? Uma falta de filologia? –

48

Parece que o catolicismo das raças latinas lhes cabe mais intimamente do que a nós, habitantes do Norte, todo

62. "Tipo vivido." Kundry é personagem da ópera *Parsifal*.

63. Organização religiosa e caritativa, hierarquizada nos moldes militares, cuja finalidade é a evangelização e a melhoria social das classes pobres (*Houaiss*).

o cristianismo: e que, por conseguinte, nos países católicos a descrença deve significar algo bem diferente do que em países protestantes – ou seja, uma espécie de revolta contra o espírito da raça, enquanto entre nós ela é antes um retorno ao espírito (ou à falta de espírito –)[64] da raça. Nós, habitantes do Norte, descendemos indubitavelmente de raças bárbaras, também no que respeita aos nossos dotes para a religião: somos *maldotados* para ela. Podemos excetuar os celtas, que, por isso, também proporcionaram o melhor solo para a recepção da infecção cristã no Norte – o ideal cristão, até onde o sol pálido do Norte o permitiu, chegou a florescer plenamente na França. Quão estranhamente piedosos são para o nosso gosto até mesmo esses recentes céticos franceses, na medida em que há algum sangue celta em suas origens! Quão católico, quão não alemão é para nós o odor da sociologia de Auguste Comte,[65] com sua lógica romana dos instintos! Quão jesuítico aquele amável e astuto cicerone de Port-Royal, Sainte-Beuve, apesar de toda sua hostilidade com os jesuítas! E Ernest Renan então: quão inacessível soa para nós, do Norte, a linguagem desse Renan, em que a todo o momento qualquer nada de tensão religiosa faz perder o equilíbrio de sua alma, voluptuosa num sentido sutil e que se deita comodamente! Que se repitam uma vez essas suas belas frases – e que maldade e alegria endiabrada logo se faz sentir como resposta em nossa alma provavelmente menos bela e mais dura, ou seja, mais alemã! – "*disons donc hardiment que la religion est un produit de l'homme normal, que l'homme est le plus dans le vrai quand il est le plus religieux et le plus assuré d'une desti-*

64. A expressão "falta de espírito" não traduz muito bem *Ungeist*, que significa "espírito (mentalidade, ideologia) destrutivo, nocivo".

65. A. Comte (1789-1857): filósofo francês, fundador do positivismo. Charles-Augustin Sainte-Beuve (1804-1869): crítico literário e escritor francês. Um de seus livros intitula-se precisamente *Histoire de Port-Royal*, em que oferece uma interpretação do movimento espiritual jansenista que se desenvolveu na abadia de Port-Royal durante o século XVII. E. Renan (1823-1892): historiador e filósofo francês.

née infinie (...) C'est quand il est bon qu'il veut que la vertu corresponde à un ordre éternel, c'est quand il contemple les choses d'une manière désintéressée qu'il trouve la mort révoltante et absurde. Comment ne pas supposer que c'est dans ces moments-là, que l'homme voit de mieux?(...)"[66] Essas frases são tão *antípodas* a meus hábitos e ouvidos que, quando as encontrei, minha primeira cólera escreveu ao lado "*la niaiserie religieuse par excellence!*"[67] – até que minha última cólera até mesmo se afeiçoou a elas, essas frases com sua verdade de pernas para o ar! É tão cortês, tão distinto, ter seus próprios antípodas!

49

O que provoca assombro na religiosidade dos gregos antigos é a exuberante plenitude de gratidão que dela emana – é uma espécie de homem muito nobre que *assim* se coloca diante da natureza e da vida! – Mais tarde, quando o populacho passa a preponderar na Grécia, também viceja o *medo* na religião; e o cristianismo se preparava. –

50

A paixão por Deus: há espécies campônias, cândidas e impertinentes, como a de Lutero – todo o protestantismo carece da *delicatezza* meridional. Há nessa paixão um êxtase oriental, como o de um escravo imerecidamente indultado ou promovido, por exemplo, em Agostinho, que carece de um modo insultante de toda nobreza de gestos e apetites. Há, nessa paixão, ternura e concupiscência feminis, que anseiam pudicamente e sem o saber por uma *unio*

---

66. "Digamos pois ousadamente que a religião é um produto do homem normal, que o homem está mais próximo da verdade quando ele é mais religioso e mais seguro de um destino infinito (...) É quando ele é bom que ele quer que a virtude corresponda a uma ordem eterna, é quando ele contempla as coisas de uma maneira desinteressada que ele julga a morte revoltante e absurda. Como não presumir que é durante esses momentos que o homem vê melhor? (...)"

67. "A tolice religiosa por excelência."

mystica et physica: caso de Madame de Guyon.[68] Em muitos casos ela aparece de modo bastante estranho como disfarce da puberdade de uma mocinha ou de um rapaz; aqui e ali, inclusive como histeria de uma solteirona velha, também como sua última ambição: – várias vezes a Igreja já canonizou a mulher em tais casos.

51

Até agora os homens mais poderosos sempre se curvaram reverentes diante do santo, como se ele fosse o enigma da autossubjugação e da privação extrema e deliberada: por que eles se curvavam? Eles pressentiam nele – e como que por detrás do ponto de interrogação de sua aparência frágil e lastimável – a força superior que quis pôr-se à prova através de semelhante subjugação, a fortaleza da vontade na qual eles reconheciam e sabiam reverenciar a sua própria fortaleza e gozo senhoril: eles reverenciavam algo em si mesmos ao reverenciar o santo. Acrescentava-se a isso que o aspecto do santo lhes inspirava uma suspeita: semelhante monstruosidade de negação, de contranatureza, não deve ter sido desejada em vão, diziam-se e perguntavam-se eles. Haveria talvez uma razão para isso, um perigo enorme acerca do qual o asceta, graças a seus secretos consoladores e visitantes, estaria mais instruído? Enfim, os poderosos do mundo aprendiam dele um novo temor, eles pressentiam um novo poder, um inimigo estranho, ainda não subjugado – era a "vontade de poder" que os obrigava a se deter diante do santo. Eles tinham de perguntar-lhe – –

52

No "Antigo Testamento" judaico, o livro da justiça divina, há homens, coisas e falas em um estilo tão grandioso, que as literaturas grega e indiana nada possuem que possa ser a ele comparado. Detemos-nos com espanto e res-

---

68. Jeanne Marie de Guyon (1648-1717): escritora e mística, principal representante do quietismo na França.

peito diante desse imenso vestígio daquilo que o homem foi outrora e, ao fazê-lo, temos nossos pensamentos tristes acerca da Ásia antiga e de sua peninsulazinha avançada, a Europa, que pretendia realmente significar frente à Ásia o "progresso do homem". Todavia: quem é ele próprio apenas um franzino e manso animal doméstico, que conhece apenas necessidades de animal doméstico (semelhantemente a nossos homens cultos de hoje, junto com os cristãos do cristianismo "culto" –), esse, sob essas ruínas, não tem do que se admirar nem muito menos por que se afligir – o gosto pelo Antigo Testamento é uma pedra de toque com relação a "grande" e "pequeno" –: talvez ele ache o Novo Testamento, o livro da graça, muito mais conforme ao seu coração (nele há muito do autêntico odor suave e mofado dos carolas e das almas pequenas). Ter grudado esse Novo Testamento, uma espécie de rococó do gosto sob todos os aspectos, ao Antigo Testamento para formar um só livro, a "Bíblia", "o livro em si": esse é talvez o maior atrevimento e o maior "pecado contra o espírito" que a Europa literária tem em sua consciência.

53

Por que ateísmo hoje? – "O pai" em Deus está radicalmente refutado; do mesmo modo "o juiz", "o recompensador". Igualmente seu "livre arbítrio": ele não ouve – e se ouvisse, ainda assim não poderia ajudar. O pior é: ele parece incapaz de se comunicar claramente: ele é obscuro? – Isso foi o que descobri a partir de muitas conversas, perguntando, ouvindo, como as causas para o declínio do teísmo europeu; parece-me que precisamente o instinto religioso cresce com vigor – mas que ele recusa justamente a satisfação teísta com profunda desconfiança.

54

O que faz afinal, no fundo, toda a filosofia moderna? Desde Descartes – e mais por resistência contra ele do que em razão de seu proceder – todos os filósofos cometem um atentado contra o antigo conceito de alma, sob a aparência de uma crítica do conceito de sujeito e do conceito de predicado – ou seja: um atentado contra o pressuposto fundamental da doutrina cristã. A filosofia moderna, como um ceticismo relativo à teoria do conhecimento, é, oculta ou abertamente, *anticristã*: embora, dito para ouvidos mais sutis, de modo algum antirreligiosa. Pois outrora se acreditava na "alma" assim como se acreditava na gramática e no sujeito gramatical: dizia-se que "eu" é condição, "penso" é predicado e condicionado – pensar é uma atividade para a qual *deve* ser pensado um sujeito como causa. Então se procurou ver, com uma tenacidade e astúcia admiráveis, se não se poderia sair dessa rede – se, talvez, o contrário não seria verdade: "penso" condição, "eu" condicionado; "eu", portanto, apenas uma síntese *feita* pelo próprio pensamento. *Kant* queria demonstrar, no fundo, que o sujeito não poderia ser demonstrado a partir do sujeito – o objeto também não: a possibilidade de uma *existência aparente* do sujeito, portanto, da "alma", pode não lhe ter sido sempre estranha, pensamento este que, como filosofia vedanta, já esteve uma vez, e com formidável poder, sobre a Terra.

55

Há uma grande escala da crueldade religiosa, com muitos degraus; mas três deles são os mais importantes. Outrora se sacrificava homens ao seu deus, talvez justamente aqueles que mais se amava – aí se incluem os sacrifícios de primogênitos de todas as religiões pré-históricas, aí também o sacrifício do imperador Tibério na gruta de Mitra, na ilha de Capri, esse que é o mais terrível de todos os anacronismos romanos. Então, na época moral da humanidade, se sacrificavam ao seu deus os instintos mais fortes que se possuía, sua "natureza"; *esta* alegria festiva brilhava no olhar cruel do asceta, do entusiasta "antinatural".

Por fim: o que ainda restava para sacrificar? Não se deveria sacrificar de uma vez tudo que é consolador, santo, curativo, toda a esperança, toda a fé em uma harmonia oculta, em bem-aventuranças e justiças futuras? Não se deveria sacrificar o próprio deus e, por crueldade contra si, adorar a pedra, a estupidez, a gravidade, o destino, o nada? Sacrificar Deus ao nada – esse mistério paradoxal da crueldade extrema permanece reservado para a geração que agora surge: todos nós já conhecemos algo disto. –

56

Quem, semelhantemente a mim, com algum desejo enigmático, se esforçou longamente por pensar a fundo o pessimismo e salvá-lo da estreiteza e da simplicidade meio cristã, meio alemã com a qual ele recentemente se apresentou neste século, ou seja, em forma de filosofia schopenhauriana; quem realmente olhou ao menos uma vez com um olho asiático e mais que asiático para o interior e para o fundo desse modo de pensar que, dentre todos os modos de pensar possíveis, é o que mais nega o mundo – além do bem e do mal, e não mais, como Buda e Schopenhauer, sob o encanto e na ilusão da moral –, esse talvez tenha, precisamente com isso, sem que propriamente o quisesse, aberto os olhos para o ideal contrário: para o ideal do homem mais pleno de alegria, mais vivo e mais afirmador do mundo, que não somente aprendeu a contentar-se e suportar aquilo que foi e que é, mas que o quer novamente *tal como foi e é*, por toda a eternidade, exclamando insaciavelmente *da capo*[69], não apenas para si, mas para a peça e o espetáculo inteiros, e não somente para um espetáculo, mas no fundo para aquele que justamente precisa desse espetáculo – e faz com que ele seja preciso: pois ele sempre precisa de si outra vez – e faz com que seja preciso – – O quê? E isto não seria – *circulus vitiosus deus*?

69. "Do início", "de novo".

57

Com a força de seu olhar e compreensão[70] espirituais, cresce a distância e como que o espaço em torno do homem: seu mundo se torna mais profundo, estrelas sempre novas, enigmas e imagens sempre novos tornam-se visíveis para ele. Talvez tudo aquilo em que o olho do espírito exercitou sua acuidade e profundidade era tão somente um pretexto para seu exercício, um objeto de brincadeiras, algo para crianças e criançolas. Talvez um dia os mais solenes conceitos, pelos quais mais se lutou e sofreu, os conceitos de "Deus" e de "pecado", não nos pareçam mais importantes do que parece ao homem velho um brinquedo de criança e uma dor de criança – e talvez então "o homem velho" precise novamente de um outro brinquedo e de uma outra dor – ainda criança o bastante, uma eterna criança!

58

Será que se observou bem até que ponto o ócio exterior ou o semiócio exterior é necessário para uma vida autenticamente religiosa (e tanto para o seu microscópico trabalho predileto de autoexame, quanto para aquela suave serenidade que se chama "oração" e que é uma contínua preparação para a "vinda de Deus"), quero dizer, o ócio com consciência tranquila, oriundo de antigamente, de linhagem, ao qual não é inteiramente estranho o sentimento aristocrático de que o trabalho *desonra* – ou seja, rebaixa a alma e o corpo? E que, consequentemente, a laboriosidade moderna, ruidosa, gastadora de tempo, orgulhosa, tolo-orgulhosa de si, mais do que todo o resto, educa e prepara justamente para a "incredulidade"? Entre aqueles que, por exemplo, vivem à parte da religião na Alemanha atual, encontro homens de variado tipo e procedência "livre-

70. Em alemão, *Blick und Einblick. Einblick* (literalmente, "olhar para dentro"): "olhadela", "lance de olhos"; mas também, figuradamente: "conhecimento", "compreensão", "ideia".

pensante"[71], mas sobretudo uma maioria cuja laboriosidade, de geração a geração, dissolveu os instintos religiosos: de modo que eles nem sabem mais para que servem as religiões, e apenas registram, por assim dizer, sua existência no mundo com uma espécie de assombro estúpido. Eles já se sentem por demais solicitados, essa gente bem-comportada, quer pelos seus negócios, quer pelas suas diversões, para não falar da "pátria" e dos jornais e dos "deveres familiares": parece que eles não possuem nenhum tempo de sobra para a religião, tanto mais que não lhes fica claro se ela se trata de um novo negócio ou uma nova diversão – pois é impossível, dizem-se eles, ir à igreja puramente para arruinar o bom humor. Eles não são inimigos dos rituais religiosos; se alguém exige em certos casos, talvez por parte do Estado, a participação em tais rituais, então eles fazem o que se exige, tal como se faz tanta coisa – com uma seriedade paciente e modesta, e sem muita curiosidade e mal-estar: eles vivem por demais à parte e do lado de fora para achar que seja mesmo preciso em seu foro íntimo um pró e um contra em tais coisas. A esses indiferentes pertence hoje a maioria dos protestantes alemães das classes médias, especialmente nos laboriosos grandes centros comerciais e de negócios; do mesmo modo, a maioria dos doutos laboriosos e todo o apetrecho das universidades (com exceção dos teólogos, cuja existência e possibilidade ali fornece sempre mais enigmas, e cada vez mais sutis, para o psicólogo decifrar). Raramente se faz, por parte de homens piedosos ou somente religiosos, uma ideia de *quanta* boa vontade, poderia dizer-se, vontade voluntária[72], é hoje necessária para que um douto alemão leve a sério o problema da religião; em razão de seu ofício (e, como foi dito, em razão da laboriosidade profissional à qual sua consciência moderna

---

71. O termo alemão é um substantivo, *Freidenkerei*, de conotação nitidamente pejorativa.

72. Em alemão, *willkürlicher Wille*, "vontade que depende do arbítrio, da vontade"...

o obriga), ele se inclina a uma jovialidade superior, quase bonachona, para com a religião, à qual se mescla por vezes um ligeiro menosprezo, dirigido ao "desasseio" do espírito que ele pressupõe por toda parte em que ainda se é membro da Igreja. Somente com a ajuda da história (*não*, portanto, a partir de sua experiência pessoal) é que se consegue levar o douto a uma seriedade respeitosa e a uma certa consideração medrosa para com as religiões; mas se ele elevou seu sentimento inclusive até a gratidão para com elas, com sua pessoa ele ainda não se aproximou nem um passo daquilo que ainda subsiste como Igreja e religiosidade: talvez o contrário. A indiferença prática diante das coisas religiosas, em meio à qual ele nasceu e foi educado, costuma sublimar-se nele em cautela e asseio, que temem, ambas, o contato com homens e coisas religiosas; e pode ser justamente a profundidade de sua tolerância e humanidade que lhe ordena evitar a sutil situação de emergência que o próprio tolerar traz consigo. – Todas as épocas possuem sua própria espécie divina de ingenuidade, por cuja invenção outras épocas as devem invejar – e quanta ingenuidade, venerável, infantil e ilimitadamente simplória ingenuidade se encontra nessa crença na superioridade do douto, na consciência tranquila de sua tolerância, na segurança simples, ignorante, com a qual seu instinto trata o homem religioso como um tipo inferior e mais baixo, que ele próprio ultrapassou, superou, *sobrepujou* com seu desenvolvimento – ele, o pequeno anão e plebeu arrogante, o diligente-lesto trabalhador intelectual, e também manual, das "ideias", das "ideias modernas"!

59

Quem olhou profundamente para dentro do mundo, decerto adivinha que sabedoria se encontra no fato de os homens serem superficiais. É o seu instinto conservativo que os instrui a serem ligeiros, levianos e falsos. Aqui e ali é possível encontrar uma adoração passional e exagerada das "formas puras", tanto entre filósofos como entre artistas:

que ninguém duvide do fato de que quem *necessita* de tal maneira do culto da superfície teve uma vez, algum dia, uma sorte infeliz *sob* ela. Talvez, a propósito dessas crianças escaldadas, os artistas natos que encontram o gozo da vida tão somente no intuito de *falsificar* sua imagem (como que numa vingança crônica da vida –), haja inclusive uma hierarquia: o grau em que a vida perdeu o gosto para eles poderia ser inferido a partir do quanto eles desejam ver sua imagem falsificada, diluída, transcendentalizada[73], divinizada – os *homines religiosi* poderiam ser incluídos entre os artistas como sua categoria *suprema*. É o profundo e desconfiado temor a um pessimismo incurável que impele milênios inteiros a se aferrar com unhas e dentes a uma interpretação religiosa da existência: o temor desse instinto que suspeita que se poderia entrar na posse da verdade *muito cedo*, antes que o homem tenha se tornado forte o bastante, duro o bastante, artista o bastante.... A religiosidade, a "vida em Deus", contemplada com esse olhar, aparece então como o mais sutil e último produto do *temor* à verdade, como adoração e embriaguez de artistas diante da mais consequente de todas as falsificações, como a vontade de inversão da verdade, de inverdade a qualquer preço. Pode ser que até agora não tenha existido meio mais eficiente de embelezar o próprio homem do que justamente a religiosidade: através dela o homem pode se tornar tão demasiadamente arte, superfície, jogo de cores, bondade, que seu aspecto não provoca mais sofrimento. –

60

Amar o homem *por amor a Deus* – este foi até agora o sentimento mais nobre e mais extraordinário alcançado entre os homens. Que o amor ao homem sem qualquer segunda intenção santificadora é uma tolice e uma animalidade *a mais*, que a inclinação a esse amor ao homem recebeu sua medida, sua finura, seu grãozinho de sal e seu pozinho de

---

73. Em alemão, *verjenseitigt*, verbo criado a partir de *Jenseits* ("além").

âmbar somente de uma inclinação superior – quem quer que tenha sido o homem que primeiramente sentiu e "vivenciou" isto, por mais que sua língua tenha tropeçado ao tentar expressar tal delicadeza, que ele permaneça para nós em todos os tempos santo e venerável, como aquele que até agora voou mais alto e que mais se enganou!

61

O filósofo, tal como *nós* o compreendemos, nós, espíritos livres – como o homem da mais ampla responsabilidade, que possui a consciência para o desenvolvimento global do homem: esse filósofo se servirá das religiões para sua obra de cultivo e educação, tal como se servirá das condições políticas e econômicas do momento. A influência seletiva, cultivadora, o que sempre quer dizer tanto destruidora quanto criadora e plasmadora, que pode ser exercida com a ajuda das religiões, é, conforme a espécie de homens que é colocada sob o seu cativeiro e proteção, múltipla e diversa. Para os fortes, independentes, preparados e predestinados ao mando, nos quais se corporificam a razão e a arte de uma raça dirigente, a religião é um meio a mais para superar resistências, para poder dominar: é como um laço que amarra em conjunto soberanos e súditos, e que denuncia e entrega a consciência dos últimos, o que eles ocultam e lhes é mais íntimo, que de bom grado gostaria de se esquivar à obediência, aos primeiros; e caso naturezas isoladas de semelhante origem nobre, através de elevada espiritualidade, se inclinarem a uma vida mais retirada e mais contemplativa, reservando-se somente o gênero mais sutil de domínio (sobre discípulos escolhidos ou confrades), então a religião pode ser inclusive utilizada como meio para conseguir sossego do ruído e da labuta do mando *mais grosseiro* e como limpeza da *necessária* sujeira de todo fazer político. Assim o compreendiam, por exemplo, os brâmanes: com a ajuda de uma organização religiosa, eles se outorgaram o poder de nomear os reis do povo, enquanto eles próprios se mantinham e se sentiam à parte e do lado de fora, como os homens de tarefas superiores e suprarrégias. Entretanto, a religião também dá instrução e ocasião de se preparar para dominar e mandar futuramente a uma parte dos dominados, ou seja, àquelas classes e categorias que ascendem lentamente, nas quais, através de costumes matrimoniais propícios, a força e o prazer da vontade, da vontade de autodomínio, está sempre em ascensão – a religião lhes oferece estímulos e tentações suficientes para seguir as sendas da espiritualidade superior, para experimentar os sentimentos da grande autossuperação, do silenciar e da solidão – o ascetismo e o puritanismo são meios quase imprescindíveis de educação e enobrecimento quando uma raça quer se assenhorear de sua origem plebeia e progredir pelo esforço para o domínio futuro. Por fim, ao homem comum, à maioria que existe para servir e para o uso geral, e apenas nessa medida *pode* existir, a religião oferece uma incalculável satisfação com sua situação e seu modo de ser, renovada paz do coração, um enobrecimento da obediência, uma felicidade e um sofrimento a mais com seus iguais e alguma transfiguração e embelezamento, alguma justificação de todo o cotidiano, de toda a baixeza, de toda a pobreza semianimal de sua alma. A religião e a significação religiosa da vida colocam um esplendor solar sobre tais homens sempre atormentados e torna-lhes suportável seu próprio aspecto, ela atua como uma filosofia epicurista costuma atuar sobre sofredores de categoria superior, aliviando, refinando, como que *aproveitando* o sofrimento, por fim até o santificando e justificando. Talvez não haja nada tão respeitável no cristianismo e no budismo quanto sua arte de instruir, mesmo aos mais ordinários, a se colocarem através da religiosidade num superior ordenamento de aparência das coisas, e com isso, perseverar na satisfação com o verdadeiro ordenamento, no interior do qual eles vivem de maneira dura o bastante – e precisamente essa dureza é necessária!

62

Por fim, todavia, para registrar também a contrapartida ruim de tais religiões e lançar luz sobre a sua sinistra periculosidade – o preço a pagar é sempre alto e terrível quando as religiões dominam *não* como meios de cultivo e educação nas mãos do filósofo, mas o fazem por si e *soberanamente*, quando elas próprias querem ser os alvos finais e não meios entre outros meios. Há entre os homens, como entre todas as outras espécies animais, um excedente de malogrados, doentes, degenerados, débeis, necessariamente sofredores; também entre os homens, os casos bem-sucedidos são sempre a exceção, e inclusive, tendo em vista o fato de que o homem é *o animal ainda não fixado*, a escassa exceção. Mas o que ainda é pior: quanto mais elevadamente constituído é o tipo de um homem, que por ele é representado, tanto mais se eleva a impossibilidade de que ele *medre*: o casual, a lei do absurdo na economia global da humanidade, mostra-se da maneira mais terrível em seu efeito destrutivo sobre os homens superiores, cujas condições vitais são delicadas, complexas e difíceis de calcular. Como se comportam, pois, as mencionadas duas maiores religiões com relação a esse *excedente* de casos malogrados? Elas procuram conservar, manter em vida tudo o que se possa manter, e como religiões *para sofredores*, elas até tomam, por princípio, partido a seu favor, elas dão razão a todos aqueles que sofrem da vida como de uma doença, e gostariam de impor que qualquer outra percepção da vida seja considerada falsa e impossível. Ainda que se tenha na mais alta conta essa solicitude cuidadosa e conservadora, na medida em que ela, ao lado de todos os outros tipos, também diz e disse respeito ao homem superior, até agora quase sempre também o tipo de homem mais sofredor: no cálculo geral, as religiões até agora existentes, ou seja, religiões *soberanas*, contam-se entre as causas principais que fixaram o tipo "homem" num degrau inferior – elas conservaram muito daquilo *que deveria sucumbir*. Há uma dívida incalculável com elas; e quem seria rico o bastante em gratidão para não ficar pobre diante de tudo o que, por exemplo, os "homens espirituais" do cristianismo fizeram até agora pela Europa! E no entanto, se eles davam consolo ao sofredor, ânimo ao oprimido e desesperado, um bastão e um apoio ao dependente, se afastavam da sociedade os intimamente arruinados e os asselvajados, atraindo-os para dentro de claustros e penitenciárias da alma: o que, além disso, eles tiveram de fazer para trabalhar com a consciência tranquila de tal maneira radical na conservação de tudo que é doente e sofredor, quer dizer, de fato e em verdade, no *pioramento da raça europeia*? Colocar todas as valorações *de pernas para o ar* – foi *isto* o que tiveram de fazer! E despedaçar os fortes, adoentar as grandes esperanças, lançar suspeitas sobre a felicidade na beleza, dobrar, quebrando, tudo que é autocrático, viril, conquistador, que ambiciona o poder, todos os instintos que são próprios do mais elevado e mais bem-logrado tipo "homem", lançando-os na incerteza, no tormento da consciência, na autodestruição, converter inclusive todo amor ao que é terreno e todo amor ao domínio sobre a Terra em ódio contra a Terra e ódio ao que é terreno – foi *esta* a tarefa que a Igreja se impôs e teve de se impor até que finalmente, segundo a sua avaliação, "desmundanização", "dessensualização" e "homem superior" se fundissem num só sentimento. Supondo que se pudesse abranger com o olho zombeteiro e imparcial de um deus epicurista a comédia espantosamente dolorosa e tão grosseira quanto sutil do cristianismo europeu, acredito que o assombro e o riso não teriam mais fim: pois não parece que uma só vontade, a de fazer do homem um *sublime aborto*, dominou sobre a Europa por dezoito séculos? Mas aquele que se dirigisse com necessidades contrárias, não mais epicuristas, mas com algum martelo divino na mão a essa degeneração e estiolamento quase voluntários do homem que é o cristão europeu (Pascal, por exemplo), não deveria vociferar com cólera, com compaixão, com horror: "Ó vós, palermas, vós palermas presunçosos e compassivos, o que fizestes aí! Era esse um trabalho para vossas mãos? Como espancastes e estropiastes minha mais bela pedra! O que *vós* tirastes dela!" – Eu quis dizer: o cristianismo foi até agora a mais funesta espécie de arrogância. Homens, não elevados e duros o bastante para, sendo artistas, poder modelar *o homem*; homens, não fortes e perspicazes o bastante para, com um soberbo autodomínio, *fazer* valer a lei de fachada do fracasso e do soçobro multiplicados por mil; homens, não nobres o bastante para ver a hierarquia abismalmente vária e o abismo de categorias entre um homem e outro: – *tais* homens, com o seu "igual perante Deus", reinaram até agora sobre o destino da Europa, até que finalmente se obteve uma espécie apequenada, quase ridícula, um animal de rebanho, algo bonachão, adoentado e medíocre, o europeu atual...

Quarta parte
Ditos e interlúdios

63

Quem é radicalmente professor, leva todas as coisas a sério apenas em relação aos seus alunos – inclusive a si próprio.

64

"O conhecimento pelo conhecimento" – eis a última armadilha colocada pela moral: com isso se está outra vez inteiramente enredado nela.

65

O encanto do conhecimento[74] seria diminuto se, no caminho que a ele conduz, não houvesse tanto pudor a ser superado.

65a

É com seu deus que as pessoas são mais desonestas: não lhe é *permitido* pecar!

66

A propensão a se rebaixar, a se deixar roubar, enganar e explorar, poderia ser o pudor de um deus entre os homens.

---

74. Em alemão, *Erkenntnis*, um substantivo feminino. No *Prólogo* a verdade é comparada a uma mulher; aqui, fica subjacente uma comparação análoga.

67

O amor a uma só pessoa é uma barbaridade: pois ele é praticado às custas de todas as outras. Também o amor a Deus.

68

"Eu fiz isso", diz minha memória. "Não posso ter feito isso" – diz meu orgulho, e se mantém inexorável. Por fim – a memória cede.

69

Observou-se mal a vida caso não se tenha visto também a mão que cuidadosamente – mata.

70

Caso se possua caráter, então também se possui sua experiência típica, que sempre se repete.

71

O sábio na condição de astrônomo. – Enquanto ainda sentes as estrelas como um "sobre-ti", falta-te ainda o olhar do cognoscente.

72

Não a intensidade, mas a duração da impressão superior faz os homens superiores.

73

Quem alcança seu ideal, precisamente com isso o ultrapassa.

73a

Muito pavão esconde aos olhos de todos a sua cauda de pavão – e chama isso de seu orgulho.

74

Um homem de gênio é insuportável se não possui ao menos mais duas coisas: gratidão e asseio.

75

O grau e o tipo de sexualidade de um homem alcançam até o último cimo de seu espírito.

76

Em circunstâncias pacíficas, o homem guerreiro investe contra si mesmo.

77

Com seus princípios, quer-se tiranizar ou justificar ou honrar ou insultar ou ocultar seus hábitos: – é provável que dois homens com princípios idênticos queiram com eles algo fundamentalmente diferente.[75]

78

Quem despreza a si mesmo, ainda se preza, contudo, como desprezador.

79

Uma alma que se sabe amada, mas que não ama, revela sua borra – o que há nela de mais fundo vem à tona.

80

Uma coisa que se esclarece deixa de ter qualquer interesse para nós. – O que queria dizer aquele deus que aconselhava: "Conhece a ti mesmo"? Talvez significasse: "Deixa de ter qualquer interesse por ti! Torna-te objetivo!" – E Sócrates? – E o "homem científico"? –

81

É terrível morrer de sede no mar. Tendes, pois, de salgar tanto vossa verdade para que ela nem sequer mais – mate a sede?

---

75. Perdeu-se na tradução o jogo entre *Grundsätzen* (princípios) e *Grund-Veschiedenes* (fundamentalmente diferente).

82

"Compaixão para com todos" – seria dureza e tirania para *contigo*, meu senhor vizinho! –

83

O instinto. – Quando a casa queima, esquece-se até do almoço. – Sim: mas depois se almoça sobre as cinzas.

84

A mulher aprende a odiar na medida em que desaprende a – enfeitiçar.

85

Os mesmos afetos no homem e na mulher diferem contudo no ritmo: por isso o homem e a mulher não param de se desentender.

86

As próprias mulheres, no fundo de toda a vaidade pessoal, ainda possuem seu desprezo impessoal – pela "mulher".

87

Coração atado, espírito livre. – Quando se amarra firmemente e se prende o seu coração, pode-se conceder muitas liberdades ao seu espírito: eu já o disse uma vez. Mas não me creem, supondo que já não o saibam.....

88

Começa-se a desconfiar das pessoas muito sagazes quando elas se embaraçam.

89

Experiências terríveis levam a pensar se aquele que as experimenta não é algo terrível.

90

Pessoas graves, melancólicas,[76] precisamente através daquilo que torna graves as outras, por meio do ódio e do amor, tornam-se mais leves e vêm por momentos à própria superfície.

91

Tão frio, tão gélido, que se queima os dedos nele! Toda mão que o toca, assusta-se! – E precisamente por isso muitos o tomam por ardente.

92

Quem, pela sua boa reputação, não sacrificou alguma vez – a si próprio? –

93

No bom trato com as gentes não há nada de ódio pelos homens, mas, precisamente por isso, demasiado desprezo por eles.[77]

94

A maturidade do homem: isso significa ter reencontrado a seriedade que se tinha ao brincar quando criança.

---

76. Em alemão: *Schwere, schwermütige Menschen.* Numa tradução alternativa, bem mais literal: "pessoas pesadas, de ânimo pesado". O autor joga com o duplo sentido de *schwer*, que também significa "pesado".

77. Em alemão: *In der Leutseligkeit ist Nichts von Menschenhass, aber eben darum allzuviel von Menschenverachtung.* O adjetivo *leutselig* (afável, jovial, tratável, urbano) – do qual se deriva o substantivo *Leutseligkeit* –, considerada a sua etimologia, designa "aquele que é benévolo no trato com as gentes (*Leute*) mais simples ou subordinados". Assim, uma tradução mais precisa para *Leutseligkeit* talvez fosse "condescendência". De todo modo se perderia a relação de contraste do "bom trato das gentes", *Leutseligkeit,* com o "ódio aos homens" (ou à humanidade), *Menschenhass,* e o "desprezo aos homens", *Menschenverachtung.*

95

Envergonhar-se de sua imoralidade: eis um degrau da escada em cujo fim as pessoas acabam por se envergonhar também de sua moralidade.

96

Devemos nos despedir da vida do modo que Ulisses se despediu de Nausícaa – mais abençoando do que apaixonado.

97

O quê? Um grande homem? Eu vejo somente o comediante de seu próprio ideal.

98

Quando se adestra a sua consciência, então ela beija ao mesmo tempo em que remorde.[78]

99

Fala o desiludido. – "Fiquei à escuta de eco, e ouvi apenas louvor –"

100

Diante de nós mesmos, todos nós nos fazemos mais simples do que somos: assim nos descansamos de nosso próximo.

101

Hoje um cognoscente poderia facilmente sentir-se como a encarnação animal de Deus.[79]

---

78. Em alemão, "consciência (moral)" é *Gewissen*, e "remorso", "remordimento", *Gewissensbiss* – literalmente, "mordida da consciência".

79. "Encarnação animal": *Tierwerdung*. Como observa o tradutor espanhol Andrés Sánchez Pascual, trata-se de palavra forjada por analogia com *Menschwerdung*, termo teológico que designa a encarnação do filho de Deus no cristianismo (*Más allá del bien y del mal*, Alianza Editorial, 2003).

102

Descobrir que o amor é correspondido deveria realmente desiludir o amante acerca da criatura amada. "O quê? *Ela* é modesta o bastante para amar inclusive a ti? Ou tola o bastante? Ou – ou –"

103

O perigo na felicidade. – "Agora tudo me faz bem, agora amo qualquer destino: – quem gostaria de ser meu destino?"

104

Não o seu amor ao homem, mas a impotência de seu amor ao homem é o que impede os cristãos de hoje de nos – queimar.

105

Ao espírito livre, ao "devoto do conhecimento", a *pia fraus*[80] repugna ainda mais ao gosto (à *sua* "devoção") do que a *impia fraus.* Por isso a sua profunda incompreensão face à Igreja, que considera, visto que ele pertence ao tipo "espírito livre" – a *sua* escravidão.

106

Graças à música, as paixões gozam a si próprias.

107

Uma vez tomada a decisão, tapar os ouvidos inclusive para as melhores contrarrazões: sinal de caráter forte. Portanto, uma ocasional vontade de tolice.

108

Não há quaisquer fenômenos morais, mas apenas uma interpretação moral de fenômenos.....

---

80. "Fraude piedosa", "mentira piedosa". A expressão remonta a Ovídio (*Metamorfoses*, IX, 711) e significa o uso da mentira motivado por uma boa intenção. Logo, *impia fraus* é a mentira mal-intencionada.

109

Com bastante frequência o criminoso não está à altura do seu ato: ele o apequena e o difama.

110

Os advogados de um criminoso raramente são artistas[81] o bastante para voltar o belo horror do ato a favor de seu autor.

111

Quando nosso orgulho acabou de ser ferido, precisamente então é mais difícil ferir nossa vaidade.

112

Para quem se sente predestinado a ver, e não a crer, todos os crentes são demasiado estrepitosos e impertinentes: ele se defende deles.

113

"Queres ganhar sua simpatia? Então mostre-se embaraçado diante dele –"

114

A imensa expectativa com relação ao amor sexual e a vergonha que há nessa expectativa arruínam de antemão todas as perspectivas às mulheres.

115

Onde o amor ou o ódio não fazem parte do jogo, a mulher joga mediocremente.[82]

---

81. O autor emprega *Artisten*, e não *Künstler*. O primeiro termo é mais comumente empregado para designar os artistas de circo (malabaristas, acrobatas, ilusionistas etc.), e o segundo para se referir aos criadores de obras de arte (ainda que às vezes um *Künstler* também possa ser chamado de *Artist* em razão da extrema habilidade que apresente em seu ofício).

82. Nietzsche joga com dois dos sentidos do verbo *spielen*, "jogar" e "representar" (atuar numa peça).

116

As grandes épocas de nossa vida são aquelas em que ganhamos a coragem de rebatizar o nosso mal como o nosso melhor.

117

A vontade de superar um afeto é por fim tão somente a vontade de um outro ou vários outros afetos.

118

Existe uma inocência da admiração: a possui aquele ao qual ainda não ocorreu que também ele possa ser admirado alguma vez.

119

O asco diante da imundície pode ser tão grande a ponto de nos impedir de nos limparmos – de nos "justificarmos".

120

A sensualidade precipita frequentemente o crescimento do amor, de modo que a raiz permanece fraca e fácil de arrancar.

121

É uma sutileza que Deus aprendesse grego quando quis se tornar escritor – e que não o aprendesse melhor.

122

Alegrar-se em razão de um elogio é para muitos apenas uma cortesia do coração – e justamente a contrapartida de uma vaidade do espírito.

123

Mesmo o concubinato foi corrompido: – através do casamento.

124

Quem se rejubila mesmo na fogueira não triunfa sobre a dor, mas sobre o fato de não sentir dor onde a esperava. Uma parábola.

125

Se tivermos de mudar de opinião acerca de alguém, então lhe cobraremos caro pelo inconveniente que com isso nos causa.

126

Um povo é o rodeio da natureza para chegar a seis ou sete grandes homens. – Sim: e para então se esquivar deles.

127

A ciência ofende o pudor de todas as verdadeiras mulheres. Elas sentem como se com ela se quisesse lhes espiar sob a pele – pior ainda!, sob os vestidos e os adornos.

128

Quanto mais abstrata for a verdade que quiseres ensinar, tanto mais precisas seduzir os sentidos a ela.

129

O Diabo possui as mais amplas perspectivas acerca de Deus, por isso se mantém tão distante dele – o Diabo na condição de mais antigo amigo do conhecimento.

130

O que alguém *é* começa a se revelar quando o seu talento diminui – quando ele para de mostrar o que ele *pode*. O talento é também um adorno; um adorno é também um esconderijo.

131

Os sexos se enganam um acerca do outro: isso faz com que no fundo honrem e amem apenas a si mesmos (ou ao seu próprio ideal, para expressá-lo de modo mais agradável –). Assim, o homem quer a mulher pacífica – mas justamente a mulher é *essencialmente* não pacífica, como o gato, por melhor que ela também tenha ensaiado a aparência da paz.

132

Em razão de suas virtudes é que se é mais bem punido.

133

Quem não sabe encontrar o caminho para o *seu* ideal, vive de modo mais leviano e mais insolente que o homem sem ideal.

134

Dos sentidos, somente, provém toda credibilidade, toda consciência tranquila, toda evidência de verdade.

135

O farisaísmo não é uma degeneração no homem bom: uma porção generosa do mesmo é antes a condição de toda vida reta.[83]

136

Um procura um parteiro para suas ideias, o outro, alguém a quem possa ajudar: assim começa um bom diálogo.

137

No trato com doutos e artistas, nos enganamos facilmente em sentidos opostos: atrás de um douto notável não raro encontramos um homem medíocre, e atrás de um artista medíocre, com frequência até – um homem bastante notável.

---

83. "Vida reta" foi nossa tradução para *Gut-sein* (literalmente, "ser-bom"), segundo explicação oferecida no verbete *Gutsein* do *Deutsches Wörterbuch* dos irmãos Grimm.

138

Fazemos em vigília o mesmo que em sonhos: primeiro inventamos e criamos a pessoa com a qual tratamos – e logo esquecemos disso.

139

Na vingança e no amor, a mulher é mais bárbara que o homem.

140

Admoestação em forma de adivinhação.[84] – "Para o laço não se romper – deves antes nele morder."

141

O baixo-ventre é o motivo pelo qual o homem não se toma tão facilmente por um deus.

142

A frase mais pudica que eu ouvi: "*Dans le véritable amour c'est l'âme, qui enveloppe le corps*".[85]

143

Nossa vaidade gostaria que aquilo que melhor fazemos fosse justamente considerado como o mais difícil para nós. Contribuição à origem de muitas morais.

144

Se uma mulher apresenta tendências eruditas, então geralmente algo não está em ordem com sua sexualidade. Basta a esterilidade para dispor a uma certa virilidade do gosto; pois o homem, permitam-me dizê-lo, é "o animal estéril".

---

84. Em alemão, *Rat als Rätsel*, literalmente, "conselho em forma de enigma".

85. "No verdadeiro amor, é a alma que envolve o corpo."

145

Comparados o homem e a mulher no todo, pode-se dizer: a mulher não teria o gênio do adorno se não tivesse o instinto do papel *secundário*.

146

Quem luta com monstros, que se cuide para não se tornar um monstro ao fazê-lo. E se olhas por longo tempo para dentro de um abismo, o abismo também olha para dentro de ti.

147

De antigas novelas florentinas, além disso – da vida: *buona femmina e mala femmina vuol bastone.*[86] Saccheti, nov. 86.

148

Seduzir o próximo a uma boa opinião e depois acreditar credulamente nessa opinião: quem iguala as mulheres nessa habilidade? –

149

O que uma época sente como mau, geralmente é uma reverberação extemporânea daquilo que outrora foi sentido como bom – o atavismo de um ideal mais antigo.

150

Em torno do herói tudo se transforma em tragédia, em torno do semideus, drama satírico; e em torno de Deus tudo se transforma – o quê? Talvez em "mundo"? –

151

Possuir um talento não é o bastante: também é preciso possuir vossa autorização para tanto – o quê, meus amigos?

---

86. "Mulher boa, mulher ruim, ambas querem bastão." Franco Saccheti (c.1330-1400) foi escritor italiano.

152

"Lá onde se encontra a árvore do conhecimento é sempre o paraíso": assim falam as mais velhas e as mais jovens serpentes.

153

O que é feito por amor, ocorre sempre além do bem e do mal.

154

A objeção, a escapadela, a desconfiança jovial, o gosto pela zombaria são sinais de saúde: tudo o que é incondicional pertence à patologia.

155

O sentido para o trágico aumenta e diminui com a sensualidade.

156

A loucura é algo raro em indivíduos – mas em grupos, partidos, povos e épocas, a regra.

157

A ideia do suicídio é um consolo poderoso: com ela se consegue superar bem muita noite ruim.

158

Ao nosso impulso mais forte, ao tirano em nós, submete-se não apenas nossa razão, mas também nossa consciência.

159

Precisa-se retribuir o bom e o ruim: mas por que exatamente à pessoa que nos fez algo bom ou ruim?

160

Não se ama mais suficientemente o próprio conhecimento assim que ele é compartilhado.

161

Os poetas são despudorados em relação às suas experiências: eles as exploram.

162

"Nosso próximo não é o nosso vizinho, mas o vizinho deste" – assim pensa cada povo.

163

O amor traz à luz as qualidades elevadas e ocultas de uma pessoa que ama – o que ela tem de raro, de excepcional: nessa medida, ele engana facilmente acerca daquilo que nela é regra.

164

Jesus disse aos seus judeus: "A Lei era para servos – amai a Deus como eu o amo, na condição de seu filho! Que importa a nós, filhos de Deus, a moral!" –

165

Com vista a todos os partidos. – Um pastor ainda precisa também de um carneiro-guia – ou ele mesmo precisa ser carneiro ocasionalmente.

166

É certo que se mente com a boca; mas com o esgar que então se faz, ainda se diz a verdade.

167

Nos homens duros, a intimidade é objeto de pudor – e algo precioso.

168

O cristianismo deu de beber veneno a Eros – é verdade que ele não morreu por isso, mas degenerou, em vício.

169

Falar muito de si também pode ser um meio de se ocultar.

170

No elogio há mais impertinência que na censura.

171

Em um homem do conhecimento, a compaixão quase leva ao riso, assim como mãos delicadas num ciclope.

172

Por amor à humanidade, às vezes se abraça uma pessoa qualquer (porque não se pode abraçar todo mundo): mas precisamente isso não se deve revelar a essa pessoa qualquer.....

173

Não se odeia enquanto ainda se menospreza, mas somente quando se julga o outro igual ou superior.

174

Vós utilitaristas, também vós amais tudo o que é útil apenas como um *veículo* para vossas inclinações – também vós achais o ruído de suas rodas verdadeiramente insuportável?

175

Ama-se por fim seus desejos, e não o desejado.

176

A vaidade dos outros só repugna ao nosso gosto quando repugna à nossa vaidade.

177

Sobre o que seja a "veracidade", talvez ninguém ainda tenha sido veraz o bastante.

178

Não se dá crédito às tolices de homens inteligentes: que desrespeito aos direitos humanos!

179

As consequências de nossas ações agarram-nos pelo topete, muito indiferentes ao fato de que entrementes tenhamos nos tornado "melhores".

180

Há uma inocência na mentira que é o sinal da boa-fé numa coisa.

181

É desumano abençoar quando alguém é amaldiçoado.

182

A familiaridade do superior provoca amargura, pois não pode ser retribuída. –

183

"Não o fato de me mentires, mas sim o fato de eu não acreditar mais em ti é que me perturbou." –

184

Há uma desmedida alegria da bondade que se parece com maldade.

185

"Ele me desagrada." – Por quê? – "Não estou à sua altura." – Algum homem já respondeu assim?

Quinta parte
Contribuição à história natural da moral

186

A sensibilidade moral na Europa de hoje é tão fina, avançada, variada, excitável, refinada quanto a "ciência da moral" que lhe corresponde ainda é jovem, incipiente, tosca e canhestra – uma oposição atraente, que às vezes se torna evidente e se corporifica na própria pessoa de um moralista. Já a expressão "ciência da moral", com respeito àquilo que ela designa, é demasiado presunçosa e contrária ao *bom* gosto: que sempre costuma ser um antegosto para as palavras mais modestas. Com todo rigor se deveria reconhecer *o que* por longo tempo ainda é necessário aqui, *o que* somente possui direitos por ora: ou seja, a coleta de material, a formulação e o ordenamento conceitual de um formidável domínio de delicados sentimentos de valor e distinções de valor que vivem, crescem, se reproduzem e perecem – e, talvez, tentativas de dar uma ideia clara das formações recorrentes e mais frequentes dessa cristalização viva – como preparação para uma *tipologia* da moral. Todavia: até agora ninguém foi tão modesto. Todos os filósofos exigiram de si, com uma seriedade cerimoniosa que provoca o riso, algo muito mais elevado, mais pretensioso e mais solene tão logo se ocuparam da moral como ciência: eles quiseram a *fundamentação* da moral – e cada filósofo acreditou até agora ter fundamentado a moral; a própria moral, porém, foi considerada como "dada". Quão distante de seu orgulho tosco permaneceu essa tarefa de uma descrição, aparentemente insignificante e abandonada à poeira e ao mofo, ainda que para ela as mãos e os sentidos mais sutis dificilmente poderiam ser sutis o bastante! Precisamente porque os filósofos da moral conheciam apenas grosseiramente os *facta*[87] morais, num excerto arbitrário ou como resumo ocasional, mais ou menos como a moralidade de seu ambiente, de sua classe, de sua Igreja, do espírito de sua época, de seu clima e de sua região – precisamente porque eles estavam mal-informados e mesmo porque foram pouco curiosos com respeito a povos, épocas e tempos passados é que eles absolutamente não chegaram a ver os verdadeiros problemas da moral – que surgem todos como tais somente através de uma comparação de *muitas* morais. Em toda a "ciência da moral" feita até agora ainda *faltou*, por estranho que possa soar, o problema da própria moral: faltou a suspeita de que aqui existe algo problemático. O que os filósofos chamavam de "fundamentação da moral" e que exigiam de si foi, visto sob a luz adequada, apenas uma forma erudita de *fé* ingênua na moral dominante, um novo meio de sua *expressão*, um fato mesmo, portanto, no interior de uma determinada moralidade, e inclusive, bem no fundo, uma espécie de negação de que seja *permitido* tomar essa moral como problema – e, em todo o caso, o contrário de um exame, uma análise, um questionamento, uma vivissecção dessa fé. Ouça-se, por exemplo, com que inocência quase venerável mesmo Schopenhauer coloca sua própria tarefa, e tire-se suas conclusões acerca da cientificidade de uma "ciência" cujos últimos mestres ainda falam como as crianças e as velhinhas: – "o princípio", afirma (*Problemas fundamentais da moral*, p. 136)[88], "o fundamento acerca de cujo conteúdo todos os eticistas são *verdadeiramente* unânimes, *neminem laede, immo omnes, quantum potes, juva*[89], esta é *verdadeiramente* a tese por cuja fundamentação todos os moralistas

87. "Fatos."

88. Na verdade, o título exato da obra de Schopenhauer é *Os dois problemas fundamentais da ética*.

89. "Não firas a ninguém, antes ajude a todos no que puderes."

se esforçam (...), o *verdadeiro* fundamento da ética, que se procura há milênios tal como se procura a pedra filosofal". – A dificuldade de fundamentar a tese mencionada pode todavia ser grande – é sabido que também Schopenhauer não foi bem-sucedido –; e quem por uma vez apenas compreendeu profundamente quão banal, falsa e sentimental é essa tese em um mundo cuja essência é vontade de poder – esse talvez se deixe recordar que Schopenhauer, embora pessimista, *verdadeiramente* – tocava flauta... Diariamente, depois das refeições: leia-se acerca disso o seu biógrafo. E, perguntando de passagem: um pessimista, um negador de Deus e do mundo, que se *detém* diante da moral – que diz um sim à moral e toca flauta, à moral do *laede neminem*: o quê? Esse é verdadeiramente – um pessimista?

187

Mesmo abstraindo-se do valor de asserções tais como "há em nós um imperativo categórico", pode-se ainda perguntar: o que diz semelhante asserção acerca daquele que a faz? Há morais que devem justificar seu autor diante dos outros; outras morais devem tranquilizá-lo e fazê-lo sentir-se bem consigo mesmo; com outras, ele quer pregar a si mesmo na cruz e humilhar-se; com outras ele quer vingar-se, com outras esconder-se, com outras transfigurar-se e colocar-se nas alturas e à distância; esta moral serve ao seu autor para esquecer, aquela para fazer-se esquecer ou fazer esquecer algo de si; muitos moralistas gostariam de exercer poder e capricho criador sobre a humanidade; muitos outros, talvez precisamente também Kant, dão a entender com sua moral: "O que é respeitável em mim é que sou capaz de obedecer – e não *deve* ser diferente convosco do que é comigo!" – em suma, as morais também são apenas uma *linguagem de sinais dos afetos*.

188

Toda moral, em oposição ao *laisser aller*[90], é um tanto de tirania sobre a "natureza", também sobre a "razão":

90. "Deixar ir."

mas isto ainda não constitui qualquer objeção contra ela, mesmo que se tivesse de decretar novamente a partir de alguma moral que toda espécie de tirania e desrazão é ilícita. O essencial e inestimável em toda moral é o fato de que ela é uma prolongada coação: para compreender o estoicismo ou Port-Royal ou o puritanismo, recorde-se da coação sob a qual até agora toda língua adquiriu força e liberdade – da coação métrica, da tirania da rima e do ritmo. Quanta aflição não se causaram os poetas e os oradores de todos os povos! – não excetuados alguns prosadores de hoje, em cujo ouvido reside uma consciência inexorável – "por causa de uma tolice", como dizem os palermas utilitaristas, que por isso se presumem espertos; "por subserviência a leis arbitrárias", como dizem os anarquistas, que por isso se julgam "livres", até de espírito livre. Mas o fato estranho é que tudo que existe ou existiu de liberdade, sutileza, audácia, dança e segurança magistral sobre a Terra, quer no próprio pensar, ou no governar, ou no falar e persuadir, tanto nas artes quanto nos costumes, somente se desenvolveu graças à "tirania de tais leis arbitrárias"; e, falando com toda seriedade, não é pequena a probabilidade de que justamente isso seja "natureza" e "natural" – e *não* esse *laisser aller*! Todo artista sabe o quão distante do sentimento de deixar-se ir se encontra o seu estado "mais natural", o livre ordenar, pôr, dispor e modelar nos momentos de "inspiração" – e de que modo severo e sutil ele obedece precisamente então a milhares de leis, que zombam de toda formulação através de conceitos justamente por causa de sua dureza e precisão (mesmo o conceito mais sólido, feita a comparação, tem algo de dúbio, múltiplo, multívoco –). O essencial, "no Céu e sobre a Terra"[91], como parece, é, repetindo, que se *obedeça* por longo tempo e numa só direção: assim sempre se produz e se produziu a longo prazo algo pelo qual vale a pena viver sobre a Terra, por exemplo, virtude, arte, música, dança, razão, espiritualidade – algo transfigurador, refina-

91. A expressão é do Novo Testamento. Veja-se, por exemplo, Mateus 28,18.

do, louco e divino. A prolongada escravidão do espírito, a desconfiada coação na comunicabilidade dos pensamentos, a disciplina que o pensador se impôs para pensar dentro de uma norma eclesiástica e cortesã ou sob pressupostos aristotélicos, a prolongada vontade espiritual de interpretar tudo o que acontece segundo um esquema cristão e de redescobrir e justificar o deus cristão mesmo em qualquer acaso – todo o violento, arbitrário, duro, terrível e antirracional disso provou-se o meio através do qual se disciplinou a força do espírito europeu, sua impiedosa curiosidade e sua sutil mobilidade: admitindo-se que com isso, também, muito de energia e de espírito teve de ser irrecuperavelmente esmagado, sufocado e arruinado (pois aqui como em toda parte "a natureza" se mostra como ela é, em toda a sua pródiga e *indiferente* grandiosidade, que provoca revolta, porém é nobre). Que por milênios a fio os pensadores europeus apenas pensassem com o propósito de provar algo – hoje, inversamente, nos é suspeito todo pensador que "quer provar algo" –, que eles sempre já estavam certos acerca de qual *deveria* ser o resultado de sua mais rigorosa reflexão, mais ou menos como outrora na astrologia asiática, ou como ainda hoje na ingênua interpretação cristã-moral dos mais imediatos acontecimentos pessoais "em honra de Deus" e "para a salvação da alma" – essa tirania, essa arbitrariedade, essa austera e grandiosa bobagem *educou* o espírito; a escravidão é, segundo parece, no sentido mais grosseiro como no mais sutil, o meio imprescindível também para a disciplina e para o cultivo espiritual. Pode-se observar toda moral por este aspecto: é a "natureza" nela que ensina a odiar o *laisser aller*, a liberdade demasiada, e que planta a necessidade de horizontes limitados, de tarefas mais imediatas – que ensina o *estreitamento* da *perspectiva* e, portanto, em certo sentido, a estupidez como uma condição de vida e crescimento. "Tu deves obedecer, não importa a quem, e por longo tempo: *senão* sucumbirás e perderás o derradeiro respeito por ti mesmo" – esse me parece ser o imperativo moral da natureza, que todavia não é "categórico", como o velho Kant dele exigia (por isso o "senão" –), nem se dirige ao indivíduo (que lhe importa o indivíduo!), mas antes a povos, raças, épocas, classes, mas sobretudo a todo o animal "homem", *ao* homem.

189

Às raças laboriosas causa grande fadiga suportar a ociosidade: foi um golpe de mestre do instinto *inglês* santificar e tornar aborrecido o domingo, ao ponto de que nele o inglês se torne despercebidamente outra vez ansioso por seus dias de semana e trabalho: – como uma espécie de *jejum* espertamente inventado, espertamente intercalado, como também se pode observar profusamente no mundo antigo (ainda que, como é justo entre povos meridionais, não exatamente com respeito ao trabalho –). Deve haver jejuns de várias espécies; e por toda parte em que dominam fortes impulsos e hábitos, os legisladores têm de cuidar de introduzir dias intercalares em que um tal impulso seja agrilhoado e novamente aprenda a sentir fome. Olhando de um ponto mais elevado, gerações e épocas inteiras, quando surgem possuídas por algum fanatismo moral, aparecem como tais períodos interpostos de coação e jejum, durante os quais um impulso aprende a se curvar e se prostrar, mas também a se *purificar* e se *aguçar*; determinadas seitas filosóficas (a Stoa, por exemplo, em meio à cultura helenística e sua atmosfera tornada lasciva e saturada de odores afrodisíacos) também permitem uma tal interpretação. – Com isso também é dada uma indicação para o esclarecimento daquele paradoxo de por que precisamente no período mais cristão da Europa, e sobretudo apenas sob a pressão de juízos de valor cristãos, o impulso sexual se sublimou em amor (*amour-passion*)[92].

190

Há algo na moral de Platão que não pertence propriamente a Platão, mas que apenas se encontra em sua filoso-

---

92. "Amor-paixão" é um conceito que Stendhal apresenta em *Do amor* [Volume 610 da Coleção L&PM Pocket].

fia, poderíamos dizer, apesar de Platão: a saber, o socratismo, para o qual ele era na verdade demasiado nobre. "Ninguém quer causar dano a si mesmo, por isso tudo o que é ruim acontece involuntariamente. Pois o homem ruim provoca dano a si mesmo: ele não o faria, caso ele soubesse que o ruim é ruim. Por conseguinte, o homem ruim apenas é ruim por um erro; se o privamos de seu erro, então o tornamos necessariamente – bom." – Esse modo de inferir cheira a *plebe*, que na ação ruim enxerga apenas as consequências desagradáveis, e na verdade julga que "é *estúpido* agir mal"; enquanto ela toma sem maiores dificuldades "bom" e "útil e agradável" por idênticos. Em todo utilitarismo da moral se pode adivinhar de antemão essa mesma origem e obedecer ao seu nariz: raramente alguém se enganará. – Platão fez de tudo para introduzir na tese de seu mestre a interpretação de algo fino e nobre, sobretudo a si mesmo – ele, o mais audaz de todos os intérpretes, que tomou todo o Sócrates das ruas apenas como um tema popular e uma canção do povo para variá-lo ao infinito e ao impossível: ou seja, em todas as suas próprias máscaras e complexidades. Falando de brincadeira, e além disso homericamente: que é o Sócrates platônico senão

πρόσθε Πλάτων ὄπιθέν τε Πλάτων μέσση τε Χίμαιρα?[93]

191

O velho problema teológico da "fé" e do "saber" – ou, mais claramente, do instinto e da razão –, a questão, portanto, de, se com respeito à valoração das coisas o instinto merece mais autoridade que a racionalidade, que deseja que se avalie e se aja conforme razões, conforme um "por quê?", em vez de conforme a conveniência e a utilidade – ainda é aquele velho problema moral tal como ele primeiramente se apresentou na pessoa de Sócrates, e que muito antes do cristianismo já tinha dividido os espíritos. O próprio Só-

93. "Platão na frente, Platão atrás, no meio Quimera." Nietzsche parodia a descrição da Quimera dada na *Ilíada* (canto VI, verso 181): "Leão na frente, serpente atrás, no meio cabra".

crates tinha, sem dúvida com o gosto de seu talento – o de um eminente dialético –, se colocado inicialmente do lado da razão; e, na verdade, que fez ele toda a sua vida senão rir da canhestra incapacidade de seus nobres atenienses, que eram homens de instinto tal como todos os homens nobres, e jamais podiam dar explicações satisfatórias acerca das razões do seu agir? Mas por fim, no silêncio e em segredo, ele riu também de si mesmo: ele encontrou em si, diante de sua sutil consciência e autoinquirição, a mesma dificuldade e incapacidade. Mas para que, ele procurava se persuadir, livrar-se por isso dos instintos! É preciso fazer justiça a eles e *também* à razão – deve-se seguir os instintos, mas persuadir a razão a ajudar nisso com boas razões. Esta foi a verdadeira *falsidade* desse grande e misterioso ironista; ele levou sua consciência a se dar por satisfeita com uma espécie de autoengano: no fundo, ele percebeu o que há de irracional no juízo moral. – Platão, em tais coisas mais inocente e desprovido da manha do plebeu, quis, com o empenho de toda a energia – a maior energia que até agora um filósofo teve para empenhar! –, provar a si mesmo que razão e instinto tendem espontaneamente a uma única meta, ao bem, a "Deus"; e desde Platão todos os teólogos e filósofos estão no mesmo caminho – ou seja, em coisas de moral, venceu até agora o instinto, ou como o chamam os cristãos, "a fé", ou como eu o chamo, "o rebanho". Deveríamos excetuar Descartes, o pai do racionalismo (e, por conseguinte, o avô da Revolução), que reconheceu autoridade somente à razão: mas a razão é apenas um instrumento, e Descartes era superficial.

192

Quem investigou a história de uma ciência específica, encontra em seu desenvolvimento um fio condutor para a compreensão dos mais antigos e mais comuns procedimentos de todo "saber e conhecer": tanto num caso quanto no outro, as hipóteses precipitadas, as ficções, a estúpida boa vontade de ter "fé", a falta de desconfiança e de paciência se desenvolveram primeiro – nossos sentidos aprendem tardiamente, e nunca aprendem inteiramente, a ser órgãos do conhecimento sutis, fiéis e cautelosos. É mais cômodo para o nosso olho, numa dada ocasião, produzir novamente uma imagem muitas vezes já produzida em vez de se ater ao diferente e novo de uma impressão: o que exige mais energia, mais "moralidade". Ouvir algo novo é penoso e difícil para o ouvido; ouvimos mal música estrangeira. Ao ouvir uma outra língua, involuntariamente tentamos dar aos sons ouvidos a forma de palavras que nos soem mais familiares e mais domésticas: foi assim, por exemplo, que ao ouvir no passado a palavra *arcubalista*, o alemão fez dela *Armbrust*[94]. O novo também encontra hostis e relutantes os nossos sentidos; e em geral, já nos "mais simples" processos da sensibilidade *dominam* os afetos, como medo, amor, ódio, incluindo os afetos passivos da preguiça. – Tão pouco quanto hoje um leitor lê uma a uma todas as palavras (sem falar nas sílabas) de uma página – antes toma de vinte palavras aproximadamente cinco ao acaso e "adivinha" o provável sentido correspondente –, assim tampouco observamos uma árvore minuciosa e inteiramente quanto a suas folhas, ramos, cor, forma; parece-nos muito mais fácil imaginar uma aproximação de árvore. Mesmo em meio à mais rara experiência ainda fazemos assim: nós inventamos a maior parte da experiência e dificilmente podemos ser obrigados a *não* observar como "inventores" qualquer acontecimento. Isso tudo significa: nós estamos desde a raiz, desde tempos idos – *habituados à mentira*. Ou, para expressá-lo de modo mais virtuoso e mais hipócrita, em suma, mais agradável: somos muito mais artistas do que o sabemos. – Em uma conversa animada, vejo frequentemente o rosto da pessoa com que falo, conforme o pensamento que ela expressa, ou

94. "Balestra." *Armbrust* é de fato palavra bastante estranha, sem nenhuma afinidade genuína com *arcubalista*, visto que *Arm* significa "braço" (ou ainda, como adjetivo, "pobre") e *Brust* significa "peito". Logo, algo como "peito do braço".

que eu acredito ter evocado nela, tão clara e distintamente definido, que esse grau de clareza vai muito além da *força* de minha capacidade visual: a sutileza do jogo dos músculos e da expressão dos olhos *deve*, portanto, ter sido acrescentada como invenção por mim. Provavelmente a pessoa fazia uma cara muito diferente, ou absolutamente nenhuma.

193

Quidquid luce fuit, tenebris agit[95]: mas também o contrário. Aquilo que vivenciamos em sonho, pressupondo que o vivenciamos frequentemente, por fim pertence tanto à economia geral de nossa alma quanto algo "realmente" vivido: graças a isso somos mais ricos ou mais pobres, possuímos uma necessidade mais ou menos, e somos finalmente, em plena luz do dia, e mesmo nos mais joviais instantes de nosso espírito desperto, um pouco conduzidos pelos hábitos de nossos sonhos. Supondo que alguém tenha voado frequentemente em seus sonhos e, por fim, tão logo sonha, toma consciência de uma força e arte do voo como seu privilégio, também sua mais própria e invejável felicidade: tal pessoa, que acredita poder realizar toda espécie de arco e ângulo com o mais leve impulso, que conhece a sensação de uma certa leveza divina, um "para cima" sem tensão e esforço, um "para baixo" sem condescendência e degradação – sem *gravidade*! –, como não deveria o homem que tivesse tais vivências e hábitos oníricos achar finalmente, mesmo para o seu dia de vigília, a palavra "felicidade" diferentemente colorida e definida! Como ele não deveria – ansiar *diferentemente* pela felicidade? A "elevação", tal como descrita pelos poetas, deve, comparada àquele "voo", parecer-lhe já demasiado terrena, muscular, violenta, já demasiado "pesada".

---

95. "O que aconteceu na luz, age nas trevas." De um poema de Petrônio, Fragmento 30, verso 5.

194

A diversidade dos homens não se mostra apenas na diversidade de suas tábuas de bens, no fato, portanto, de que tomam por desejáveis bens distintos e de que também estão em desacordo uns com os outros acerca do valor maior ou menor, acerca da hierarquia dos bens que todos reconhecem – ela se mostra ainda mais naquilo que consideram como sendo realmente *ter* e *possuir* um bem. Em relação a uma mulher, por exemplo, o mais modesto já considera o dispor de seu corpo e o gozo sexual como sinal suficiente e satisfatório do ter, do possuir; um outro, com sua sede de posse mais desconfiada e mais exigente, vê o "ponto de interrogação", o que há de apenas aparente em um tal possuir, e quer provas mais sutis, sobretudo para saber se a mulher não apenas se entrega, mas também abandona por ele aquilo que ela tem ou que gostaria de ter –: somente *assim* ele a considera "possuída". Mas para um terceiro, nem mesmo aqui acaba sua desconfiança e desejo de posse, ele se pergunta se a mulher, quando abandona tudo por ele, não o faz acaso por um fantasma dele: ele quer primeiro ser conhecido bem profundamente, até abissalmente,[96] para de fato poder ser amado, ele ousa se deixar decifrar –. Somente então ele sente a amada inteiramente em sua posse, quando ela não mais se engana a respeito dele, quando ela o ama tanto pela sua diabolice e insaciabilidade oculta quanto pela sua bondade, paciência e espiritualidade. Este gostaria de possuir um povo: e todas as artes superiores de Cagliostro e Catilina[97] parecem-lhe adequadas para esse fim. Um outro, com uma sede de posse mais refinada, diz para si: "Não se pode enganar quando se quer possuir" – ele se irrita e se impacienta com a ideia de que uma máscara sua dá ordens ao coração do povo: "Portanto eu preciso me *deixar*

96. Profundamente, abissalmente: em alemão, *gründlich, abgründlich.*

97. Lúcio Sérgio Catilina (c.108-62 a.C.): conspirador romano; Alessandro Cagliostro: pseudônimo de Giuseppe Balsamo (1743-1795), aventureiro italiano.

conhecer e, em primeiro lugar, conhecer a mim mesmo!" Entre pessoas solícitas e caridosas encontramos quase sempre aquela tosca astúcia que primeiro arranja aquele que deve ser ajudado: achando que ele, por exemplo, "merece" ajuda, que pede justamente a *sua* ajuda, e que se mostrará profundamente grato, fiel e subserviente por toda a ajuda – com essas presunções elas dispõem do necessitado como de uma propriedade, pois é sobretudo por um desejo de propriedade que elas são pessoas caridosas e solícitas. Elas se tornam ciumentas se, ao ajudar, alguém atravessa seu caminho ou as precede. Os pais involuntariamente fazem da criança algo semelhante a eles – chamam a isso de "educação" –, e nenhuma mãe duvida no fundo de seu coração de que a criança foi uma propriedade que ela deu à luz, nenhum pai se nega o direito de lhe ser permitido submetê-la aos *seus* conceitos e valorações. Outrora, inclusive, parecia justo aos pais dispor a seu bel-prazer sobre a vida e a morte do recém-nascido (como entre os antigos alemães). E do mesmo modo que o pai, assim também o professor, a classe, o sacerdote e o príncipe veem ainda hoje em cada novo ser humano uma ocasião indubitável de novas posses. Donde se segue.....

195

Os judeus – um povo "nascido para a escravidão", como afirma Tácito[98] e todo o mundo antigo, "o povo escolhido entre os povos", como eles mesmos dizem e acreditam –, os judeus realizaram esse portento de inversão dos valores graças ao qual a vida sobre a Terra recebeu por alguns milênios um novo e perigoso atrativo: – seus profetas fundiram "rico", "sem-deus", "mau", "violento" e "sensual" numa só coisa, e pela primeira vez cunharam a palavra "mundo" na forma de um vitupério. Nessa inversão dos valores (à qual pertence a utilização da palavra "pobre" como sinônimo de "santo" e "amigo") reside a

98. Tácito, *Histórias*, V, 8.

importância do povo judeu: com ele inicia a *rebelião escrava na moral.*

196

Há incontáveis corpos escuros além do sol a serem *inferidos* – tais que nunca veremos. Isto, seja dito entre nós, é uma alegoria; e um psicólogo da moral lê a totalidade da escrita estelar apenas como uma linguagem alegórica e de sinais que permite silenciar muita coisa.

197

Entende-se profundamente mal o animal de rapina e o homem de rapina (por exemplo, Cesare Borgia[99]), entende-se mal a "natureza" enquanto ainda se procura por uma "morbosidade" no fundo desses mais sadios de todos os animais[100] e plantas tropicais, ou até por um "inferno" que lhes seja inato – como o fizeram até agora quase todos os moralistas. Não parece que há entre os moralistas um ódio contra a selva e contra os trópicos? E que o "homem tropical" deve ser desacreditado a todo custo, seja como doença e degeneração do homem, seja como inferno de si mesmo e automartírio? Mas por quê? Em favor das "zonas temperadas"? Em favor do homem temperado? Do homem "moral"? Do homem medíocre? – Isto a propósito do capítulo "moral como pusilanimidade". –

198

Todas essas morais que se dirigem à pessoa particular, com vistas a sua "felicidade", como se diz – que outra coisa são senão prescrições de conduta com relação ao grau de *periculosidade* no qual a pessoa particular vive consigo mesma; receitas contra suas paixões, seus pendores bons ou

---

99. Cesare Borgia (1476-1507): político italiano, foi o modelo do *Príncipe* de Maquiavel.

100. Na verdade, Nietzsche emprega *Untiere*, ou seja, "monstros" (ou talvez: "animais monstruosos"), palavra afim a "animais", *Tiere*.

ruins, na medida em que eles possuem a vontade de poder e gostariam de fazer o papel de senhores; pequenas e grandes espertezas e arteirices impregnadas do cheiro de despensa de velhos remédios caseiros e de sabedoria de mulheres velhas; todas barrocas e irracionais na forma – pois se dirigem a "todos", pois generalizam no que não deve ser generalizado –, todas falando de modo incondicional, tomando-se de modo incondicional, todas temperadas não apenas com um grão de sal, antes somente tragáveis, e às vezes até sedutoras, quando aprendem a cheirar perigosamente e de um modo excessivamente temperado, sobretudo "ao outro mundo": tudo isto, medido intelectualmente, é de pouco valor e nem de longe "ciência", para não falar de "sabedoria", mas, dito mais uma vez, dito três vezes, esperteza, esperteza, esperteza, mesclada com estupidez, estupidez, estupidez – seja aquela indiferença e frieza de estátua diante da fogosa loucura dos afetos, que os estoicos aconselhavam e remediavam; ou também aquele não-mais-rir e não-mais-chorar de Espinosa, sua tão ingenuamente recomendada destruição dos afetos através da análise e vivissecção dos mesmos; ou aquela redução dos afetos a um meio-termo inofensivo no qual eles têm a permissão de ser satisfeitos, o aristotelismo da moral; mesmo a moral como gozo dos afetos numa intencional diluição e espiritualização através do simbolismo da arte, talvez em forma de música, ou como amor a Deus, ou ao homem por amor a Deus – pois na religião as paixões têm novamente direito de cidadania, contanto que...; finalmente, mesmo aquela transigente e atrevida entrega aos afetos, tal como Hafiz[101] e Goethe ensinaram, aquele ousado soltar as rédeas, aquela *licentia morum* espiritual-corporal no caso excepcional de velhos e sábios esquisitões e beberrões, para os quais "não há mais perigo". Também isto para o capítulo "moral como pusilanimidade".

---

101. Pseudônimo do poeta persa Muhammed Chams al-Din (c. 1327-1390), autor de *Divã*. Goethe inspirou-se em Hafiz ao escrever o seu *West-östlicher Divan* (*Divã ocidental-oriental*). *Licentia morum*: "Licença nos costumes".

199

Uma vez que em todas as épocas, desde que há seres humanos, também houve rebanhos humanos (clãs, comunidades, tribos, povos, Estados, Igrejas), e sempre muitos obedecentes em relação ao pequeno número de mandantes – visto, portanto, que até agora a obediência foi a coisa melhor e por mais tempo exercitada e cultivada entre os homens, pode-se supor com justiça que, em média, a necessidade dela é agora inata a cada um, como uma espécie de *consciência formal* que ordena: "Deves fazer algo incondicionalmente, deves deixar de fazer algo incondicionalmente", em suma, "Tu deves". Esta necessidade procura se saciar e preencher sua forma com um conteúdo; nisso ela se serve, conforme sua força, impaciência e tensão, de modo pouco exigente, como um apetite grosseiro, e aceita seja o que for que quaisquer mandantes – pais, professores, leis, preconceitos de classe, opiniões públicas – lhe gritem ao ouvido. A singular limitação da evolução humana, o que há nela de hesitante, demorado, frequentemente retrógrado e volteante, repousa no fato de que o instinto gregário da obediência é herdado mais facilmente e às custas da arte de ordenar. Imagine-se esse instinto, por uma vez apenas, indo até os seus últimos excessos, e então faltarão por fim precisamente os comandantes e independentes; ou eles sofrerão no seu íntimo sob o peso de suas consciências e primeiro precisarão se iludir para então poder mandar: quer dizer, como se também eles apenas obedecessem. Esta situação existe hoje de fato na Europa: eu a chamo a hipocrisia moral dos mandantes. Eles não sabem se proteger de outro modo de sua consciência pesada senão dando-se ares de executantes de ordens mais antigas ou mais elevadas (dos antepassados, da Constituição, do direito, das leis ou até de Deus), ou mesmo tomando máximas gregárias de empréstimo ao modo de pensar gregário, passando-se por "primeiros servidores de seu povo"[102] ou por

102. O tradutor espanhol A.S. Pascual observa que Nietzsche faz alusão a uma frase de Frederico, o Grande (1712-1786, rei da Prússia a partir de 1740), que em suas *Memoires de Brandenbourg* afirma: "Un prince est le premier serviteur et le premier magistrat de l'Etat".

"instrumentos do bem comum", por exemplo. Por outro lado, na Europa de hoje o homem gregário considera-se a única espécie permitida de homem, e glorifica suas qualidades, graças às quais ele é manso, tratável e útil ao rebanho, como as verdadeiras virtudes humanas: ou seja, solidariedade, benevolência, consideração, diligência, moderação, modéstia, indulgência, compaixão. Para os casos, porém, em que se acredita não poder dispensar o líder e carneiro-guia, faz-se hoje tentativa após tentativa de substituir os comandantes pelo somatório de homens gregários prudentes: dessa origem são, por exemplo, todas as constituições representativas. Apesar disso tudo, que benefício, que libertação de uma pressão que ia se tornando insuportável significa o surgimento de um comandante incondicional para esses animais de rebanho europeus, disso o efeito provocado pelo surgimento de Napoleão deu o último grande testemunho: – a história do efeito de Napoleão é quase a história da felicidade mais elevada alcançada por todo este século em seus mais valorosos homens e momentos.

200

O homem de uma época de dissolução que mistura as raças umas com as outras, homem que, como tal, tem em seu corpo a herança de uma ascendência múltipla, ou seja, impulsos e escalas de valor antagônicos, e com frequência nem sequer apenas antagônicos, que se combatem uns aos outros e raramente se dão trégua – um tal homem de culturas tardias e de luzes enfraquecidas será em média um homem mais fraco: seu anseio mais profundo é que a guerra que ele *é* um dia acabe; a felicidade lhe parece, de acordo com uma medicina e modo de pensar tranquilizante (epicurista ou cristão, por exemplo), principalmente como sendo a felicidade do descanso, da imperturbabilidade, da saciedade, da unidade final, como "sábado dos sábados", para falar com o santo rétor Agostinho, que era ele próprio um desses homens. – Mas se o antagonismo e a guerra agem sobre tal natureza como um estímulo e um prurido de vida *a mais* – e se, por outro lado, juntamente com seus impulsos poderosos e irreconciliáveis também foi herdada e cultivada a genuína mestria e sutileza no guerrear consigo, ou seja, autodomínio, autoengano: então surgem essas mágicas incompreensibilidades e inimaginabilidades, esses homens enigmáticos predestinados à vitória e à sedução, cujas mais belas expressões são Alcibíades e César (e aos quais eu gostaria de acrescentar esse que é o *primeiro* europeu conforme ao meu gosto, o Hohenstaufen Frederico II[103]), e entre os artistas talvez Leonardo da Vinci. Eles surgem precisamente nas mesmas épocas em que aquele tipo mais fraco, com o seu anseio por sossego, avança para o primeiro plano: ambos os tipos se correspondem e surgem das mesmas causas.

201

Enquanto a utilidade dominante nos juízos de valor morais for somente a utilidade gregária, enquanto o olhar estiver voltado unicamente para a conservação da comunidade e o imoral for procurado precisa e exclusivamente naquilo que parece perigoso para a subsistência da comunidade: enquanto for assim, não pode ainda haver nenhuma "moral do amor ao próximo". Supondo que aí também já exista um pequeno exercício constante de consideração, compaixão, equidade, clemência, reciprocidade na prestação de auxílio, supondo que também nesse estado da sociedade já atuem todos aqueles impulsos que mais tarde serão designados com nomes honrosos, na forma de "virtudes", e que por fim quase irão coincidir com o conceito "moralidade": nessa época eles ainda não fazem, absolutamente, parte do reino das valorações morais – eles ainda são *extramorais*. Uma ação compassiva, por exemplo, na melhor época ro-

103. Alcibíades (c. 450-404 a.C): estadista e general grego; Gaio Júlio César (100-44 a.C): estadista, general e historiador romano. Frederico II viveu de 1194 a 1250 e foi imperador da Alemanha a partir de 1220.

mana não é chamada nem boa nem má, nem moral nem imoral; e se ela é mesmo louvada, então ainda coexiste com esse louvor, da melhor maneira, uma espécie de menosprezo irritado tão logo ela seja comparada com qualquer ação que sirva à promoção do todo, da *res publica*[104]. No fim das contas, o "amor ao próximo" é sempre algo secundário, em parte convencional e arbitrário-aparente comparado com o *medo ao próximo*. Depois que a estrutura da sociedade parece estabelecida em seu todo e assegurada contra perigos exteriores, é esse medo ao próximo que volta a criar novas perspectivas de valoração moral. Certos impulsos fortes e perigosos, como a iniciativa, a audácia, a sede de vingança, a astúcia, a rapacidade, a sede de poder, que até agora não tiveram de ser apenas respeitados em um sentido de utilidade pública – sob outros nomes, como é razoável, diferentes dos recém-assinalados –, mas criados e cultivados (pois correndo perigo o todo, necessitava-se constantemente deles contra os inimigos do todo), são daí por diante sentidos em sua periculosidade com força redobrada – agora, que lhes faltam os desaguadouros – e passo a passo, como imorais, estigmatizados e entregues à calúnia. Agora são os impulsos e pendores opostos que recebem honras morais; o instinto gregário extrai, passo a passo, sua conclusão. O muito ou pouco de perigoso para a comunidade, de perigoso para a igualdade, que reside em uma opinião, em um estado e afeto, em uma vontade, em uma aptidão, esta é agora a perspectiva moral: também aqui a pusilanimidade[105] é novamente a mãe da moral. Quando os mais elevados e mais fortes impulsos, irrompendo passionalmente, impelem o indivíduo muito além e acima da média e da planície da consciência gregária, o amor-próprio da comunidade sucumbe, sua fé em si, sua espinha dorsal,

104. "Coisa pública", "república".

105. Na realidade, aqui o autor emprega *Furcht* (medo, temor), e não *Furchtsamkeit* (pusilanimidade). Em alemão, ambas as palavras são substantivos femininos.

por assim dizer, se quebra: logo, justamente esses impulsos serão os mais estigmatizados e caluniados. A elevada espiritualidade independente, a vontade de independência, mesmo a grande razão serão sentidas como perigo; tudo o que eleva o indivíduo acima do rebanho e provoca medo ao próximo passa daí por diante a ser chamado de *mau*; a mentalidade razoável, modesta, dócil, igualitária, a *média* dos apetites, alcança renome e honra morais. Por fim, em situações muito pacíficas, falta sempre mais a ocasião e imposição de educar seu sentimento para o rigor e a dureza; e agora todo rigor, mesmo na justiça, começa a perturbar a consciência; uma elevada e dura nobreza e responsabilidade para consigo quase ofende e desperta desconfiança, "o cordeiro", mais ainda "a ovelha", ganha em consideração. Há um ponto de mórbido amolecimento e abrandamento na história da sociedade em que ela própria toma partido a favor de seu lesador, o *criminoso*, e isso de modo sério e honesto. Punir: isso lhe parece de alguma maneira injusto – certo é que a ideia "punição" e "ter de punir" lhe causa dor, lhe provoca medo. "Não basta torná-lo *inofensivo*? Para que ainda punir? O próprio punir é terrível!" – com essa pergunta a moral gregária, a moral da pusilanimidade, extrai sua última consequência. Supondo que se pudesse de fato eliminar o perigo, o motivo para ter medo, então seria eliminada também essa moral: ela não seria mais necessária, ela não mais *consideraria a si mesma* necessária! – Quem examina a consciência do europeu atual, sempre terá de extrair de milhares de dobras e esconderijos morais o mesmo imperativo, o imperativo da pusilanimidade gregária: "Nós queremos que algum dia *não haja mais nada a temer*!" Algum dia – a vontade e o caminho *rumo a ele* chamam-se hoje, por toda parte na Europa, "progresso".

202

Digamos imediatamente mais uma vez o que já dissemos cem vezes: pois para tais verdades – para *nossas* verdades – os ouvidos hoje não são receptivos. Já sabemos o bastante o quanto soa ofensivo quando alguém de fato conta o homem cruamente e sem alegoria entre os animais; mas nos será atribuído quase como uma *culpa* que justamente em relação aos homens das "ideias modernas" empreguemos constantemente as expressões "rebanho", "instintos de rebanho" e que tais. De que adianta! Não podemos agir de outro modo: pois justamente nisso reside nossa nova compreensão. Nós descobrimos que em todos os juízos morais capitais a Europa se tornou unânime, também incluídos os países em que a influência europeia é dominante: *sabe-se* evidentemente na Europa o que Sócrates não julgava saber, e que aquela velha célebre serpente um dia prometeu ensinar – "sabe-se" hoje o que são o bem e o mal. Por isso deve soar duro e ser desagradável aos ouvidos quando insistimos sempre do início: o que aqui acredita saber, o que aqui se glorifica com seu louvor e censura, que aprova a si mesmo, é o instinto do animal de rebanho homem: que obteve êxito, preponderância, predomínio sobre outros instintos, e obtém cada vez mais conforme a crescente aproximação e assemelhação fisiológica cujo sintoma ele é. *Moral é hoje, na Europa, moral de animais de rebanho* – portanto, tal como nós compreendemos as coisas, apenas uma espécie de moral humana, ao lado da qual, antes da qual, depois da qual, muitas outras morais, sobretudo *mais elevadas*, são possíveis ou deveriam sê-lo. Mas contra semelhante "possibilidade", contra semelhante "deveriam", essa moral se defende com todas as forças: ela diz obstinada e implacavelmente "eu sou a própria moral, e nada mais é moral!" – chegou-se até, com o auxílio de uma religião que lisonjeou e fez as vontades dos mais sublimes apetites do animal de rebanho, ao ponto de mesmo nas instituições políticas e sociais encontrarmos uma expressão sempre mais evidente dessa moral: o movimento *democrático* constitui a herança do movimento cristão. Mas que o seu ritmo ainda é por demais vagaroso e modorrento para os mais impacientes, para os doentes e enfermos do mencionado instinto, indicam-no os uivos cada vez mais raivosos, os arreganhos cada vez mais indisfarçáveis dos cães anarquistas que agora vagueiam pelos becos da cultura europeia: aparentemente em oposição aos pacífico-laboriosos democratas e ideólogos da Revolução, mais ainda aos filosofastros palermas e aos fanáticos da fraternidade que se denominam socialistas e querem a "sociedade livre", mas na verdade unânimes com todos eles na radical e instintiva hostilidade contra qualquer outra forma de sociedade que não a do rebanho *autônomo* (chegando à própria recusa dos conceitos "senhor" e "servo" – *ni dieu ni maître*[106] reza uma fórmula socialista –); unânimes na tenaz resistência contra todo direito especial, todo privilégio e prerrogativa[107] (o que significa, bem no fundo, contra *todo* direito: pois então, quando todos são iguais, ninguém mais precisa de "direitos" –); unânimes na desconfiança contra a justiça punidora (como se ela fosse uma violação feita ao mais fraco, uma injustiça à consequência *necessária* de toda a sociedade antiga –); mas igualmente unânimes na religião da compaixão, na simpatia[108], bastando que algo sinta, viva, sofra (descendo até o animal, subindo até "Deus" – a libertinagem de uma "compaixão para com Deus" pertence a uma época democrática –); unânimes todos eles no clamor e na impaciência da compaixão, no ódio mortal contra o sofrimento em geral, na quase feminina incapacidade de poder permanecer espectador diante dele, poder *deixar* sofrer; unânimes no involuntário obscurecimento e abrandamento sob cujo feitiço a Europa parece ameaçada por um novo budismo; unânimes na crença na moral da compai-

---

106. Cf. *Primeira parte*, § 22.

107. Em alemão, "privilégio" e "prerrogativa" são *Sonderrecht* e *Vorrecht*, o que permite o jogo com *Recht* ("direito"). "Direito especial" foi como traduzimos *Sonder-Anspruch*, sendo que *Anspruch* também pode significar "título", ou ainda "pretensão" ou "reivindicação".

108. "Da compaixão, na simpatia": *des Mitleidens, im Mitgefühl*. Este último termo também admite a tradução por "compaixão".

xão *recíproca*, como se ela fosse a moral em si, o ápice, o *alcançado* ápice do homem, a única esperança do futuro, o consolo dos contemporâneos, a grande remissão de toda a culpa de outrora – unânimes todos eles na crença na comunidade como sendo a *redentora*, no rebanho portanto, em "si mesmos".....

203

Nós, que somos de uma outra crença – nós, que consideramos o movimento democrático não meramente como uma forma de decadência da organização política, mas como forma de decadência do homem, mais precisamente, de amesquinhamento do homem, como sua mediocrização e degradação de valor: para onde devemos *nós* voltar as nossas esperanças? – Para *novos filósofos*, não resta qualquer alternativa; para espíritos fortes e originais o bastante para dar impulso a valorações contrárias e transvalorar, inverter "valores eternos"; para precursores, para homens do futuro que atem no presente o nó e a coação que compelem a vontade de milênios a seguir *novos* rumos. Ensinar ao homem o futuro do homem como *vontade* sua, como dependente de uma vontade humana, e preparar grandes ousadias e tentativas globais de disciplina e cultivo, para com isso dar um basta a esse horripilante domínio do absurdo e do acaso que até agora se chamou "história" – o absurdo do "maior número" é somente sua última forma –: para isso será preciso algum dia uma nova espécie de filósofos e comandantes, diante de cuja imagem tudo o que já houve sobre a Terra de espíritos ocultos, terríveis e benevolentes pareça pálido e ananicado. É a imagem de tais líderes que paira diante de *nossos* olhos – posso dizê-lo em alta voz, espíritos livres? As circunstâncias que em parte se deveriam criar, em parte aproveitar para o seu surgimento; as presumíveis vias e provas, graças às quais uma alma crescesse a uma altura e força tais a ponto de sentir a *coação* a essas tarefas; uma transvaloração dos valores, sob cuja nova pressão e martelo uma consciência fosse transformada em aço, um coração em bronze[109] para que suportasse o peso de semelhante responsabilidade; por outro lado, a necessidade de tais líderes, o pavoroso perigo de que eles pudessem faltar ou malograr e degenerar – essas são *nossas* verdadeiras preocupações e angústias, vós o sabeis, espíritos livres? Esses são os graves, longínquos pensamentos e tormentas que atravessam o céu de *nossa* vida. Poucas dores há tão fortes quanto a de alguma vez ter visto, adivinhado, sentido[110] como um homem extraordinário perde o seu rumo e degenera: mas quem possui a rara visão para o perigo global de que o próprio "homem" *degenere*, quem, como nós, reconheceu a ingente casualidade que até agora jogou seu jogo com respeito ao futuro do homem – um jogo em que nenhuma mão e nem sequer um "dedo de Deus" tomou parte! –, quem adivinha a fatalidade que se encontra escondida na estúpida ingenuidade e credulidade das "ideias modernas", e mais ainda em toda a moral cristã-europeia: esse padece de uma angústia com a qual não há outra comparável – ele compreende num só olhar tudo o que, com uma favorável acumulação e aumento de forças e tarefas, ainda poderia *ser cultivado a partir do homem*, ele sabe com toda a ciência de sua consciência como o homem ainda não está esgotado para as maiores possibilidades e com que frequência o tipo homem já se encontrou diante de misteriosas decisões e novos caminhos: – ele sabe ainda melhor, a partir de sua mais dolorosa lembrança, contra que coisas deploráveis um ser em formação de categoria superior habitualmente até agora se despedaçou, se partiu, afundou, tornou-se deplorável. A *degeneração total do homem* naquilo que hoje parece aos palermas e cabeças-ocas socialistas como o seu "homem do futuro" – como o seu ideal! –, essa degenera-

109. No texto alemão, há um jogo entre *Herz* (coração) e *Erz* (bronze).

110. Na verdade, o verbo aqui não é *fühlen* (sentir), mas *mitfühlen*, cognato de *Mitgefühl* (compaixão).

ção e amesquinhamento do homem em perfeito animal de rebanho (ou, como dizem eles, em homem da "sociedade livre"), essa animalização do homem em animal-anão dos direitos e exigências iguais é *possível*, não resta qualquer dúvida! Quem alguma vez pensou essa possibilidade até o fim, conhece um asco a mais que os demais homens – e talvez também uma nova *tarefa*!....

Sexta parte
Nós, os doutos

204

Com o risco de que o moralizar se revele também aqui o que sempre foi – ou seja, um intrépido *montrer ses plaies*,[111] conforme Balzac –, ousarei me opor a uma indevida e perniciosa mudança hierárquica que hoje, inteiramente despercebida e como que com a consciência mais tranquila, ameaça se produzir entre a ciência e a filosofia. Sou da opinião de que fundados em nossa *experiência* – experiência significa, parece-me, sempre experiência ruim? – devemos ter um direito a intervir nessa elevada questão de hierarquia: para não fazer como os cegos que falam das cores ou as mulheres e artistas que falam *contra* a ciência ("ah, essa terrível ciência!", suspiram seu instinto e seu pudor, "ela sempre descobre o que há *por detrás*!" –). A declaração de independência do homem de ciência, sua emancipação da filosofia, constitui uma das mais sutis consequências da ordem e da desordem democráticas: a autoglorificação e a presunção do douto se encontram hoje por toda parte em pleno florescimento e na sua melhor primavera – com o que não se quer dizer que nesse caso o autoelogio tenha um odor agradável[112]. "Livre de todos os senhores!" – assim quer também aqui o instinto plebeu; e depois que a ciência se afastou com o mais afortunado êxito da teologia, da qual foi "serva" por longo tempo, agora ela pretende com toda a petulância e insensatez ditar leis à filosofia e, de sua parte,

---

111. "Mostrar suas chagas."

112. Alusão ao provérbio *Eigenlob stinkt*, "o autoelogio fede".

fazer por uma vez o papel de "senhor" – que estou dizendo! –, de *filósofo*. Minha memória – a memória de um homem de ciência, com licença! – transborda de ingenuidades, oriundas da altivez, que ouvi da parte de jovens naturalistas e velhos médicos acerca da filosofia e dos filósofos (para não falar dos mais cultos e mais presunçosos[113] de todos os doutos, os filólogos e pedagogos, que são ambas as coisas por ofício –). Num momento era o especialista, parado no seu canto,[114] que se colocava instintivamente na defensiva contra todas as tarefas e capacidades sintéticas; noutro, o trabalhador diligente que percebera um odor de *otium* e nobre opulência na economia da alma do filósofo e que se sentia prejudicado e diminuído com isso. Num momento era esse daltonismo do homem utilitário que nada vê na filosofia a não ser uma série de sistemas *refutados* e um gasto dispendioso que a ninguém "beneficia". Noutro, surgia o temor diante do misticismo disfarçado e da retificação dos limites do conhecimento; noutro ainda, o desdém por filósofos isolados que involuntariamente se generalizara em desdém pela filosofia. Com mais frequência, por fim, encontrei em jovens doutos, por detrás do altivo menosprezo pela filosofia, o efeito deletério de um filósofo mesmo, ao qual decerto se recusara a obediência no todo, sem contudo abandonar o círculo de suas valorações depreciativas de outros filósofos – com o resultado de uma indisposição geral contra toda a filosofia. (De tal sorte me parece ser, por exemplo, a repercussão de Schopenhauer sobre a Alemanha mais recente: – com a sua desinteligente sanha contra Hegel, ele conseguiu arrancar a última geração inteira de alemães da sua relação com a cultura alemã, cultura que, bem pesadas todas as coisas, foi um ápice e uma

113. Em alemão: *gebildetsten und eingebildetsten*.

114. Em alemão, *Spezialist und Eckensteher*. Quer traduzindo-se *Eckensteher* ("alguém que fica parado em uma esquina, um canto") pelo seu sentido próprio (moço de fretes, carregador), quer pelo sentido figurado (desocupado, vadio, quebra-esquinas), a brincadeira de Nietzsche com a palavra acaba perdida; daí a perífrase. Pouco depois, *otium*: "ócio".

sutileza divinatória do *sentido histórico*: mas precisamente nesse ponto o próprio Schopenhauer era pobre, insensível e não alemão até a genialidade.) Considerando de um modo geral, pode ter sido sobretudo o elemento humano, demasiado humano, numa palavra, a própria pobreza dos novos filósofos, o que mais fundamentalmente prejudicou o respeito pela filosofia e abriu os portões aos instintos plebeus. Que se admita até que grau nosso mundo moderno carece de toda espécie de Heráclitos, Platões, Empédocles ou como quer que se tenham chamado todos esses régios e esplêndidos ermitões do espírito; e com que boas razões, em face desses representantes da filosofia que hoje, graças à moda, estão tanto por cima quanto por baixo – na Alemanha, por exemplo, os dois leões de Berlim, o anarquista Eugen Dühring e o amalgamista Eduard von Hartmann[115] –, é *permitido* a um honrado homem de ciência sentir-se como sendo de melhor espécie e proveniência. Em especial, é o aspecto desses filósofos da misturada que se denominam "filósofos da realidade" ou "positivistas" que pode lançar uma perigosa desconfiança na alma de um douto jovem e ambicioso: no melhor dos casos, eles próprios são doutos e especialistas, isso é algo que salta aos olhos! – são todos eles homens subjugados, *reconduzidos* à dominação da ciência, que um dia quiseram *mais* de si mesmos sem ter um direito a esse "mais" e a sua responsabilidade – e que agora, honestos, rancorosos, vingativos, representam com palavras e atos a *descrença* na tarefa senhoril e na senhorilidade da filosofia. Por fim: como poderia ser diferente! Hoje a ciência floresce e tem a boa consciência bem estampada no rosto, enquanto aquilo a que toda a nova filosofia gradativamente se reduziu, esse resto de filosofia de hoje, desperta contra

115. Dühring, que Nietzsche já alcunhara de "filosofastro da realidade" (§ 10), é chamado de anarquista por julgar que a origem da justiça se encontra no ressentimento e na vingança, uma interpretação característica, para Nietzsche, do anarquismo; Hartmann (1842-1906), autor, entre outras obras, de *A filosofia do inconsciente* (1869) e *Neokantismo, schopenhaurianismo e hegelianismo* (1877), pretendeu ter efetuado uma síntese entre Hegel e Schopenhauer.

si desconfiança e desgosto, quando não zombaria e compaixão. A filosofia reduzida à "teoria do conhecimento", realmente não mais do que uma acanhada epoquística[116] e doutrina da abstenção: uma filosofia que absolutamente não atravessa a soleira e que se *recusa* escrupulosamente o direito de entrada – isso é filosofia nas últimas, um fim, uma agonia, algo que desperta compaixão. Como poderia uma filosofia dessas – *dominar!*

205

Os perigos para o desenvolvimento do filósofo são hoje na verdade tão variados que é de duvidar que esse fruto ainda possa mesmo amadurecer. A extensão e a edificação da torre das ciências cresceu tremendamente, e com isso também a probabilidade de que o filósofo se canse já quando aprendiz ou que se deixe prender e "especializar" em qualquer coisa: de tal modo que ele absolutamente não atinja mais a sua altura, ou seja, a vista de cima, ao seu redor, *abaixo de si*. Ou a alcança muito tarde, quando a sua melhor época e força já se foram; ou quando machucado, embrutecido, degenerado, de tal modo que seu olhar, seu juízo geral de valor já pouco signifique. Precisamente a sutileza de sua consciência intelectual talvez o faça hesitar e se demorar no meio do caminho; ele teme a sedução de se tornar um diletante, uma centopeia e centicórneo,[117] ele sabe muito bem que alguém que perdeu o respeito por si mesmo também na condição de cognoscente não mais ordena, não mais *dirige*: a não ser que ele quisesse se tornar um grande

116. No texto alemão, *Epochistik*, palavra forjada por Nietzsche a partir do grego *epokhé*, a "suspensão do juízo" dos antigos céticos, entendida como um estado de repouso mental em que não se fazem afirmações nem negações, e que levaria à imperturbabilidade (*ataraksía*).

117. No original, *Tausendfuss und Tausend-Fühlhorn*, literalmente, "centopeia e (animal) com mil antenas". Numa interpretação possível: com a sua sensibilidade dispersa em muitos assuntos. Logo adiante, "pega-ratos" traduz *Rattenfänger*, alusão à lenda medieval do flautista de Hamelin (*Der Rattenfänger von Hameln*), o qual, após livrar a cidade dos ratos, também conduziu (seduziu...) para fora, com o tocar de sua flauta, todas as crianças.

comediante, um Cagliostro e pega-ratos filosófico dos espíritos, em suma, um sedutor. Essa é, afinal, uma questão de gosto: se não fosse mesmo uma questão de consciência. Acrescenta-se a isso, para ainda duplicar a dificuldade do filósofo, que ele não exige de si um juízo, um sim ou não, acerca das ciências, mas acerca da vida e do valor da vida – que é de má vontade que aprende a acreditar que possui um direito ou até um dever a esse juízo, e que é apenas a partir das mais vastas vivências – talvez mais perturbadoras, mais destruidoras –, e com frequência hesitando, duvidando, emudecendo, que deve procurar seu caminho a esse direito e a essa crença. Na realidade, a multidão não compreendeu e confundiu o filósofo por muito tempo, seja com o homem de ciência e douto ideal, seja com o religioso-sublime, dessensualizado, "desmundanizado" fanático e borracho de Deus; e se hoje ouvimos alguém louvar que ele vive "sabiamente" ou "tal qual um filósofo", isso quase não significa mais do que "prudente e apartado". Sabedoria: isso parece à plebe uma espécie de fuga, um meio e um artifício de se sair bem de um jogo ruim; mas o autêntico filósofo – não parece assim a *nós*, meus amigos? – vive de modo "afilosófico" e "não sábio", sobretudo *imprudentemente*, e sente o fardo e o dever de cem tentativas e tentações[118] da vida: – ele arrisca a *si mesmo* constantemente, ele joga *o* jogo ruim.....

206

Comparado a um gênio, ou seja, a uma criatura que ou *gera* ou *pare*, ambas as palavras tomadas em sua mais elevada amplitude, o douto, o homem de ciência mediano, sempre tem algo da solteirona: pois, igual a ela, nada entende das duas mais valiosas funções humanas. De fato, concede-se a ambos, o douto e a solteirona, como que numa compensação, a respeitabilidade – sublinha-se nesses casos a respeitabilidade –, com o equivalente acréscimo de

118. Em alemão, *Versuchen und Versuchungen*. Jogos que se perderam na tradução: *zögern und sich verzögern* (hesitar e demorar-se), *störendsten, zerstörendsten* (mais perturbadoras, mais destruidoras).

contrariedade por se ver forçado a essa concessão. Olhemos com mais atenção: o que é o homem de ciência? Em primeiro lugar, uma espécie de homem sem nobreza, com as virtudes de uma espécie de homem sem nobreza, ou seja, que não domina, não tem autoridade e que também não é autossuficiente: ele possui laboriosidade, paciência para ficar em seu lugar na fila, proporção e medida nas capacidades e carências, ele possui o instinto para distinguir os seus iguais e para aquilo de que os seus iguais precisam, por exemplo, aquele tanto de independência e pasto verde sem o qual não há sossego no trabalho, aquela aspiração por honra e reconhecimento (que pressupõe, antes e acima de tudo, ser reconhecido, reconhecível[119] –), aquela luz solar do bom-nome, aquela constante afirmação de seu valor e de sua utilidade, com a qual a íntima *desconfiança*, que é o fundamento do coração de todos os homens e animais de rebanho dependentes, precisa ser repetidamente superada. O douto possui, como é justo, também as doenças e maus hábitos de uma espécie sem nobreza: ele é rico de inveja mesquinha e possui um olho de lince para o que há de baixo nas naturezas a cujas alturas não pode chegar. Ele é confiante, mas apenas como alguém que se deixa levar, não *fluir como uma corrente*; e precisamente diante do homem de grande correnteza ele permanece mais frio e mais reservado – seu olho é então como um lago calmo e relutante, no qual não ondula mais nenhum encanto, nenhuma simpatia. O pior e o mais perigoso de que um douto é capaz provém do instinto da mediocridade de sua espécie: daquele jesuitismo da mediocridade que trabalha instintivamente na aniquilação do homem invulgar e que procura quebrar todo arco tensionado ou – de preferência! – afrouxá-lo. Afrouxar com consideração, com mão cuidadosa natural-

119. Reconhecimento (...) ser reconhecido, reconhecível: precioso jogo entre *Anerkennung* (reconhecimento, no sentido de honras, elogios), *Erkennung* (reconhecimento, no sentido de que se reconhece um rosto, um lugar) e *Erkennbarkeit* ("reconhecibilidade", facilidade de ser distinguido, percebido), quase perdido na tradução.

mente – *afrouxar* com confiável compaixão: eis a verdadeira arte do jesuitismo, que sempre soube se apresentar como religião da compaixão. –

207

Por mais grato que se possa ser ao espírito *objetivo* – e quem é que alguma vez já não teria ficado saciado até a morte de tudo que é subjetivo e de sua maldita ipsissimosidade?[120] –, por fim também é preciso aprender a ter cautela para com sua gratidão e pôr um termo ao exagero com que ultimamente a autorrenúncia e a despersonalização do espírito são celebradas como se fossem um fim em si, como redenção e transfiguração: o que costuma ocorrer particularmente na escola dos pessimistas, que possui de fato boas razões para prestar de sua parte as mais elevadas honras ao "conhecimento desinteressado". O homem objetivo, que não mais amaldiçoa e pragueja como o faz o pessimista, o douto *ideal*, no qual o instinto científico, após milhares de fracassos completos e parciais, chega por uma vez a iniciar e terminar seu florescimento, é seguramente um dos mais preciosos instrumentos que existem: mas o seu lugar é na mão de alguém mais poderoso. Ele é apenas um instrumento, afirmamos: ele é um *espelho* – ele não é nenhum "fim em si mesmo". O homem objetivo é de fato um espelho: habituado à sujeição diante de tudo que quer ser conhecido, sem outro prazer que não o dado pelo conhecer, pelo "espelhar" – ele aguarda até que algo venha e então se estende suavemente, de modo que nem mesmo as leves pegadas e o deslizar de seres fantasmagóricos se percam de sua pele e superfície. O que nele ainda resta de "pessoa" lhe parece casual, frequentemente arbitrário, mais frequente-

---

120. *Ipsissimosität* é palavra inventada por Nietzsche a partir de *ipsissìmus* ("mesmíssimo"), superlativo do pronome demonstrativo latino *ipse*, "(o) mesmo". Traduzindo-se integralmente o hibridismo teríamos, portanto, "mesmissimidade". "Autorrenúncia", logo adiante, traduz apenas razoavelmente outra criação de Nietzsche, *Entselbstung*, algo como "privação de si mesmo", ou, se a palavra não soasse tão horrivelmente, "dessimesmação".

mente ainda incômodo: de tal modo ele se tornou passagem e reflexo de figuras e acontecimentos alheios. Ele se dá conta de "si" com esforço, não raro de maneira errada; ele se confunde facilmente com outros, equivoca-se quanto às próprias necessidades e somente nisso é grosseiro e negligente. Talvez o atormente a saúde ou a mesquinhez e a atmosfera de cubículo de mulher e amigo, ou a falta de companheiros e de companhia – sim, ele se obriga a refletir sobre seu tormento: em vão! Já se dispersa seu pensamento em um caso *mais geral*, e amanhã ele sabe tão pouco quanto sabia ontem sobre o modo de ser ajudado. Ele perdeu a seriedade para consigo, também o tempo: ele é sereno, *não* por falta de misérias, mas por falta de dedos e manuseios para as *suas* misérias. A habitual boa vontade para com toda coisa e vivência, a solar e franca hospitalidade com que ele recebe tudo que nele topa, sua espécie de desconsiderada benevolência, de perigosa despreocupação com sins e nãos: ah, existem casos bastantes em que ele precisa expiar essas suas virtudes! – e na condição de homem ele se torna demasiado facilmente o *caput mortuum*[121] dessas virtudes. Caso se queira dele amor e ódio, refiro-me a amor e ódio conforme deus, mulher e animal o entendem –: ele fará o que puder, e dará o que puder. Mas não deverá causar espanto se não for muito – se precisamente aí ele se mostrar inautêntico, frágil, duvidoso e débil. Seu amor é propositado, seu ódio artificial e mais *un tour de force*,[122] uma pequena vaidade e exagero. Ele apenas é autêntico na medida em que lhe é permitido ser objetivo: somente em seu sereno totalismo ele ainda é "natureza" e "natural". Sua alma reflexiva e eternamente a polir-se não sabe mais afirmar, não mais negar; ele não ordena; ele também não destrói. "*Je ne méprise presque rien*"[123] – diz ele com Leibniz: que não se deixe de ouvir e não se subestime o *pres-*

121. "Cabeça morta." Nome dado outrora pelos alquimistas ao resíduo de uma destilação, representado por uma caveira estilizada.

122. "Um enorme esforço."

123. "Eu não desprezo quase nada."

que! Ele também não é um homem exemplar; ele não vai adiante de ninguém, nem após; ele se coloca afastado demais para que tivesse motivo de tomar partido entre o bem e o mal. Se por longo tempo ele foi confundido com o *filósofo*, com o cesáreo cultivador e homem brutal da cultura: então lhe foram dadas honras por demais elevadas e não se viu nele o mais essencial – ele é um instrumento, um exemplar de escravo, ainda que certamente a mais sublime espécie de escravo, nada porém em si mesmo – *presque rien*! O homem objetivo é um instrumento, um precioso, facilmente danificável e embaçável instrumento de medição e obra de arte de espelho, que se deve tratar com cuidado e honrar; mas ele não é qualquer fim, qualquer desfecho e ascensão, qualquer homem complementar no qual a existência *restante* se justifica, qualquer fecho – e muito menos um começo, uma concepção e causa primeira, nada rude, poderoso, posto sobre seus pés, que quer ser senhor: antes apenas um delicado, vazio, fino, mole recipiente de formas, que primeiro precisa esperar por algum conteúdo e substância para "tomar forma" de acordo com ele – comumente um homem sem substância e conteúdo, um homem "sem si"[124]. Por conseguinte, também nada para mulheres, *in parenthesi*. –

208

Se hoje um filósofo dá a entender que não é um cético – espero que se tenha percebido isso na descrição do espírito objetivo que acabo de fazer –, todo mundo escuta isso com desagrado; passa-se a olhá-lo com algum temor, há tanta coisa que se gostaria de perguntar, perguntar... sim, entre ouvintes medrosos, como agora existem aos montes, ele passa a partir de então a ser chamado de perigoso. Na recusa do filósofo ao ceticismo é como se ouvissem à dis-

---

124. Tradução literal do adjetivo *selbstlos*, "desinteressado", "altruísta", "abnegado". Jogos de palavras perdidos nesta seção: *Auf-und Ausblühen* (iniciar e terminar seu florescimento), *Ausgang und Aufgang* (desfecho e ascensão), *Inhalt und Gehalt* (conteúdo e substância).

tância algum estrondo terrível e ameaçador, como se em algum lugar fosse testado um novo explosivo, uma dinamite do espírito, talvez uma recém-descoberta niilina russa, um pessimismo *bonae voluntatis*[125] que não apenas diz não, quer não, mas – coisa terrível de imaginar! – *faz* não. Contra essa espécie de "boa vontade" – uma vontade efetiva, chegando às vias de fato, de negação da vida – não há hoje reconhecidamente melhor sonífero e calmante do que o ceticismo, a suave, delicada, embaladora papoula do ceticismo; e mesmo Hamlet é agora receitado pelos médicos da época contra o "espírito" e seu rumorejar sob o chão. "Já não temos os ouvidos cheios de terríveis estrondos?", pergunta o cético na condição de um amigo do sossego e quase na de uma espécie de polícia de segurança pública: "Este subterrâneo 'não' é terrível! Silenciai de uma vez, toupeiras pessimistas!" Pois o cético, essa criatura delicada, assustase com demasiada facilidade; sua consciência é treinada, diante de todo *não*, até diante de um decidido e duro *sim*, a estremecer e perceber algo como uma mordida. Sim! e não! – para ele, isso vai contra a moral; inversamente, ele prefere festejar sua virtude com a nobre abstenção, talvez ao dizer com Montaigne: "Que sei eu?" Ou com Sócrates: "Sei que nada sei". Ou: "aqui eu não me atrevo, aqui não há porta aberta para mim". Ou: "Supondo que ela estivesse aberta, por que entrar logo?" Ou: "De que servem todas as hipóteses precipitadas? Não levantar quaisquer hipóteses poderia facilmente ser próprio do bom gosto. Tendes pois, absolutamente, de logo endireitar algo torto? De preencher todo buraco com qualquer estopa? Não há tempo para isso? O tempo não tem tempo? Ó, criaturas audaciosas, não podeis absolutamente *esperar*? O incerto também possui seus encantos, também a Esfinge é uma Circe, também Circe era uma filósofa." – Assim consola-se um cético; e é verdade que ele precisa de algum consolo. Pois o ceticismo é a mais espiritual expressão de certa complexa constituição fisioló-

125. "De boa vontade." Mais adiante, *l'art pour l'art*: "a arte pela arte".

gica que em linguagem vulgar se chama fraqueza nervosa e achaque; ele surge toda vez em que se cruzam de modo decisivo e súbito raças ou classes por longo tempo separadas umas das outras. Na nova geração que, por assim dizer, recebe de herança em seu sangue distintas medidas e valores, tudo é inquietação, perturbação, dúvida, experimento; as melhores forças atuam inibindo, as próprias virtudes se impedem mutuamente de crescer e se fortalecer, no corpo e na alma falta equilíbrio, gravidade, segurança perpendicular. Mas o que mais profundamente adoece e degenera nesses mestiços é a *vontade*: eles absolutamente não conhecem mais a independência da decisão, a corajosa sensação de prazer no querer – eles duvidam do "livre-arbítrio" mesmo em seus sonhos. Nossa Europa de hoje, o cenário de um experimento absurdamente súbito de radical mistura de classes e, *por conseguinte*, de raças, é por isso cética em todas as alturas e profundidades, ora com esse ágil ceticismo que pula impaciente e cobiçoso de um galho a outro, ora sombria como uma nuvem carregada com pontos de interrogação – e com frequência saciada de sua vontade até a morte! Paralisia da vontade: há algum lugar em que hoje não se encontre sentado esse aleijão? E, ainda com frequência, quão enfeitado! Quão sedutoramente enfeitado! Há os mais belos trajes de gala e mentira para essa doença; e que, por exemplo, a maior parte daquilo que hoje se expõe nas vitrines como "objetividade", "cientificidade", "*l'art pour l'art*", "conhecimento puro e liberto da vontade" é apenas ceticismo enfeitado e paralisia da vontade – por esse diagnóstico da doença europeia eu quero responder. – A doença da vontade está alastrada de modo desigual na Europa: ela se mostra mais forte e mais variada lá onde a cultura já está há muito tempo aclimatada, ela desaparece na medida em que "o bárbaro" ainda – ou novamente – faz valer o seu direito sob as vestes desleixadas da formação[126] ocidental. Assim, na França atual, como se pode facilmente deduzir

126. Aqui o termo alemão é *Bildung* ("formação", "educação", mas também "cultura"); pouco antes, "cultura" traduz *Cultur*.

quanto ver com os próprios olhos, a vontade está enferma da maneira mais grave; e a França, que sempre possuiu uma habilidade magistral para converter inclusive as funestas reviravoltas de seu espírito em algo encantador e sedutor, mostra hoje verdadeiramente sua preponderância cultural na Europa como escola e exibição de todos os encantos do ceticismo. A energia de querer e, para ser mais preciso, de querer uma vontade por longo tempo, já é um tanto mais forte na Alemanha, e no norte alemão, por sua vez, mais forte do que na Alemanha central; consideravelmente mais forte na Inglaterra, na Espanha e na Córsega, lá vinculada à fleuma, aqui a cabeças duras – para não falar da Itália, que é muito jovem para que já soubesse o que quer, e que primeiro precisa provar se é capaz de querer –, mas é fortíssima e das mais espantosas nesse imenso império intermediário em que a Europa, por assim dizer, reflui para a Ásia, na Rússia. Ali a energia de querer está há tempos reservada e acumulada, ali a vontade aguarda ameaçadoramente – incerta quanto a ser vontade de negação ou de afirmação – para ser desencadeada, tomando de empréstimo aos físicos atuais sua palavra predileta. Não seriam necessárias apenas guerras na Índia e complicações na Ásia para aliviar a Europa de seu maior perigo, mas revoltas internas, a explosão do império em pequenas partes e sobretudo a introdução da estupidez parlamentar, somada à obrigatoriedade de cada um ler seu jornal no café da manhã. Não digo isso na condição de alguém que o deseje: o contrário é que seria mais do meu agrado – falo de um tal aumento do caráter ameaçador da Rússia que a Europa tivesse de se decidir a ser ameaçadora na mesma medida, ou seja, *adquirir uma só vontade* pelo recurso a uma nova casta dominante sobre a Europa, uma prolongada e terrível vontade própria que pudesse colocar-se alvos para daqui a milênios – para que enfim a arrastada comédia de sua divisão em pequenos Estados, e igualmente a de suas múltiplas vontades,[127] tanto dinásticas quanto democráticas, tenha um termo. A época da pequena política passou: já o próximo século traz a luta pelo domínio da Terra – a *coação* à grande política.

209

Até que ponto a nova época guerreira que nós, europeus, manifestamente adentramos, talvez também possa ser propícia ao desenvolvimento de uma outra e mais forte espécie de ceticismo, acerca disso eu gostaria de me exprimir por enquanto somente através de uma alegoria, que os amigos da história alemã logo entenderão. Aquele inofensivo entusiasta de granadeiros bonitos e bem crescidos que, na condição de rei da Prússia, deu existência a um gênio militar e cético – e com isso, no fundo, a esse novo tipo de alemão que acaba de ascender vitoriosamente –, o pai problemático e doido de Frederico, o Grande, possuía em um ponto até mesmo a destreza e a garra feliz do gênio: ele sabia o que faltava naquela época à Alemanha, e que carência era mais aflitiva e mais urgente do que, por exemplo, a carência de formação e de trato social – sua relutância para com o jovem Frederico provinha do temor de um instinto profundo. *Faltavam homens*; e ele suspeitava, para seu mais amargo desgosto, que seu próprio filho não fosse homem o bastante. Enganou-se nisso: mas quem em seu lugar não teria se enganado? Ele via seu filho à mercê do ateísmo, do *esprit*,[128] da leviandade folgazã de franceses espirituosos – ele via ao fundo a grande sanguessuga, a aranha do ceticismo, ele suspeitava a desgraça incurável de um coração que não é mais duro o bastante, quer para o mal quer para o bem, uma vontade alquebrada, que não mais ordena, que não *pode* mais ordenar. Mas nesse meio-

---

127. "Divisão em pequenos Estados" e "múltiplas vontades" foi nossa tradução para *Kleinstaaterei* e *Vielwollerei* (este último termo é invenção do autor). Como tantos outros vocábulos do idioma alemão terminados em *-erei*, estes também possuem um acento nitidamente pejorativo.

128. "Espírito."

tempo cresceu em seu filho essa nova espécie de ceticismo mais perigosa e mais dura – *quão* favorecida, quem sabe, justamente pelo ódio do pai e pela gélida melancolia de uma vontade tornada solitária? –, o ceticismo da virilidade temerária, que é aparentado de perto ao gênio da guerra e da conquista e que na figura do grande Frederico fez sua primeira entrada na Alemanha. Esse ceticismo despreza e apesar disso é apoderador; ele mina e toma em seu poder; ele é descrente, mas não se perde por isso; ele dá perigosa liberdade ao espírito, mas conserva o coração austero; é a forma *alemã* do ceticismo que, como um fredericianismo contínuo e elevado ao âmbito mais espiritual, colocou a Europa por um bom tempo sob o jugo do espírito alemão e de sua desconfiança crítica e histórica. Graças ao caráter viril indomavelmente forte e tenaz dos grandes filólogos e críticos da história alemães (os quais, vistos com atenção, também eram todos artistas da destruição e da desagregação), fixou-se gradativamente, e apesar de todo romantismo na música e na filosofia, um *novo* conceito de espírito alemão, no qual o traço do ceticismo viril se destacava de modo decisivo: por exemplo, como intrepidez do olhar, como valentia e dureza da mão desagregadora, como vontade tenaz de fazer perigosas viagens de descobrimento e espiritualizadas expedições ao polo Norte sob céus desertos e perigosos. Deve haver boas razões para que homens humanitários, superficiais e de sangue quente persignem-se justamente diante desse espírito: *cet esprit fataliste, ironique, méphistophélique* denomina-o Michelet,[129] não sem calafrios. Mas caso se queira compreender quão marcante é

129. Jules Michelet (1798-1874): historiador francês. A expressão "sono dogmático", empregada logo adiante, é tomada de Kant, que assim designa o estado em que se encontrava antes de entrar em contato com a obra de Hume, que o teria despertado. A "mulher masculinizada" referida pouco depois – esclarece-nos o tradutor espanhol A.S. Pascual – é Madame de Staël (1766-1817), que, com sua obra *De l'Allemagne*, "creó en Francia la imagen de una Alemania habitada por pensadores ajenos al mundo y por poetas soñadores".

esse medo frente ao "homem" no espírito alemão, espírito que despertou a Europa de seu "sono dogmático", que se recorde o conceito antigo que com ele teve de ser superado – e como ainda não faz muito tempo que uma mulher masculinizada pôde ousar com desenfreada arrogância recomendar os alemães à simpatia da Europa como sendo palermas afáveis, bonachões, fracos de vontade e poéticos. Que se entenda afinal com a suficiente profundidade o espanto de Napoleão ao encontrar Goethe: esse espanto revela o que por séculos se entendeu por "espírito alemão". "*Voilà un homme!*"[130] – o que queria dizer: "Eis um *homem*! E eu tinha esperado apenas um alemão!" –

210

Supondo assim que no retrato dos filósofos do futuro algum traço revele a possibilidade de que eles talvez tenham de ser céticos no sentido recém-aludido, com isso, no entanto, apenas estaria indicado um certo aspecto deles – e *não* eles próprios. Com idêntico direito lhes seria permitido denominarem-se críticos; e certamente serão homens do experimento. Através do nome com o qual ousei batizá-los, já sublinhei expressamente a experimentação e o gosto pela experimentação: ocorre isso porque eles, críticos de corpo e alma, gostam de servir-se do experimento em um novo sentido, talvez mais amplo, talvez mais perigoso? Deverão eles, em sua paixão pelo conhecimento, ir mais longe com ousados e dolorosos experimentos do que o gosto amimalhado e de coração mole de um século democrático pode aprovar? – Não resta dúvida: esses vindouros são os que menos poderão dispensar aquelas sérias e nada inofensivas qualidades que distinguem o crítico do cético, quero dizer, a certeza da medida de valor, o consciente manuseio de uma unidade de método, o ânimo atilado, a independência e o poder responsabilizar-se; sim, eles admitem em si

130. Ao encontrar-se com Goethe, Napoleão teria dito na verdade *Vous êtes un homme*, "És um homem".

próprios um *prazer* em negar e desmembrar, e uma certa crueldade prudente que sabe manejar a faca com segurança e sutileza, mesmo quando o coração sangra. Eles serão *mais duros* (e talvez não sempre apenas em relação a si mesmos) do que homens humanitários o desejariam, eles não se relacionarão com a "verdade" para que ela lhes "agrade" ou os "eleve" e "entusiasme" – será antes pequena a sua crença de que precisamente a *verdade* implique tais prazeres para o sentimento. Eles sorrirão, esses espíritos rigorosos, se alguém disser na sua presença: "Esse pensamento me eleva: como não deveria ser verdadeiro?" Ou: "Essa obra me encanta: como não deveria ser bela?" Ou: "Esse artista me engrandece: como não deveria ele ser grande?" – talvez eles não tenham pronto apenas um sorriso, mas um autêntico nojo para tudo que é de tal modo entusiasta, idealista, feminil, hermafrodita, e quem soubesse segui-los até as câmaras secretas de seu coração, dificilmente encontraria lá a intenção de conciliar "sentimentos cristãos" com o "gosto antigo" ou talvez ainda com o "parlamentarismo moderno" (tal como essa disposição conciliatória, em nosso século muito inseguro e por conseguinte muito conciliador, ocorre mesmo entre filósofos, segundo consta). Esses filósofos do futuro não apenas exigirão de si o cultivo crítico e todo hábito que conduz ao asseio e ao rigor em coisas do espírito: eles poderiam mesmo ostentá-los como sua espécie de ornamento – apesar disso, eles não querem ser chamados de críticos por isso. Parece-lhes uma afronta nada pequena à filosofia quando se decreta, como hoje se faz com tanto gosto, que "a filosofia mesma é crítica e ciência crítica – e nada além disso"! Que essa valoração da filosofia goze do aplauso de todos os positivistas da França e da Alemanha (– e seria possível que ela tivesse lisonjeado inclusive o coração e o gosto de *Kant*: recorde-se o título de suas obras capitais): nossos novos filósofos dirão, apesar disso: críticos são instrumentos do filósofo, e por isso mesmo, como instrumentos, não são nem de longe, eles próprios, filósofos! Também o grande chinês de Königsberg era apenas um grande crítico. –

211

Eu insisto em que finalmente se deixe de confundir os trabalhadores filosóficos, e sobretudo os homens de ciência, com os filósofos – em que justamente aqui se dê com rigor "a cada um o seu" e não demais àqueles e muito pouco a estes. Para a educação do verdadeiro filósofo pode ser preciso que ele próprio também alguma vez tenha pisado todos esses degraus sobre os quais os seus servidores, os trabalhadores científicos da filosofia, se detêm – *têm de* se deter; talvez ele próprio tenha de ter sido crítico e cético e dogmático e historiador, e além disso, poeta e colecionador e viajante e decifrador de enigmas e moralista e adivinho e "espírito livre" e quase tudo para percorrer o âmbito dos valores e sentimentos de valor humanos, e para *poder* olhar, com muitos olhos e consciências, do alto a qualquer lonjura, da profundidade a qualquer altura, do recanto a qualquer amplidão. Mas tudo isso são apenas precondições para a sua tarefa: tarefa que requer, ela própria, algo diferente – ela exige que ele *crie valores*. Esses trabalhadores filosóficos conforme o nobre modelo de Kant e Hegel possuem um grande conjunto factual de valorações – ou seja, de *imposições* de valor, de criações de valor do passado que se tornaram dominantes e durante um determinado período foram chamadas de "verdades" – a determinar e colocar em fórmulas, quer no reino do *lógico* ou do *político* (do moral) ou do *artístico*. Cabe a esses investigadores tornar tudo o que até agora aconteceu e foi valorado abrangível com a vista, com o pensamento, compreensível e manuseável, abreviar tudo o que é demorado, até o próprio "tempo", e *subjugar* todo o passado: uma formidável e magnífica tarefa, a cujo serviço todo orgulho refinado, toda vontade tenaz certamente pode se satisfazer. *Mas os autênticos filósofos são comandantes e legisladores*: eles dizem "assim *deve* ser!", eles determinam, antes, o "para onde?" e o "para quê?" do homem, e nisso dispõe do trabalho prévio de todos os trabalhadores filosóficos, de todos os subjugadores do passado – eles estendem a mão criadora ao futuro, e ao fazê-lo, tudo aquilo que é e que foi se torna para eles meio, instrumento, martelo. Seu "conhecer" é *criar*, seu criar é legislar, sua vontade de verdade é – *vontade de poder*. – Hoje há tais filósofos? Já houve tais filósofos? Não *têm de* haver tais filósofos?....

212

Quer me parecer sempre mais que o filósofo, na condição *necessária* de um homem do amanhã e do depois de amanhã, sempre se achou e *teve de* se achar em contradição com o seu hoje: seu inimigo sempre foi o ideal de hoje. Até agora, todos esses extraordinários fomentadores do homem que são chamados de filósofos, e que raramente sentiram-se amigos da sabedoria, mas antes loucos desagradáveis e pontos de interrogação perigosos – encontraram sua tarefa, sua dura, indesejada, imperiosa tarefa, mas afinal a grandeza de sua tarefa, em ser a má consciência de sua época. Ao colocar o bisturi precisamente sobre o peito das *virtudes da época* para fazer sua vivissecção, eles revelaram qual era seu próprio segredo: que sabiam de uma *nova* grandeza do homem, de um novo caminho não percorrido para o seu engrandecimento. A cada vez eles descobriram quanta hipocrisia, comodismo, deixar-se levar e deixar-se cair, quanta mentira estava escondida sob o mais venerado tipo de moralidade que era contemporânea deles, quanta virtude havia *caducado*; a cada vez eles disseram: "Temos de nos dirigir, de sair, lá para onde *vós*, hoje, menos vos sentis em casa". Face a um mundo de "ideias modernas", que gostaria de cativar a todos em um canto e "especialidade", um filósofo, caso hoje pudessem existir filósofos, seria obrigado a fixar a grandeza do homem, o conceito de "grandeza", precisamente em sua extensão e multiplicidade, em sua inteireza no vário: ele determinaria inclusive o valor e a categoria segundo a quantidade e a variedade que alguém pudesse carregar e tomar a seu cargo, segundo *até onde* alguém pudesse estender sua responsabilidade. Hoje, o gosto da época e a virtude da época enfraquecem e diluem a vontade, nada é mais contemporâneo do que a fraqueza de vontade: assim, no ideal do filósofo, devem ter lugar no conceito de "grandeza" precisamente a fortaleza da vontade, a dureza e a capacidade para resoluções de longa duração; com tanto direito quanto a doutrina contrária e o ideal de uma condição humana imbecil, resignada, humilde e abnegada eram convenientes a uma época contrária, que, como o século XVI, padecia com a sua represada energia de vontade e com as mais selvagens águas e inundações do egoísmo. Na época de Sócrates, em meio a homens, todos eles, de instinto cansado, entre velhos atenienses conservadores que se deixavam levar – "rumo à felicidade", segundo diziam, rumo ao prazer, segundo agiam –, e que nisso ainda pronunciavam as velhas palavras pomposas às quais sua vida há muito já não lhes dava mais qualquer direito, a *ironia* talvez fosse necessária à grandeza da alma, essa socrática certeza malvada do velho médico e plebeu que cortava sem piedade na própria carne, tanto quanto na carne e no coração do "nobre", com um olhar que, bem compreensivelmente, falava: "Sem disfarces na minha frente! Aqui – somos iguais!" Hoje, ao contrário, quando na Europa apenas o animal de rebanho recebe e distribui honras, quando a "igualdade de direitos" poderia se transformar muito facilmente em igualdade na injustiça[131]: quero dizer, na guerra mancomunada a tudo que é raro, estranho, privilegiado, ao homem superior, à alma superior, ao dever superior, à responsabilidade superior, à criadora plenitude de poder e à senhorilidade – hoje, o ser-nobre, o querer-ser-independente, o poder-ser-diferente, o ficar-em-pé-sozinho e o ter-de-viver-por-conta-própria pertencem ao conceito de "grandeza"; e o filósofo

131. Em alemão, "igualdade de direitos" é *Gleichheit der Rechte*, e "igualdade na injustiça", *Gleichheit im Unrechte*.

revelará algo de seu próprio ideal ao estabelecer: "O maior será aquele que puder ser o mais solitário, o mais oculto, o mais divergente, o homem além do bem e do mal, o senhor de suas virtudes, o riquíssimo em vontade; precisamente isto deverá se chamar *grandeza*: poder ser tão múltiplo quanto inteiro, tão vasto quanto pleno". E perguntando mais uma vez: é hoje – *possível* a grandeza?

213

É difícil aprender o que é um filósofo porque não é algo que se possa ensinar: é preciso "sabê-lo", por experiência – ou ter o orgulho de *não* sabê-lo. Mas que hoje em dia todo mundo fala de coisas com respeito às quais não *pode* ter nenhuma experiência, isso se aplica tanto mais e da pior maneira a propósito dos filósofos e dos estados filosóficos – um pequeníssimo número os conhece, tem a permissão de conhecê-los, e todas as opiniões populares acerca deles são equivocadas. Assim, por exemplo, essa genuína associação filosófica de uma espiritualidade ousada e alegre, que corre *presto*, com uma necessidade e rigor dialéticos que não dão nenhum passo em falso, é desconhecida da experiência da maioria dos pensadores e doutos, e por isso, caso alguém quisesse lhes falar a respeito, seria julgada inacreditável. Toda necessidade eles a imaginam como dificuldade[132], como penoso ter-de-obedecer e ser-coagido; e o próprio pensar é por eles considerado algo lerdo, hesitante, quase uma fadiga e com bastante frequência "digno do *suor* dos nobres" – mas de modo nenhum algo leve, divino, parente próximo da dança, da alegria desmedida! "Pensar" e "levar a sério", "considerar com gravidade" um assunto – para eles, coisas mutuamente relacionadas: só essa a "vivência" que tiveram. – Aqui o faro dos artistas talvez seja mais aguçado:

---

132. Jogo entre *Notwendigkeit* (necessidade) e *Not* (dificuldade, mas também "aflição", "miséria", "carência", "urgência"). Logo adiante, "digno do suor dos nobres", conforme A.S. Pascual, é uma citação do poema *Der Zürchersee* (O lago de Zurique), de Friedrich Gottlieb Klopstock (1724-1803), poeta romântico alemão.

eles, que sabem muito bem que precisamente quando não fazem mais nada "de modo voluntário" e tudo de modo necessário, seu sentimento de liberdade, sutileza, plenipotência, de compor, dispor, modelar criativamente alcança o seu máximo – em suma, que necessidade e "livre-arbítrio" são neles então uma só coisa. Há por fim uma hierarquia de estados anímicos que é apropriada à hierarquia dos problemas; e os problemas supremos repelem sem piedade todo aquele que ousa deles se aproximar sem ser predestinado à sua solução por meio da estatura e do poder de sua espiritualidade. De que adianta que ágeis cabeças ordinárias ou canhestros e bem-comportados mecanicistas e empiristas[133] tentem com sua ambição de plebeus, conforme hoje tantas vezes ocorre, achegar-se a eles e como que entrar à força nessa "corte das cortes"! Mas pés grosseiros jamais podem pisar esses tapetes: a lei primordial das coisas já cuidou disso; as portas permanecem fechadas a esses impertinentes, ainda que batam e arrebentem suas cabeças contra elas! Todo mundo superior requer que se tenha nascido para ele; dizendo mais claramente, é preciso ser *criado* para ele: um direito à filosofia – a palavra tomada no seu grande sentido – só se possui graças a sua origem; os antepassados, a "linhagem", também decidem aqui. Muitas gerações precisam ter trabalhado no surgimento do filósofo; cada uma de suas virtudes precisa ter sido adquirida, cultivada, transmitida, incorporada separadamente, e não apenas o andamento ousado, ligeiro, delicado de seus pensamentos, mas sobretudo a disposição para grandes responsabilidades, a altura de dominadores olhares e olhares para baixo, o sentir-se apartado da multidão e de seus deveres e virtudes, a afável proteção e defesa daquilo que é mal-entendido e caluniado, seja deus, seja demônio, o gosto e o exercício da grande justiça, a arte de comandar, a amplidão da vontade, o olho lento que raro admira, raro olha para cima, raro ama....

133. Numa primeira redação desta seção, as "cabeças ordinárias" e os "empiristas" tinham nome: Eduard von Hartmann e Eugen Dühring, respectivamente, segundo informam os editores Colli e Montinari.

Sétima parte
Nossas virtudes

214

Nossas virtudes? – É provável que também nós ainda tenhamos nossas virtudes, embora, como é razoável, não venham a ser aquelas cândidas e robustas virtudes pelas quais respeitamos nossos avós, mas também os mantemos um pouco afastados. Nós, europeus do depois de amanhã, nós, primogênitos do século XX – com toda a nossa perigosa curiosidade, nossa multiplicidade e arte do disfarce, nossa cansada e por assim dizer atenuada crueldade de espírito e de sentidos – nós, presumivelmente, *se* tivermos virtudes, apenas teremos aquelas que melhor aprendam a se harmonizar com nossas mais secretas e mais íntimas inclinações, com nossas mais ardentes carências: pois bem, vamos então a sua procura em nossos labirintos! – onde, como se sabe, tanta coisa é perdida, tanta coisa se perde completamente. E existe algo mais belo do que *procurar* suas próprias virtudes? Isso já quase não significa: *acreditar* em sua própria virtude? Mas este "acreditar em sua virtude" – não é isto, no fundo, o mesmo que outrora se chamava de sua "boa consciência", aquela venerável e longa peruca-conceito que nossos avós fixavam em suas cabeças, com bastante frequência também em seu entendimento? Desse modo, por menos que queiramos nos julgar antiquados e de uma respeitabilidade avoenga, numa coisa, contudo, somos os dignos netos desses avós, nós, os últimos europeus com boa consciência: também usamos ainda a sua peruca. –

Ah! Se soubésseis quão em breve, tão em breve – as coisas mudarão!.....

215

Do mesmo modo que no reino das estrelas às vezes há dois sóis que determinam a órbita de um planeta, do mesmo modo que, em certos casos, sóis de diferentes cores iluminam um único planeta, ora com luz vermelha, ora com luz verde, e então, incidindo ao mesmo tempo, inundam-no de cores: é assim que nós, homens modernos, graças à complicada mecânica de nosso "céu estrelado" – somos determinados por *diversas* morais; nossas ações reluzem de modo alternado em cores diversas, elas raramente são inequívocas – e há casos suficientes em que praticamos ações *multicoloridas.*

216

Amar seus inimigos? Acredito que isso foi bem aprendido: isso ocorre hoje de mil maneiras, em pequena e grande escala; até já ocorre às vezes o mais elevado e o mais sublime – aprendemos a *desprezar* quando amamos, e precisamente quando melhor amamos – mas tudo isso inconscientemente, sem ruído, sem pompa, com aquele pudor e ocultamento da bondade que proíbe à boca a palavra solene e a fórmula virtuosa. A moral como pose – repugna ao nosso gosto atual. O que também é um avanço: como foi um avanço de nossos pais que enfim a religião como pose repugnasse ao seu gosto, incluída aí a hostilidade e a amargura voltairiana contra a religião (e tudo o mais que outrora pertencia à linguagem gestual dos livres-pensadores). É a música em nossa consciência, a dança em nosso espírito, aos quais toda litania puritana, toda pregação moral e bom-mocismo não querem se harmonizar.

217

Cuidado com aqueles que dão grande valor ao fato de lhes atribuirmos tato e sutileza moral no discernimento moral! Eles jamais nos perdoam se alguma vez se enganam diante de nós (ou com relação *a* nós) – eles se tornam inevitavelmente nossos caluniadores e detratores instintivos, mesmo quando ainda permanecem nossos "amigos". – Bem-aventurados os esquecidiços: pois eles "sabem lidar" inclusive com suas tolices.

218

Os psicólogos da França – e onde mais hoje existem psicólogos? – ainda não cessaram de saborear o prazer amargo e múltiplo que lhes oferece a *bêtise bourgeoise*,[134] como se..... basta, eles revelam algo com isso. Flaubert, por exemplo, o bem-comportado cidadão de Rouen, não viu, ouviu e experimentou afinal outra coisa: era a sua espécie de autotortura e refinada crueldade. Recomendo agora, para variar – pois isso se torna tedioso –, um outro objeto de encantamento: a inconsciente manha com que todos os bons, gordos, bem-comportados espíritos da mediania procedem para com os espíritos superiores e suas tarefas, essa manha refinada, intrincada, jesuítica, que é mil vezes mais sutil do que o entendimento e o gosto dessa classe média em seus melhores momentos – mais até do que o entendimento de suas vítimas –: o que prova mais uma vez que o "instinto", dentre todas as espécies de inteligência até agora descobertas, é a mais inteligente. Em suma, estudai, vós, psicólogos, a filosofia da "regra" em luta com a "exceção": tendes aí um espetáculo bom o bastante para os deuses e para a maldade divina! Ou, numa linguagem mais atual: praticai a vivissecção do "homem bom", do "*homo bonae voluntatis*"..... de *vós próprios*!

219

O julgamento e a condenação[135] morais constituem a vingança preferida dos espiritualmente limitados contra aqueles que o são menos, também uma espécie de inde-

134. "Estupidez burguesa."

135. Em alemão, *Urteilen und Verurteilen.*

nização por terem sido precariamente contemplados pela natureza e, por fim, uma ocasião de obterem espírito e se *tornarem* refinados: – a malícia espiritualiza. No fundo, lhes faz bem ao coração que exista um critério diante do qual mesmo aqueles cumulados com os bens e os privilégios do espírito se tornem seus iguais – eles lutam pela "igualdade de todos perante Deus" e quase chegam a *necessitar* da fé em Deus para tanto. Encontram-se entre eles os mais enérgicos adversários do ateísmo. Quem lhes dissesse que "uma espiritualidade elevada não admite comparação com qualquer bom comportamento e respeitabilidade de um homem meramente moral", os deixaria furiosos – terei o cuidado de não fazê-lo. Preferirei, antes, lisonjeá-los com a minha tese de que uma espiritualidade elevada subsiste apenas na condição de último produto de qualidades morais; de que ela é uma síntese de todos aqueles estados atribuídos ao homem "apenas moral", depois destes serem obtidos, isoladamente, através de prolongada disciplina e exercício, talvez ao longo de cadeias inteiras de gerações; que a espiritualidade elevada é precisamente a espiritualização da justiça e daquele bondoso rigor que se sabe incumbido de manter no mundo o *ordenamento hierárquico* entre as próprias coisas – e não apenas entre os homens.

220

Diante do agora tão popular louvor do "homem desinteressado", é preciso, talvez não sem algum perigo, tomar consciência *do que* propriamente interessa ao povo, e quais são afinal as coisas que preocupam radical e profundamente o homem comum: incluindo os cultos, inclusive os doutos e, se não me engano de todo, quase também os filósofos. O fato que vem à luz é que a maior parte das coisas que interessam e atraem os gostos exigentes e refinados, todas as naturezas superiores, parecem completamente "desinteressantes" para o homem mediano – ao notar, apesar disso, uma inclinação a elas, ele a chama "*désinté-*

ressé" e se espanta de que seja possível agir "desinteressadamente". Houve filósofos que ainda souberam emprestar a esse espanto popular uma expressão sedutora e mística-transmundana (– em razão, talvez, de não conhecerem a natureza superior por experiência?) – em vez de apresentar a verdade nua e bem barata de que a ação "desinteressada" é uma ação *muito* interessante e interessada, desde que... "E o amor?" – Ora! Inclusive uma ação por amor deve ser "não egoísta"? Ora, seus palermas –! "E o louvor daquele que a si mesmo sacrifica?" – Mas quem realmente fez sacrifício sabe que quis algo em troca e recebeu – talvez algo de si em troca de algo de si –, que cedeu aqui para ter mais ali, talvez para ser mais ou sentir-se "mais". Mas este é um reino de perguntas e respostas em que um espírito mais exigente se detém de mau grado: de tal modo a verdade quase precisa reprimir aqui um bocejo quando tem de dar uma resposta. Afinal, ela é uma mulher: não se deve empregar violência com ela.

221

Pode suceder, disse um pedante e niquento dado a moralizar, que eu honre e distinga um homem desinteressado: mas não porque ele é desinteressado, mas porque me parece ter direito de agir às suas próprias custas no interesse de outro homem. Mas isso basta, a questão está sempre em saber quem é *este* e quem é *aquele*. Num homem, por exemplo, que fosse destinado e feito para ordenar, a abnegação e o modesto recuo não seriam uma virtude, mas o desperdício de uma virtude: assim me parece. Toda moral não egoísta que se toma por absoluta e se dirige a todo mundo peca não apenas contra o gosto: ela é uma incitação a pecados por omissão, uma sedução *a mais* sob a máscara da filantropia – e precisamente uma sedução e um dano aos mais elevados, mais raros, privilegiados. É preciso forçar as morais, antes de tudo, a se curvarem diante da *hierarquia*, é preciso imputar-lhes a sua petulância – até que elas se esclareçam mutuamente de que é *imoral* dizer: "O que vale para um, vale para todos"[136]. – Assim diz o meu pedante e *bonhomme* dado a moralizar: será que ele não mereceria que se risse dele quando de tal maneira admoesta as morais à moralidade? Mas não se deve ter lá muita razão quando se quer ter aqueles que riem do *seu* lado; uma pitada de falta de razão pertence inclusive ao bom gosto.

222

Onde hoje se prega a compaixão – e, ouvindo bem, não se prega agora mais outra religião –, o psicólogo pode abrir seus ouvidos: em meio a toda a vaidade, em meio a todo o barulho próprio desses pregadores (como de todos os pregadores), ele ouvirá um som rouco, gemente, genuíno de *autodesprezo*. Este é parte desse ensombrecimento e afeamento da Europa que agora já faz um século que só aumenta (e cujos primeiros sintomas já são documentados por uma carta de Galiani à Madame d'Epinay que dá o que pensar): *se é que ele não é a sua causa*! O homem das "ideias modernas", esse macaco orgulhoso, está irrefreavelmente insatisfeito consigo próprio: isso é certo. Ele padece: e a sua vaidade quer que ele apenas "padeça com"...[137]

223

O mestiço europeu – um plebeu mais ou menos feio, afinal – precisa simplesmente de uma fantasia: ele necessita da história como guarda-roupa de fantasias. Todavia, percebe que nenhuma cai bem em seu corpo – e experimenta outra e mais outra. Que se observe o século XIX a propósito dessas rápidas predileções e mudanças nas mascaradas de estilo; também no que respeita aos momentos de desespero porque nada nos "assenta" –. Inútil exibir-se romântico ou clássico ou cristão ou florentino ou barroco ou "nacional",

---

136. O provérbio alemão diz: *was dem Einen recht ist, ist dem Andern billig*; literalmente: "o que é correto para um, é justo para o outro".

137. No original, "*mit leidet*", decomposição do verbo *mitleiden* ("compadecer"), que substantivado origina *Mitleiden* ("compaixão").

in moribus et artibus[138]: isso "não serve"! Mas o "espírito", em especial o "espírito histórico", ainda tira sua vantagem mesmo desse desespero: sempre outra vez, uma nova peça de passado e de país estrangeiro é experimentada, vestida, desvestida, embrulhada, sobretudo *estudada* – nós somos a primeira época instruída *in puncto* "fantasias", refiro-me às morais, artigos de fé, gostos artísticos e religiões, preparados como nenhuma outra época ainda o foi para o carnaval do grande estilo, para a mais espiritual gargalhada momesca e alegria endiabrada, para a altura transcendental da tolice suprema e da zombaria aristofanesca do mundo. Talvez ainda descubramos precisamente aqui o reino de nossa *invenção*, aquele reino em que também nós ainda possamos ser originais, acaso no papel de parodistas da história universal e de palhaços de Deus – talvez, mesmo que nada de hoje tenha futuro, precisamente nosso *riso* ainda o tenha!

224

O *sentido histórico* (ou a capacidade de adivinhar depressa a hierarquia de valorações segundo as quais viveu um povo, uma sociedade, um homem, o "instinto divinatório" para as relações entre essas valorações, para o relacionamento da autoridade dos valores com a autoridade das forças atuantes): esse sentido histórico, que nós, europeus, reclamamos como nossa particularidade, veio-nos a reboque da cativante e insana *semibarbárie* na qual a Europa foi precipitada através da mistura democrática de classes e raças – somente o século XIX conhece esse sentido, como o seu sexto sentido. Graças a essa mistura, o passado de toda forma e de todo modo de vida, de culturas que outrora se encontravam muito próximas, umas ao lado das outras, umas sobre as outras, deságua em nós, "almas modernas", nossos instintos refluem doravante a todos os lugares, nós próprios somos uma espécie de caos – por fim, como foi dito, "o espírito" enxerga nisso a sua vantagem. Através de

138. "Nos costumes e nas artes." *In puncto*, logo adiante: "a respeito de".

nossa semibarbárie de corpo e apetites, temos acessos secretos a todos os lugares, como uma época nobre nunca os possuiu, sobretudo os acessos ao labirinto das culturas incompletas e a qualquer semibarbárie que alguma vez tenha existido sobre a Terra; e na medida em que a parte mais considerável da cultura humana até agora foi semibarbárie, "sentido histórico" quase significa sentido e instinto para tudo, gosto e paladar para tudo: no que logo demonstra ser um sentido *sem nobreza*. Fruímos de Homero outra vez, por exemplo: talvez seja o nosso mais feliz avanço o fato de sabermos saborear Homero, do qual os homens de uma cultura nobre (quem sabe os franceses do século XVII, caso de Saint-Evremond,[139] que lhe reprova o *esprit vaste*, caso inclusive de seu acorde final, Voltaire) não sabem e não souberam se apropriar com tanta facilidade – cuja fruição eles mal se permitiam. Os muito bem definidos sim e não de seu paladar, seu asco sempre a postos, sua hesitante reserva em relação a tudo que é estranho, seu temor à falta de gosto mesmo da curiosidade vivaz, e sobretudo aquela má vontade de toda cultura nobre e autossatisfeita em admitir uma nova cobiça, uma insatisfação com o que é seu, uma admiração pelo alheio: tudo isso as determina e dispõe de modo desfavorável mesmo contra as melhores coisas do mundo que não são propriedade sua ou que não *pudessem* se tornar sua presa – e nenhum sentido é mais incompreensível para tais homens do que justamente o sentido histórico e a sua servil curiosidade plebeia. Não é diferente com Shakespeare, essa espantosa síntese hispano-mourisco-saxã de gosto, da qual um ateniense antigo do círculo de Ésquilo teria se matado de rir ou de raiva: mas nós – nós aceitamos com uma secreta familiaridade e efusão justamente esse colorido selvagem, essa misturada do mais suave, do mais grosseiro e do mais artificial, nós o fruímos como o refinamento da arte reservado precisamente para nós e, ao fazê-lo, nos dei-

---

139. Charles de Marguetel de Saint Denis, Seigneur de Saint-Evremond (1610-1703): cortesão, militar, escritor e crítico francês.

xamos perturbar tão pouco pelas exalações repulsivas e pela proximidade da populaça inglesa, nas quais vivem a arte e o gosto de Shakespeare, quanto talvez na Chiaia de Nápoles: onde, com todos os nossos sentidos, encantados e dóceis, seguimos nosso caminho, por mais que as cloacas dos bairros populares estejam a céu aberto. Nós, homens do "sentido histórico": sendo o que somos, temos as nossas virtudes, isso não se pode negar – somos despretensiosos, abnegados, modestos, valentes, cheios de autossuperação, cheios de dedicação, muito agradecidos, muito pacientes, muito corteses – com tudo isso, talvez não demonstremos muito "ter um bom gosto". Admitamos, por fim: o que para nós, homens do "sentido histórico", é o mais difícil de compreender, de sentir, de saborear, de amar, o que no fundo nos encontra desconfiados e quase hostis, é precisamente o perfeito e bem amadurecido em cada cultura e arte, o propriamente nobre em obras e homens, seu instante de mar calmo e alciônica autossatisfação, o áureo e frio que mostram todas as coisas que atingiram a perfeição. Talvez nossa grande virtude do sentido histórico se encontre numa oposição necessária ao *bom* gosto, pelo menos ao melhor dos gostos, e apenas de modo ruim, apenas hesitando, apenas à força sejamos capazes de imitar em nós precisamente os pequenos, breves e supremos golpes de sorte e as transfigurações da vida humana, tal como vez por outra fulguram: esses instantes e prodígios em que uma grande força se deteve voluntariamente diante do desmedido e do ilimitado – em que se frui uma superabundância de prazer sutil na súbita doma e petrificação, no estar firme e no firmar-se sobre um solo ainda trêmulo. A *medida* nos é estranha, admitamos isso a nós próprios; nosso prurido é justamente o prurido do infinito, do imensurado. Tal qual o cavaleiro sobre um corcel que dispara bufando, soltamos as rédeas diante do infinito, nós, homens modernos, nós, semibárbaros – e apenas nos encontramos em *nossa* bem-aventurança ali onde também mais nos achamos – *em perigo*.

225

Seja hedonismo ou pessimismo, seja utilitarismo ou eudemonismo: todos esses modos de pensar que medem o valor das coisas segundo o *prazer* e a *dor*, ou seja, segundo estados acessórios e aspectos secundários, são ingenuidades e pensamentos de fachada que todo aquele que se sabe possuidor de forças *plasmadoras* e de uma consciência de artista não deixará de olhar de cima com zombaria, mesmo com compaixão. Compaixão por *vós*! Esta não é todavia a compaixão segundo a imaginais: não é compaixão pela "miséria" social, pela "sociedade" e seus doentes e desgraçados, pelos viciosos e arruinados desde o princípio que jazem pelo chão ao nosso redor; é muito menos ainda compaixão pelas queixosas, oprimidas, revoltosas camadas escravas que ambicionam o domínio – elas o chamam de "liberdade". A *nossa* compaixão é uma compaixão mais elevada e de vista mais longa – nós vemos de que modo *o homem* se apequena, de que modo *vós* o apequenais! – e há momentos em que observamos precisamente a *vossa* compaixão com uma inquietação indescritível, em que nos defendemos dessa compaixão –, em que achamos vossa seriedade mais perigosa do que qualquer leviandade. Quereis, se possível – e não há mais insano "se possível" –, *eliminar o sofrimento*; e nós? – parece mesmo que *nós* o queremos de preferência mais intenso e pior do que jamais foi! Bem-estar, segundo o entendeis – isso não é nenhuma meta, isso nos parece um *final*! Um estado que torna o homem imediatamente ridículo e desprezível – que faz *desejar* o seu soçobro! A disciplina do sofrimento, do *grande* sofrimento – não sabeis que apenas *esta* disciplina produziu todas as elevações do homem até agora? Essa tensão da alma na infelicidade, que a leva a cultivar a fortaleza, seus calafrios à vista do grande perecer, sua inventividade e valentia em suportar, perseverar, interpretar, aproveitar a infelicidade, e o que quer que alguma vez já lhe foi presenteado de profundidade, mistério, máscara, espírito, astúcia, grandeza

– isso não lhe foi presenteado em meio ao sofrimento, em meio ao cultivo do grande sofrimento? No homem estão unidos *criatura* e *criador*: no homem há matéria, fragmento, abundância, argila, lama, absurdo, caos; mas no homem também há criador, escultor, dureza de martelo, divindade espectadora e sétimo dia: – compreendeis esta oposição? E que a *vossa* compaixão se dirige à "criatura no homem", àquele que precisa ser formado, quebrado, forjado, rompido, queimado, incandescido, purificado – àquele que necessariamente tem de *sofrer* e *deve* sofrer? E a *nossa* compaixão – não compreendeis a quem se dirige nossa compaixão *contrária* quando ela se defende da vossa compaixão como do pior de todos os amolecimentos e fraquezas? – Compaixão *contra* compaixão, portanto! – Mas, dito mais uma vez, há problemas mais elevados do que todos os problemas do prazer e do sofrimento e da compaixão; e toda filosofia que apenas destes se ocupa é uma ingenuidade. –

226

Nós, imoralistas! – Esse mundo que a *nós* diz respeito, no qual *nós* temos de temer e de amar, esse mundo quase invisível e inaudível feito de ordens sutis, de obediência sutil, um mundo do "quase" sob todos os aspectos, espinhoso, capcioso, pontiagudo, delicado: sim, ele está bem defendido contra observadores grosseiros e curiosidade confiada! Estamos encasulados em uma firme rede e camisa de deveres, e daí não *podemos* sair – precisamente nisso somos "homens do dever", também nós! Às vezes, é verdade, dançamos em nossos "grilhões" e entre nossas "espadas"; com mais frequência, não é menos verdade, rangemos os dentes debaixo deles e nos impacientamos com toda a secreta dureza de nosso destino. Mas não importa o que façamos: os palermas e a aparência afirmam contra nós que "esses são homens *sem* dever" – sempre temos os palermas e a aparência contra nós!

227

A retidão, supondo que esta seja a nossa virtude, da qual nós, espíritos livres, não podemos nos livrar – bem, nós queremos trabalhá-la com toda malícia e amor, e não nos cansar do "aperfeiçoamento" em *nossa* virtude, a única que nos resta: possa o seu brilho um dia repousar como uma dourada, azul, zombeteira luz vespertina sobre essa cultura envelhecida e a sua tosca, sombria seriedade! E se apesar disso nossa retidão um dia se cansar e suspirar e distender os membros e nos julgar demasiado duros, e quiser que as coisas sejam melhores, mais fáceis, mais suaves, como um vício agradável: permaneçamos *duros*, nós, os últimos estoicos! E mandemos em seu auxílio tudo o que tenhamos em nós de diabolice – nossa repulsa ao tosco e impreciso, nosso "*nitimur in vetitum*"[140], nossa coragem de aventureiros, nossa curiosidade finória e mimada, nossa mais fina, mais oculta, mais espiritual vontade de poder e de superação do mundo, que cobiçosa vagueia e volteia em torno de todos os impérios do futuro – venhamos em auxílio de nosso "deus" com todos os nossos "diabos"! É possível que por isso sejamos incompreendidos e confundidos: que importa! Dirão: "A sua 'retidão' – é a sua diabolice, e nada mais!" Que importa! E mesmo que tivessem razão! Não foram todos os deuses até agora semelhantes a diabos rebatizados e santificados? E o que sabemos afinal de nós mesmos? E como quer se *chamar* o espírito que nos conduz? (É uma questão de nomes.) E quantos espíritos abrigamos? A nossa retidão, nós, espíritos livres – cuidemos para que não se torne nossa vaidade, nosso ornato e aparato, nossa limitação, nossa tolice! Toda virtude tende à tolice, toda tolice, à virtude; "tolo até a santidade", dizem na Rússia – cuidemos para que no fim das contas não nos tornemos ainda santos e maçantes por causa da retidão! Não é a vida demasiado curta para nela ainda – maçar-se? Seria já necessário acreditar na vida eterna para....

140. "Lançamo-nos ao proibido." Ovídio, *Amores*, III, 4, 17.

228

Que me perdoem a descoberta de que até agora toda a filosofia moral foi maçante e fazia parte da categoria dos soníferos – e de que nada prejudicou mais "a virtude", ao meu ver, do que esse *tédio* que provocam os seus advogados; com o que não pretendo ter deixado de reconhecer a utilidade geral destes. É importante que o menor número possível de pessoas reflita acerca da moral – por conseguinte, é *muito* importante que a moral não venha a se tornar interessante algum dia! Sem preocupações, porém! Hoje as coisas ainda estão no mesmo pé em que sempre estiveram: não vejo ninguém na Europa que tenha (ou *dê*) uma noção de que a reflexão acerca da moral pudesse ser praticada de maneira perigosa, capciosa, sedutora – de que pudesse haver *fatalidade* aí! Veja-se, por exemplo, os incansáveis, inevitáveis utilitaristas ingleses, o modo grosseiro e venerável como andam para cá e para lá (uma imagem homérica diz isso mais claramente[141]) nas pegadas de Bentham, assim como ele próprio já andou nas pegadas do venerável Helvétius (não, esse não era um homem perigoso, esse Helvétius, *ce sénateur Pococurante*, para falar com Galiani –). Nenhum pensamento novo, nenhuma virada ou nuance mais sutil de um pensamento antigo, nem sequer uma história efetiva do que outrora foi pensado: uma literatura *impossível* no todo desde que não se saiba fermentá-la com alguma malícia. Nesses moralistas (que devem ser lidos sempre com segundas intenções, caso se *tenha* de lê-los –) também se

141. *Ilíada*, VI, 424, passagem em que Homero faz referência a "bois de passo lento" (segundo nota do tradutor espanhol A.S. Pascual). Jeremy Bentham (1748-1832), filósofo e economista inglês mencionado a seguir, fundou o utilitarismo como sistema moral. Quanto à alcunha de "senador Pococurante" dada ao filósofo francês Claude-Adrien Helvétius (1715-1771), a mesma aparece apenas no exemplar pessoal de Nietzsche, segundo informam Colli e Montinari, que não a incluem no texto principal. Pococurante ("descuidado", em italiano) é uma personagem do *Cândido*, de Voltaire, enfastiada e dada à critiquice.

insinuou aquele antigo vício inglês chamado *cant*[142] e que consiste em *tartufice moral*, dessa vez escondida sob a nova forma da cientificidade; também não falta a secreta defesa contra o remorso, com o qual, como é razoável, uma raça de antigos puritanos sofrerá toda vez que tratar da moral cientificamente. (Um moralista não é o oposto de um puritano? Ou seja, um pensador que toma a moral como algo questionável, digno de pontos de interrogação, em suma, como problema? Moralizar não seria – imoral?) Por fim, todos eles querem que se dê razão à moralidade *inglesa*: na medida em que justamente com ela a humanidade, ou o "proveito geral", ou "a felicidade da maioria", não!, a felicidade da *Inglaterra*, seja melhor servida; eles gostariam de provar com todas as forças para si mesmos que a aspiração à felicidade *inglesa*, refiro-me à *comfort* e *fashion* (e, como meta suprema, uma cadeira no parlamento), é ao mesmo tempo também a senda correta para a virtude, e até mesmo que o quanto de virtude que até hoje existiu sobre a Terra consistiu precisamente em semelhante aspiração. Nenhum dentre todos esses lerdos animais de rebanho, com a sua consciência intranquila (que vão à frente da causa do egoísmo como causa do bem-estar geral –), quer saber e farejar algo sobre o fato de que o "bem-estar geral" não é um ideal, uma meta, um conceito de algum modo apreensível, mas apenas um vomitivo – de que aquilo que é justo para um, não *pode* absolutamente ser justo para outro, de que a exigência de uma moral para todos é danosa justamente ao homem superior, em suma, que existe uma *hierarquia* entre um homem e outro e, por conseguinte, também entre uma moral e outra. É uma espécie de homem modesta e fundamentalmente medíocre a desses utilitaristas ingleses, e, como foi dito: na medida em que são maçantes, não se pode ter pensamentos ele-

142. Em inglês, "hipocrisia". Logo adiante, *comfort* e *fashion*: "conforto" e "estilo".

vados o bastante acerca de sua utilidade. Deve-se mesmo *encorajá-los*: como se tenta fazer em parte com as rimas que seguem.

> Intrépidos carroceiros, vos saudamos com um viva,
> "Quanto mais, tanto melhor", eis a vossa prerrogativa,
> De cabeça e joelho ancilosado,
> Sem humor, sem entusiasmo,
> Robustos, num só marasmo,
> De gênio e de espírito acabado! [143]

229

Nessas épocas tardias, que podem se orgulhar de seu humanitarismo, sobrevive tanto medo, tanta *superstição* medrosa em relação ao "animal selvagem e cruel", cuja sujeição constitui precisamente o orgulho dessas épocas mais humanitárias, que mesmo verdades manifestas, como que por um acordo, permanecem silenciadas durante séculos, pois aparentemente podem ajudar a trazer outra vez à vida esse animal selvagem, finalmente exterminado. Talvez eu esteja me arriscando ao deixar escapar semelhante verdade: que outros a capturem novamente e lhe deem de beber

---

143. Em alemão: *Heil euch, brave Karrenschieber, / Stets "je länger, desto lieber", / Steifer stets an Kopf und Knie, / Unbegeistert, ungespässig, / Unverwüstlich-mittelmässig, Sans génie et sans esprit!*
Numa tradução literal: Salve, honrados carroceiros, / Sempre "quanto maior, tanto melhor", / De cabeça e joelho sempre mais ancilosados, / Sem entusiasmo, sem humor, / Robustamente medíocres, / *Sans génie et sans esprit!*
Colli e Montinari indicam que Nietzsche cortou alguns versos: *Deutsche, solcher Engeländer / Heerdenviehsche Verständer / Ehrt ihr als "Philosophie"? / [Goethe] Spencer neben [Darwin] Hegel setzen – / – Schämt euch, Deutsche! heisst verletzen / Majestatem genii.* Traduzindo literalmente: Alemães, honrais tais ingleses / Gregários entendedores / Como "filosofia"? / Colocar [Goethe] Spencer ao lado de [Darwin] Hegel – / – Envergonhai-vos alemães! Isso significa / Um crime de lesa-majestade contra o gênio. (Observe-se que a palavra *Engeländer*, no primeiro verso, é uma deformação de *Engländer*, "ingleses", sendo que *Engel* significa "anjo" – uma provável alusão ao puritanismo inglês...)

tanto “leite do modo devoto de pensar”[144] que ela volte a se deitar quieta e esquecida em seu antigo canto. – Deve-se abrir os olhos e aprender uma nova perspectiva acerca da crueldade; deve-se enfim aprender a impaciência para que deixem de circular virtuosa e atrevidamente por aí esses erros gordos e insolentes como são os que dizem respeito à tragédia, por exemplo, alimentados por filósofos antigos e modernos. Quase tudo que chamamos de “cultura elevada” repousa sobre a espiritualização e o aprofundamento da *crueldade* – eis a minha tese; esse “animal selvagem” não foi absolutamente exterminado, ele vive, ele prospera, ele apenas se – divinizou. O que faz a dolorosa volúpia da tragédia é a crueldade; o que atua agradavelmente na assim chamada compaixão trágica, e no fundo inclusive em tudo o que é sublime, chegando até aos mais elevados e delicados arrepios da metafísica, adquire sua doçura apenas a partir da mistura do ingrediente crueldade. O que o romano goza na arena, o cristão nos êxtases da cruz, o espanhol diante das fogueiras ou das touradas, o japonês de hoje que acorre às tragédias, o trabalhador dos subúrbios parisienses que possui uma nostalgia por revoluções sangrentas, a wagneriana que, com a vontade fora dos gonzos, “aguenta” *Tristão e Isolda* – o que todos eles gozam e almejam beber com secreto fervor são as beberagens aromáticas da grande Circe “crueldade”. Ao mesmo tempo, é preciso certamente enxotar a parva psicologia de outrora que apenas soube aprender da crueldade que ela surge à vista do sofrimento *alheio*: há também um gozo abundante, superabundante, no próprio sofrimento, no fazer sofrer a si mesmo – e onde quer que o homem se deixe persuadir à autonegação no sentido *religioso* ou à automutilação, como no caso de fenícios e ascetas, ou, de um modo geral, à dessensualização, à descarnalização, à contrição, a convulsões puritanas de penitência, à vivissecção da consciência e ao *sacrifizio dell'intelletto* pascaliano, ali ele é secretamente conduzido e impelido

---

144. Schiller, *Guilherme Tell*, IV, 3.

adiante pela sua crueldade, por esses perigosos calafrios da crueldade voltada *contra si mesmo*. Por fim, consideremos que mesmo o cognoscente, ao coagir seu espírito a conhecer *contra* a inclinação do espírito, e com bastante frequência também contra os desejos de seu coração – ou seja, a dizer *não* quando ele gostaria de afirmar, amar, adorar –, domina na condição de artista e transfigurador da crueldade; todo ato de tomar algo de modo profundo e radical já é uma violação, um querer-machucar a vontade fundamental do espírito, que quer incessantemente se dirigir rumo à aparência e à superfície – em todo querer-conhecer já existe uma gota de crueldade.

230

Talvez não se compreenda sem maiores dificuldades o que acabei de dizer acerca de uma "vontade fundamental do espírito": permitam-me uma explicação. – O imperioso algo, que é chamado pelo povo de "o espírito", quer ser e sentir-se senhor dentro e em torno de si: ele possui a vontade de transformar a multiplicidade em simplicidade, uma vontade constrangedora, domadora, despótica e realmente senhoril. Suas necessidades e faculdades são aqui as mesmas que os fisiólogos apresentam para tudo que vive, cresce e se multiplica. A força do espírito em se apropriar do estranho se revela numa pronunciada tendência de assimilar o novo ao velho, de simplificar o vário, de não dar pelo que é completamente contraditório ou repeli-lo: do mesmo modo que ele sublinha com mais força, ressalta, falsifica a seu bel-prazer, arbitrariamente, determinados traços e linhas naquilo que é estranho, em cada parte de "mundo exterior". Sua intenção, aqui, dirige-se à incorporação de novas "experiências", à seriação de coisas novas em séries antigas – ao crescimento, portanto; de modo mais preciso, à *sensação* de crescimento, à sensação de força multiplicada. A essa mesma vontade serve um impulso aparentemente oposto do espírito, uma resolução, que irrompe de súbito, à ignorância, à clausura voluntária, um fechar de suas janelas, uma negativa interior a estas coisas ou àquelas, um não-deixar-que-nada-se-aproxime, uma espécie de estado defensivo contra muitas coisas sabíveis, uma satisfação com a escuridão, com o horizonte que se fecha, um dizer que sim e uma aprovação da ignorância: tal como tudo isso é preciso segundo o grau de sua força apropriadora, sua "força digestiva", para falar de modo figurado – e, realmente, "o espírito" se assemelha mais do que tudo a um estômago. Cabe aqui do mesmo modo a ocasional vontade do espírito em se deixar enganar, talvez com uma noção travessa de que as coisas *não* são desta ou daquela maneira, de que apenas aceitamos as coisas como se fossem desta ou daquela maneira, um gosto por toda incerteza e ambiguidade, um gozo jubiloso consigo próprio na estreiteza e no sigilo arbitrários de um recanto, no demasiado próximo, na fachada, no aumentado, diminuído, deslocado, embelezado, um gozo consigo próprio na arbitrariedade de todas essas expressões de poder. Cabe aqui, por fim, essa nada inofensiva disposição do espírito em enganar outros espíritos e dissimular-se diante deles, essa pressão e esse ímpeto constante de uma força criadora, plasmadora, mutável: o espírito goza nisso de sua manha e da multiplicidade de suas máscaras, ele também goza aí a sensação de sua segurança – justamente através de suas artes de Proteu[145] ele melhor se defende e esconde! – *Contra essa* vontade de aparência, de simplificação, de máscara, de capa, em suma, de superfície – pois toda superfície é uma capa –, atua essa sublime inclinação do cognoscente, que toma e *quer* tomar as coisas profunda, múltipla e radicalmente: como uma espécie de crueldade da consciência e do gosto intelectuais, que todo pensador valente reconhecerá em si, desde que ele, como cabe, tenha endurecido e aguçado durante tempo bastante seu olho para si mesmo e esteja habituado a uma severa

145. Na mitologia grega, divindade marinha que podia assumir diferentes formas.

disciplina, também a palavras severas. Dirá ele: "Há algo cruel na inclinação de meu espírito": – que os virtuosos e amáveis tentem dissuadi-lo disso! De fato, soaria mais cortês se, em vez da crueldade, nos atribuíssem em voz alta, aos cochichos, em tom de louvor, alguma "desbragada retidão" – a nós, espíritos livres, *muito* livres – e talvez soe realmente *assim* um dia a nossa – fama póstuma?[146] Por enquanto – pois há tempo até lá –, nós próprios seremos os menos inclinados a nos adornar com esses brilhos e debruns de um palavreado moral: todo o nosso trabalho até agora tira-nos o prazer precisamente por esse gosto e por sua alegre exuberância. São palavras belas, cintilantes, solenes, tilintantes: retidão, amor à verdade, amor à sabedoria, autossacrifício pelo conhecimento, heroísmo de homem veraz – há algo nelas que faz inchar o orgulho de uma pessoa. Mas nós, eremitas e marmotas, há muito já nos convencemos em toda a intimidade de uma consciência de eremitas que também esse digno aparato de palavras pertence aos velhos e mendazes ornatos, cacarecos e purpurinas da vaidade humana inconsciente, e que mesmo sob essa cor e essa camada de tinta lisonjeiras, o terrível texto original *homo natura* pode ser outra vez reconhecido. Retraduzir o homem de volta à natureza; assenhorear-se das muitas interpretações e conotações vaidosas e exaltadas que até agora foram rabiscadas e pintadas sobre esse eterno texto original *homo natura*; fazer com que doravante o homem se coloque diante do homem tal como hoje, endurecido na disciplina da ciência, ele já se coloca diante da *outra* natureza, com olhos destemidos de Édipo e ouvidos tapados de Ulisses, surdo aos chamados de velhos passarinheiros metafísicos que por tempo demais lhe assobiaram: "Tu és mais! Tu és superior! Tu és de outra proveniência!" – eis uma tarefa que pode ser estranha e louca, mas é uma *tarefa* – quem o negará! Por que a escolhe-

---

146. "Fama póstuma": *Nachruhm*. Pouco antes, "nos atribuíssem em voz alta, aos cochichos, em tom de louvor": *wenn man uns (...) nachsagte, nachraunte, nachrühmte.*

mos, essa louca tarefa? Ou, perguntando de outro modo: "Por que afinal o conhecimento?" – todo mundo nos fará essa pergunta. E nós, de tal maneira pressionados, nós, que centenas de vezes já nos fizemos a mesma pergunta, não encontramos ontem nem hoje resposta melhor....

231

O aprendizado nos transforma, ele faz o que faz toda alimentação, que também não se limita ao "sustento" – como sabe o fisiólogo. Mas no fundo de nós, bem "lá embaixo", há todavia algo ineducável, um granito de fatalidade espiritual, de decisão e resposta predeterminadas a perguntas selecionadas do modo predeterminado. Em todos os problemas cardeais fala um imutável "isto sou eu"; acerca do homem e da mulher, por exemplo, um pensador não pode aprender uma nova perspectiva, mas tão somente levar até o fim o seu aprendizado – apenas descobrir no final aquilo que "está fixo" nele acerca disso. Cedo encontramos certas soluções de problemas, as quais se tornam, justamente para *nós*, crenças firmes; talvez as chamemos daí por diante de nossas "convicções". Mais tarde – vemos nelas apenas pegadas rumo ao autoconhecimento, indicações para o problema que *somos* – mais precisamente, para a grande tolice que somos, para a nossa fatalidade espiritual, para o *ineducável* bem "lá embaixo". – Tendo em vista essa generosa amabilidade, tal como acabo de praticá-la em relação a mim mesmo, talvez já me seja permitido expressar algumas verdades acerca da "mulher em si": supondo que de antemão se saiba o quanto elas são apenas – as *minhas* verdades.

232

A mulher quer se tornar independente: e com esse fim ela começa a esclarecer os homens acerca da "mulher em si" – *isto* pertence aos piores progressos do *afeamento* geral da Europa. Pois quantas coisas não trarão à luz essas deselegantes tentativas de cientificidade e autodesnudamento femininos! A mulher tem razões demais para o pudor; na mulher se esconde muito de pedante, superficial, doutrinário, mesquinho-arrogante, mesquinho-desenfreado e imodesto – basta estudar o seu trato com as crianças! –, e que no fundo, até agora, foi reprimido e domado da melhor maneira pelo *temor* ao homem. Ai, se alguma vez for permitido ao "eterno-tedioso na mulher"[147] – ela é abundante nisso! – ousar aparecer! Se ela começar a desaprender a sua astúcia e arte, a da graça, do jogo, de afugentar preocupações, de aliviar e não tomar a sério, se ela começar a desaprender radical e profundamente a sua habilidade sutil para apetites agradáveis! Já agora se fazem ouvir vozes femininas que, por santo Aristófanes!, são de dar medo: com uma clareza médica falam, ameaçadoras, sobre o que a mulher *quer* do homem em primeiro e último lugar. Não é de um mau gosto extremo que a mulher se disponha de tal maneira a se tornar científica? Até agora o esclarecimento foi, por felicidade, um assunto dos homens, um dom dos homens – algo que ficava "entre nós"; e é preciso, afinal, em relação a tudo aquilo que as mulheres escrevem acerca "da mulher", conservar uma boa dose de desconfiança sobre se a mulher realmente *quer* o esclarecimento acerca de si – e se *pode* querer... Se com isso a mulher não busca um novo *enfeite* para si – estou certo em pensar que o enfeitar-se pertence ao eterno-feminino? –, bem, então ela quer provocar medo: – talvez, com isso, ela queira domínio. Mas ela não *quer* verdade: que importa à mulher a verdade! Nada é, desde o princípio, mais alheio, mais contrário, mais hostil à mulher do que a verdade – sua grande arte é a mentira, sua mais elevada ocupação, a aparência e a beleza. Admitamo-lo, nós, homens: respeitamos e amamos na mulher precisamente *essa* arte e *esse* instinto: nós, para quem as coisas são pesadas e que para o nosso alívio gostamos da companhia

---

147. Paródia de um dos versos finais de *Fausto*, de Goethe: *Das Ewig-Weibliche / Zieht uns hinan*, "O Eterno-Feminino / Puxa-nos para cima".

de criaturas entre cujas mãos, olhares e delicadas loucuras a nossa seriedade, a nossa gravidade e profundidade, quase se parece a uma loucura. Por fim coloco a pergunta: mesmo uma mulher alguma vez atribuiu profundidade a uma cabeça de mulher, justiça a um coração de mulher? E não é verdade que, de um modo geral, "a mulher" foi até agora, na maior parte das vezes, desprezada pelas próprias mulheres – e de modo algum por nós? – Nós, homens, desejamos que a mulher não continue a se comprometer através do esclarecimento: como foi um cuidado e uma proteção masculina para as mulheres quando a Igreja decretou: *mulier taceat in ecclesia*![148] Foi em proveito da mulher que Napoleão deu a entender a mui eloquente Madame de Staël: *mulier taceat in politicis*! – e penso que é um verdadeiro amigo das mulheres quem hoje lhes grita: *mulier taceat de muliere*!

233

Revela corrupção dos instintos – ainda sem considerar que revela mau gosto – que uma mulher invoque justamente Madame Roland ou Madame de Staël ou Monsieur George Sand,[149] como se isso provasse algo em *favor* da "mulher em si". Entre os homens, as citadas são as três mulheres *cômicas* em si – nada mais! –, e precisamente os melhores *contra-argumentos* involuntários contra a emancipação e a soberania femininas.

234

A imbecilidade na cozinha; a mulher no papel de cozinheira; a apavorante irreflexão com que é tratada a ali-

---

148. "Que a mulher esteja calada na igreja." Na *Primeira Epístola aos Coríntios* (14, 34), o apóstolo Paulo escreve: "As vossas mulheres estejam caladas nas igrejas, porque não lhes é permitido falar; mas estejam sujeitas, como também ordena a lei" (trad. de João Ferreira de Almeida).

149. Madame Roland (1754-1793) pertenceu ao partido girondino durante a Revolução Francesa. George Sand foi o pseudônimo de Aurore Dupin (1804-1876), escritora francesa. Quanto a Madame de Staël, veja-se nota à seção 209.

mentação da família e do chefe da casa! A mulher não compreende o que *significa* o alimento: e quer ser cozinheira! Se a mulher fosse uma criatura pensante, deveria ter descoberto, na condição de cozinheira há milênios, os fatos fisiológicos mais importantes e, do mesmo modo, teria dominado as artes curativas! Através de péssimas cozinheiras – através da completa ausência de razão na cozinha, o desenvolvimento do homem foi retardado por muito tempo, prejudicado da maneira mais grave: mesmo hoje as coisas não estão muito melhores. Um sermão para moças de boa família.

235

Há locuções e criações do espírito, há sentenças, um pequeno punhado de palavras, nas quais toda uma cultura, toda uma sociedade se cristaliza de súbito. Dentre elas, estão aquelas palavras ocasionais de Madame de Lambert ao seu filho: "*Mon ami, ne vous permettez jamais que de folies, qui vous feront grand plaisir*"[150] – de passagem, as palavras mais maternais e mais inteligentes que alguma vez foram dirigidas a um filho.

236

O que Dante e Goethe acreditavam acerca da mulher – aquele, ao cantar "*ella guardava suso, ed io in lei*",[151] este, ao traduzir isso por "o eterno-feminino puxa-nos *para cima*" – não duvido que toda mulher mais distinta se defenderá dessas crenças, pois acredita justamente *isso* do eterno-masculino...

---

150. "Meu amigo, nunca se permita senão loucuras que lhe deem grande prazer." Anne Thérèsè de Marguerat de Courcelles, marquesa de Lambert (1647-1733), foi escritora francesa.

151. *Divina Comédia*, Paraíso, II, 22: *Beatrice in suso, ed io in lei guardava*, "Beatriz olhava para o alto, e eu para ela".

237

Sete ditinhos de mulher

Chega-se um homem rastejando a nós, e lá se vai o tédio atroz!

* *

Instruída e com a vida gasta, é bem mais fácil de ser casta.

* *

Vestido preto cai muito bem – e bico fechado também.

* *

Estou tão feliz de dar na vista? Graças a Deus – e à minha modista!

* *

Jovem: florida gruta que é só encanto. Velha: sai um dragão que é só espanto.

* *

Homem, belas pernas e nada plebeu: só o que lhe falta é ser meu!

* *

Poucas palavras, muito siso – para a asna, gelo liso![152]

237a

Até agora, as mulheres foram tratadas pelos homens como pássaros que, provindos de alguma região excelsa, junto a eles se extraviaram: como algo mais delicado, mais vulnerável, mais selvagem, mais estranho, mais doce e mais cheio de alma – mas como algo que se precisa trancafiar para que não fuja voando.

238

Enganar-se no problema fundamental "homem e mulher", negar aqui o mais abissal antagonismo e a necessidade de uma tensão eternamente hostil, talvez sonhar aqui com direitos iguais, igual educação e iguais exigências e obrigações: eis um sinal *típico* de cabeça oca, e um pensador que nesse ponto perigoso se demonstrou oco – oco no instinto!

---

152. Em alemão: *Wie die längste Weile fleucht, kommt ein Mann zu uns gekreucht!; Alter, ach! und Wissenschaft gibt auch schwacher Tugend Kraft; Schwarz Gewand und Schweigsamkeit kleidet jeglich Weib – gescheit; Wem im Glück ich dankbar bin? Gott! – und meiner Schneiderin; Jung: beblümtes Höhlenhaus. Alt: ein Drache fährt heraus; Edler Name, hübsches Bein, Mann dazu: o wär* er *mein!; Kurze Rede, langer Sinn – Glatteis für die Eselin!*
Em tradução literal: Como passa a mais longa hora se um homem chega-se rastejando a nós!; A idade, ó, e a ciência dão força mesmo a mais fraca virtude; O vestido preto e o mutismo vestem a toda mulher – sensatamente; A quem sou grata em minha felicidade? A Deus! – e à minha costureira; Jovem: caverna florida. Velha: sai um dragão; Um nome nobre, formosas pernas e ainda homem: ó, fosse *ele* meu!; Poucas palavras, muito sentido – gelo liso para a asna!
No último destes ditinhos ocorre a inversão de uma proverbial expressão alemã, *lange Rede, kurzer Sinn*, tomada de Schiller (*Piccolomini* I, 2: "*Was ist der langen Rede kurzer Sinn*?", uma incitação para que o interlocutor se exprima mais concisa e claramente). Quanto aos demais, ainda que ambas as traduções consultadas (a espanhola de A.S. Pascual e a brasileira de P.C. de Souza) informem que se tratam de paródias de provérbios alemães, mesmo a pesquisa em obras de referência como o *Deutsches Sprichwörter-Lexikon* (uma coletânea de 250 mil provérbios e locuções organizada por Karl Friedrich Wilhelm Wander e publicada entre 1867 e 1880) não permitiu esclarecer quais os provérbios que teriam servido de ponto de partida para o autor.

– deve ser considerado, antes de tudo, como suspeito, mais ainda, como revelado, como descoberto: é provável que ele seja "curto" demais para todas as questões fundamentais da vida, também da vida futura, e não possa descer a *nenhuma* profundidade. Um homem que, ao contrário, tenha profundidade, tanto em seu espírito quanto em seus apetites, também essa profundidade da benevolência que é capaz de rigor e dureza, e que é facilmente com estes confundido, só pode pensar acerca da mulher ao *modo oriental*: ele precisa tomar a mulher como posse, como propriedade a ser fechada à chave, como algo predeterminado para a servidão e que nela chega à perfeição – ele precisa se apoiar aqui na imensa razão da Ásia, na superioridade de instintos da Ásia: como outrora o fizeram os gregos, os melhores herdeiros e discípulos da Ásia, que, como se sabe, de Homero até a época de Péricles, conforme *crescia* sua cultura e a amplidão de sua força, passo a passo também se tornaram mais *rigorosos* com a mulher, em suma, mais orientais. *Quão* necessário, *quão* lógico, mesmo *quão* humanitário-desejável isso era: que se reflita acerca disso!

239

Em nenhuma época o sexo frágil foi tratado com tal consideração por parte dos homens como na nossa – o que faz parte da inclinação e do gosto fundamental democráticos, do mesmo modo que a irreverência diante da velhice –: como se espantar que logo pratiquem abusos com essa consideração? Querem mais, aprendem a exigir, acabam por achar esse tributo de consideração já quase ofensivo, prefeririam a competição por direitos, até a luta, propriamente: em resumo, a mulher perde o pudor. Acrescentemos logo que ela também perde o gosto. Ela desaprende a *temer* o homem: mas a mulher "que desaprende o temor" renuncia aos seus instintos mais femininos. Que a mulher se torne atrevida quando o que há de amedrontador no homem, digamos com mais precisão, quando o *homem* no homem não é mais querido e cultivado, é bastante razoável, também bastante compreensível; o que se compreende com mais dificuldade é que, justamente com isso – a mulher degenera. É o que ocorre hoje: não nos enganemos a respeito disso! Onde quer que o espírito industrial tenha triunfado sobre o espírito militar e aristocrático, a mulher agora aspira à independência econômica e jurídica de um caixeiro: "A mulher na condição de caixeiro", eis o que está escrito sobre os portões da sociedade moderna que se forma. Enquanto assim se apodera de novos direitos, ambiciona se tornar "senhor" e escreve o "progresso" da mulher em suas bandeiras e bandeirolas, consuma-se com clareza assustadora o contrário: *a mulher regride.* Desde a Revolução Francesa, a influência da mulher na Europa se tornou *menor* na proporção em que aumentaram seus direitos e exigências; e a "emancipação da mulher", na medida em que é exigida e promovida pelas próprias mulheres (e não apenas por cabeças ocas masculinas), mostra-se assim como um sintoma notável do crescente enfraquecimento e embotamento dos instintos mais femininos. Há *estupidez* nesse movimento, uma estupidez quase masculina, diante da qual uma mulher bem constituída – que é sempre uma mulher inteligente – se ruborizaria dos pés à cabeça. Perder o faro para o solo em que se chega com mais certeza à vitória; negligenciar o exercício naquela que é propriamente a sua arte de armas; deixar-se ir frente ao homem, quem sabe "até ao livro", quando outrora a mulher se portava com disciplina e sutil humildade astuta; contrariar com virtuoso atrevimento a crença masculina em um ideal *oculto* radicalmente distinto na mulher, a crença em algum eterno e necessário-feminino; com ênfase e tagarelice, dissuadir o homem de que a mulher precisa ser sustentada, cuidada, protegida e poupada como se faria com um delicado animal doméstico, admiravelmente selvagem e com frequência agradável; a busca indignada e boçal por tudo o que de escravo e servil possuía e ainda possui a posição que a mulher ocupou na sociedade até agora (como se a escravidão fosse um contra-argumento e não antes uma condição de toda cultura elevada, de toda elevação da cultura) – o que significa tudo isso senão um desmoronamento dos instintos femininos, uma desfeminização? Todavia, há um número suficiente de estúpidos amigos das senhoras e corruptores de mulheres dentre os asnos doutos do sexo masculino que recomendam à mulher se desfeminizar dessa maneira e imitar todas as imbecilidades das quais padece o "homem" na Europa, a "masculinidade" europeia – que gostariam de rebaixar a mulher até a "formação geral", inclusive à leitura de jornais e a fazer política. Aqui e ali, querem fazer das mulheres inclusive literatas e espíritos livres: como se uma mulher sem religiosidade não fosse algo completamente contrário ou ridículo para um homem profundo e sem deus –; arruínam por quase toda parte os seus nervos com a mais doentia e mais perigosa de todas as espécies de música (nossa música alemã mais recente) e as tornam a cada dia mais histéricas e mais incapacitadas para o seu primeiro e último ofício, dar à luz crianças robustas. Em geral, querem "cultivá-las" ainda mais e, como se diz, tornar *forte* o "sexo frágil" por meio da cultura: como se a história não mostrasse do modo mais convincente que a "cultivação" do homem e o enfraquecimento – ou seja, enfraquecimento, fragmentação, adoecimento da *força de vontade*, sempre andaram juntos, e que as mais poderosas e mais influentes mulheres do mundo (acrescente-se por fim ainda a mãe de Napoleão) deviam precisamente à sua força de vontade – e não ao mestre-escola! – o seu poder e a sua preponderância sobre os homens. O que inspira respeito pela mulher, e com bastante frequência medo dela, é a sua *natureza*, que é "mais natural" que a do homem, sua genuína, astuciosa agilidade de animal de rapina, sua garra de tigre sob a luva, sua ingenuidade no egoísmo, sua ineducabilidade e selvageria interior, o inapreensível, vasto, errante de seus apetites e virtudes... Ao lado do medo, o que provoca compaixão por esse perigoso e belo felino "mulher" é que ele parece ser mais sofredor, mais vulnerável, mais carente de amor e mais condenado à desilusão do que qualquer animal. Medo e compaixão: com esses sentimentos o homem esteve diante da mulher até agora, sempre já com um pé na tragédia, que dilacera ao mesmo tempo em que encanta –. O quê? E isso deve ter um fim agora? E o *desencantamento* da mulher está em curso? O entediamento da mulher vem lentamente à tona? Ó Europa! Europa! É conhecido o animal de chifres que para ti sempre foi o mais atraente, que sempre volta a te ameaçar com algum perigo![153] Tua antiga fábula poderia outra vez se tornar "história" – outra vez uma imensa estupidez poderia se assenhorear de ti e te levar embora! E nenhum deus escondido debaixo dela, não! Apenas uma "ideia", uma "ideia moderna"!.....

153. Alusão ao mitológico rapto de Europa por Zeus disfarçado de touro.

Oitava parte
Povos e pátrias

240

Ouvi, mais uma vez pela primeira vez – a abertura de Richard Wagner para os *Mestres cantores*: eis uma arte suntuosa, sobrecarregada, pesada e tardia, que possui o orgulho de pressupor para a sua compreensão que dois séculos de música ainda estejam vivos – honra os alemães que semelhante orgulho não se engane! Que vigores e humores, que estações e regiões não estão aqui misturados! Ora nos parece arcaica, ora estranha, áspera e demasiado jovem, tão caprichosa quanto pomposa-tradicional, não raro picaresca, com mais frequência rude e grosseira – existe aí fogo e coragem, e ao mesmo tempo a pálida e descorada pele dos frutos que amadurecem muito tarde. Há um fluir vasto e pleno: e, de repente, um instante de hesitação inexplicável, como que uma lacuna que se abre de súbito entre causa e efeito, um peso que nos faz sonhar, quase um pesadelo[154] – mas já se esparrama e alarga outra vez a antiga torrente do deleite, do mais múltiplo deleite, de felicidade velha e nova, sem esquecer o *muito* de felicidade do artista consigo mesmo, da qual ele não quer fazer segredo, a consciência assombrada e feliz da mestria dos meios ora empregados, meios artísticos novos, recém-adquiridos, ainda não experimentados, como nos parece revelar. Em resumo, nenhuma beleza, nenhum sul, nada da sutil claridade meridional

---

154. Peso/pesadelo: *Druck*/*Alpdruck*. A tradução mais exata para *Druck* seria, na verdade, "pressão".

do céu, nada de graça, nenhuma dança, mal uma vontade de lógica; até uma certa deselegância, que ainda é sublinhada, como se o artista quisesse nos dizer: "Estava entre os meus propósitos"; uma vestimenta pesada, algo voluntariamente bárbaro e solene, um reluzir de eruditas e veneráveis preciosidades e rendas; algo alemão, no melhor e no pior sentido da palavra, algo múltiplo, informe e inexaurível à maneira alemã; uma certa pujança e opulência alemãs da alma, que não temem se ocultar sob os refinamentos da decadência – que aí talvez se sintam melhor do que nunca; um verdadeiro, genuíno emblema da alma alemã, que é ao mesmo tempo jovem e envelhecida, superesgotada e ainda superabundante em futuro. Essa espécie de música expressa da melhor maneira o que penso dos alemães: eles são do anteontem e do depois de amanhã – *eles ainda não possuem um hoje.*

241

Nós, "bons europeus": também nós temos horas em que nos permitimos uma efusiva patriotice, um tombo e uma recaída em velhos amores e estreitezas – acabei de dar uma prova disso –, horas de fervor nacionalista, ânsias patrióticas e toda espécie de arcaicas enchentes sentimentais. O que para nós se limita a algumas horas e nelas se esgota, espíritos mais pesados do que nós só poderiam dar conta em longos períodos de tempo, meio ano para alguns, metade de uma vida para outros, segundo a rapidez e a força com que digerem e "metabolizam". Sim, eu posso imaginar raças entorpecidas e hesitantes que em nossa Europa célere precisassem de meio século para superar semelhantes acessos atávicos de patriotice e pegajoso apego ao seu torrão[155] para voltar outra vez à razão, ou seja, ao "bom europeísmo". E ao divagar sobre essa possibilidade, sucede que me torno testemunha da conversa de dois velhos "patriotas" – ambos evidentemente ouviam mal, e por isso falavam mais

155. Outra invenção impagável do autor: *Schollenkleberei* (*Scholle*, "torrão" + substantivação sufixada do verbo *kleben*, "colar", "grudar", "pegar").

alto. "*Aquele* entende de filosofia e pensa dela o mesmo que um campônio ou um membro de grêmio" – disse um deles –: "ele ainda é inocente. Mas que importa isso hoje! Estamos na época das massas: elas rastejam diante de tudo que é massivo. E assim também *in politicis*. Um estadista que lhes construa uma nova torre de Babel, qualquer colosso de império e poder, será por elas chamado de 'grande' – que importa se nós, os mais prudentes e mais reservados, por enquanto ainda não abandonamos a crença de que é apenas o grande pensamento que confere grandeza a uma ação e a uma causa. Supondo que um estadista levasse seu povo à situação de, doravante, ter de praticar 'grande política', para a qual esse povo está maldotado e malpreparado pela natureza: de tal maneira que ele precisasse sacrificar suas virtudes velhas e certas por amor a uma mediocridade nova e duvidosa – supondo que um estadista condenasse seu povo a 'fazer política' quando este tinha até agora coisas melhores para fazer e pensar, e no fundo de sua alma não se livrou de um asco cauteloso diante da inquietação, do vácuo e das barulhentas querelas dos povos propriamente dados à política: – supondo que tal estadista aguilhoasse as paixões e cobiças adormecidas de seu povo, transformasse em mácula a timidez e o gosto em ficar apartado que até hoje manifestou, em falta a sua estrangeirice e secreta infinitude, depreciasse suas mais íntimas inclinações, transtornasse sua consciência, estreitasse seu espírito, tornasse 'nacionalista' o seu gosto – o quê! Um estadista que fizesse tudo isso, um estadista que o seu povo tivesse de expiar por todo o futuro, caso tenha futuro, semelhante estadista seria *grande*?". "Sem dúvida!", responde-lhe com veemência o outro velho patriota: "em caso contrário ele não o teria *podido*! Foi louco, talvez, querer algo assim? Mas talvez tudo o que foi grande, no início foi apenas louco!" – "Abuso de palavras!", grita seu interlocutor diante disso: – "Forte! Forte! Forte e louco! Grande, *não*!" – Os velhos tinham se exaltado de maneira evidente ao gritar suas "verdades" de tal modo um na cara do outro; mas eu, em minha felicidade e meu além, considerei quão em breve o forte será subjugado por outro mais forte; e também que há uma compensação para o achatamento espiritual de um povo, a saber, através do aprofundamento de um outro. –

242

Chame-se "civilização" ou "humanização" ou "progresso" àquilo em que agora se busca a distinção dos europeus; chame-se simplesmente, com uma fórmula política, sem louvar ou censurar, de movimento *democrático* da Europa: atrás de todas as fachadas morais e políticas às quais se alude com tal fórmula, realiza-se um formidável processo *fisiológico*, que avança sempre mais – o processo de uma assemelhação dos europeus, sua crescente libertação das condições sob as quais surgem as raças presas ao clima e à classe, sua progressiva independência de todo *milieu*[156] *determinado*, que gostaria de se inscrever no corpo e na alma durante séculos com as mesmas exigências – portanto, a lenta ascensão de uma espécie de homem essencialmente supranacional e nômade, que, falando fisiologicamente, possui como sua peculiaridade típica um máximo de arte e capacidade de adaptação. Esse processo do *europeu em formação*, que pode ser retardado no seu ritmo por grandes recaídas, mas talvez justamente com isso ganhe e cresça em veemência e profundidade – cabem aqui a tempestade e o ímpeto ainda agora enfurecidos do "sentimento nacional", do mesmo modo o anarquismo que acaba de vir à tona –, é provável que esse processo se encaminhe para resultados com os quais os seus ingênuos promotores e panegiristas, os apóstolos das "ideias modernas", dificilmente estejam contando. As mesmas condições novas sob as quais em média se constituirá um aplanamento e uma mediocrização do homem – um animal humano de rebanho, útil e laborioso, de múltiplos usos e habilidades – são adequadas em grau máximo a originar homens de exceção da mais perigo-

156. "Meio."

sa e mais atraente qualidade. Enquanto aquela capacidade de adaptação, que sempre experimenta condições mutáveis uma após a outra, e que com cada geração, quase com cada década, inicia um novo trabalho, impossibilita completamente a *pujança* do tipo; enquanto a impressão geral de tais europeus do futuro provavelmente será a de trabalhadores múltiplos, tagarelas, pobres de vontade e extremamente hábeis, que tanto *necessitam* de senhor, de comandante, quanto do pão de cada dia; enquanto a democratização da Europa, portanto, acaba na geração de um tipo preparado para a *escravidão* no mais refinado sentido: em casos isolados e excepcionais, o homem *forte* terá de resultar mais forte e mais rico do que talvez jamais foi até agora – graças à ausência de preconceitos de sua instrução, graças à formidável multiplicidade de exercício, arte e máscara. Eu quis dizer: a democratização da Europa é ao mesmo tempo uma organização involuntária para o cultivo de *tiranos* – entendida a palavra em todos os sentidos, inclusive no mais espiritual.

243

Ouço com regozijo que o nosso Sol se encontra em rápido movimento rumo à constelação de *Hércules*: e espero que o homem desta Terra imite nisso o Sol. E nós à frente, nós, bons europeus! –

244

Houve uma época em que se costumava honrar os alemães ao chamá-los de "profundos": agora, quando o mais bem-sucedido tipo do novo germanismo cobiça honras bem diferentes e carece de tudo que possui profundidade, talvez de "brio", é quase oportuno e patriótico duvidar do acerto desse louvor de outrora: em suma, a profundidade alemã poderia ser no fundo algo diferente e pior – e algo de que, graças a Deus, estaríamos prestes a nos livrar com êxito. Façamos, portanto, a tentativa de mudar de ideias acerca da profundidade alemã: para tanto, não precisaremos de mais nada além de um pouco de vivissecção da alma alemã. – Sobretudo, a alma alemã é múltipla, de origem variada, mais composta e superposta que realmente construída: o que se deve à sua origem. Um alemão que ousasse afirmar que "duas almas, ah! vivem no meu peito"[157], faltaria gravemente com a verdade, ou melhor, ficaria aquém da verdade em muitas almas. Na condição de povo da mais formidável mescla e mistura de raças, talvez até com uma preponderância do elemento pré-ariano, na condição de "povo do meio" em todos os sentidos, os alemães são mais incompreensíveis, mais vastos, mais contraditórios, mais desconhecidos, mais imprevisíveis, mais surpreendentes, mesmo mais terríveis do que outros povos o são para si mesmos: – eles se esquivam à *definição*, e com isso já são o desespero dos franceses. Caracteriza os alemães que a pergunta "o que é alemão?"[158] nunca se extinga entre eles. Kotzebue[159] certamente conhecia seus alemães bem o bastante: "fomos reconhecidos", dirigiam-se a ele cheios de júbilo – mas *Sand* também acreditava conhecê-los. Jean Paul sabia o que fazia ao se declarar irritado com as bajulices e exageros mentirosos, mas patrióticos, de Fichte – mas é provável que Goethe pensasse diferente de Jean Paul acerca dos alemães, ainda que lhe desse razão quanto a Fichte. O que Goethe propriamente pensou dos alemães? – Mas de muitas coisas que o cercavam ele nunca falou claramente, e foi exímio

---

157. *Zwei Seelen wohnen, ach! in meiner Brust*, verso 1.112 do *Fausto* (primeira parte).

158. *Was ist deutsch*? ("O que é alemão?") é também o título de um artigo de Wagner publicado em 1878 nas *Bayreuther Blätter*, "Folhas de Bayreuth", segundo informa o tradutor espanhol A.S. Pascual. Uma alusão zombeteira a essa mesma pergunta aparecerá no poemeto que encerra esta oitava parte.

159. August Friedrich von Kotzebue (1761-1819): dramaturgo alemão; Karl Ludwig Sand (1795-1820): assassino de Kotzebue. Johann Gottlieb Fichte (1762-1814): filósofo idealista alemão, autor de *Discursos à nação alemã*. Sua patriotice foi combatida pelo escritor, também alemão, Jean Paul Richter (1763-1825). As "Guerras de Libertação" (1813-1815), mencionadas logo a seguir, são as guerras contra o domínio napoleônico.

no silenciar sutil ao longo de sua vida – provavelmente tinha bons motivos para tanto. Certo é que não foram "as Guerras de Libertação" que deixaram seu olhar mais alegre, tampouco a Revolução Francesa – o acontecimento em razão do qual ele *repensou* seu Fausto, e até mesmo todo o problema "homem", foi o aparecimento de Napoleão. Há palavras de Goethe nas quais, como que do estrangeiro, ele contesta com uma dureza impaciente aquilo de que os alemães se orgulham: certa vez ele definiu a famosa índole alemã como "indulgência com as fraquezas alheias e próprias"[160]. Ele foi injusto ao dizer isso? – caracteriza os alemães o fato de que raramente se é de todo injusto para com eles. A alma alemã possui dentro de si corredores e passagens, há nela cavernas, esconderijos e calabouços; sua desordem tem muito do encanto do misterioso; o alemão é entendido em atalhos secretos que levam ao caos. E como cada coisa ama seu símile, assim o alemão ama as nuvens e tudo que é obscuro, em devir, crepuscular, úmido e encoberto: o incerto, informe, móvel, crescente de toda espécie, ele o sente como "profundo". O próprio alemão não *é*, ele *se torna*, ele "se desenvolve". Por isso, o "desenvolvimento" é o achado e o lance propriamente alemão no grande reino das fórmulas filosóficas – um conceito dominador, que, em associação com a cerveja e a música alemãs, se empenha em germanizar toda a Europa. Os estrangeiros se detêm espantados e atraídos diante dos enigmas que lhes oferecem a natureza contraditória no fundo da alma alemã (que Hegel colocou em um sistema, e Richard Wagner, por fim, em música). "Bonachão e pérfido" – semelhante justaposição, absurda com relação a qualquer outro povo, infelizmente se justifica com muita frequência na Alemanha: que se viva durante algum tempo entre suábios! A lerdeza do douto alemão, sua sensaboria social, convive espantosamente

160. Goethe, *Máximas e reflexões*, 340. "Índole" foi a nossa opção para *Gemüt*, que também pode ser traduzido por: ânimo, alma, espírito, coração, mentalidade, sentimento, sensibilidade, caráter, maneira de ser, faculdades afetivas (conforme o *Dicionário de alemão-português* da Porto Editora).

bem com um funambulismo interior e uma ousadia ligeira, das quais todos os deuses já aprenderam a ter medo. Caso se queira a "alma alemã" demonstrada *ad oculos*,[161] basta atentar para o gosto alemão, para as artes e costumes alemães: que indiferença campônia em relação ao "gosto"! De que modo o mais nobre e o mais ordinário se encontram lado a lado! Quão desordenada e rica é toda essa economia da alma! O alemão *arrasta* sua alma; ele arrasta tudo que ele vivencia. Ele digere com dificuldade aquilo que lhe acontece, ele nunca "dá conta" disso; a profundidade alemã é com frequência apenas uma "digestão" pesada, vagarosa. E como todos os doentes crônicos, todos os dispépticos possuem inclinação para o comodismo, assim o alemão ama a "franqueza" e a "probidade": como é *cômodo* ser franco e probo! – Talvez o mais perigoso e mais feliz disfarce em que hoje os alemães são entendidos seja o caráter confiado, cortês, cartas-na-mesa, da *honestidade* alemã: ele é a sua autêntica arte mefistofélica, com ele o alemão ainda pode "ir muito longe"! O alemão se deixa ir, e além disso, fita com olhos leais, azuis, vazios, alemães – e logo os outros países o confundem com seu roupão! – Eu quis dizer: não importa o que seja a "profundidade alemã" – por acaso não nos permitimos, apenas entre nós, rir dela? –, fazemos bem ao honrar sua aparência e bom-nome também daqui por diante, e em não vender tão barato nossa velha fama, a de povo da profundidade, em troca de "brio" prussiano e de humor e areia berlinenses. É prudente para um povo que ele seja considerado profundo, desajeitado, bonachão, honesto, imprudente, que ele *deixe* que o considerem como tal: isso até poderia – ser profundo! Por fim: é preciso honrar seu nome – não é à toa que um povo se chama "teutão", o povo da ilusão...[162]

---

161. "Diante dos olhos".

162. No texto alemão: *man heisst nicht umsonst das "tiusche" Volk, das Täusche-Volk*... No alto-alemão médio, a palavra *tiu(t)sch* (posteriormente *deutsch*, "alemão") guardava grande semelhança com *tiuschen*, "mentir", "enganar", o que não denota, contudo, afinidade etimológica.

245

Os "bons velhos tempos" se foram, em Mozart eles cantaram suas últimas notas – felizes de *nós* que o seu rococó ainda nos toca, que a sua "boa companhia", seu terno entusiasmo, seu prazer pueril em chinesices e arabescos, a cortesia de seu coração, sua ânsia por coisas graciosas, enamoradas, dançantes, lacrimosas, sua crença no sul, ainda possam apelar a algum *resto* em nós! Ah, algum dia nada mais restará disso! – Mas quem poderá duvidar de que antes ainda nada mais restará da compreensão e do gosto por Beethoven! – que foi apenas o acorde final de uma transição e ruptura de estilo, e *não*, como Mozart, o acorde final de um grande gosto europeu que durou séculos. Beethoven é o acontecimento intermediário entre uma velha alma cansada, que se despedaça constantemente, e uma alma futura demasiado jovem, em constante *advir*; sobre a sua música repousa aquela meia-luz de eterna perda e eterna desvairada esperança – a mesma luz na qual a Europa jazia banhada ao sonhar junto com Rousseau, ao dançar em torno da árvore libertária da Revolução e, finalmente, quase adorar Napoleão. Mas com que rapidez empalidece agora justamente *esse* sentimento, quão difícil já é *saber* desse sentimento – quão estranha soa ao nosso ouvido a linguagem desses Rousseau, Schiller, Shelley, Byron, nos quais encontrou *conjuntamente* o caminho da palavra o mesmo destino da Europa que em Beethoven soube cantar! – Qualquer música alemã que tenha vindo depois pertence ao romantismo, ou seja, calculando-se historicamente, a um movimento ainda mais curto, ainda mais fugaz, ainda mais superficial do que foi aquele grande entreato, aquela passagem de Rousseau a Napoleão e à ascensão da democracia na Europa. Weber: mas o que são para *nós*, hoje, o *Freischütz* e *Oberon*! Ou *Hans Heiling* e *O vampiro*, de Marschner![163] Ou mesmo o *Tannhäuser* de Wagner! Trata-se de música cujo

163. Carl Maria von Weber (1786-1826): compositor pré-romântico alemão. Heinrich Marschner (1795-1861): compositor de óperas do romantismo alemão.

som esmorece, ainda que não seja música esquecida. Toda essa música do romantismo não foi, além disso, nobre o bastante, música o bastante, para se fazer valer em outros lugares que não o teatro e diante da multidão; ela foi de antemão música de segunda categoria, que pouco importava para verdadeiros músicos. Diverso é o caso de Felix Mendelssohn, esse mestre alciônico, que graças a sua alma mais leve, mais pura, mais ditosa, foi rapidamente venerado e, com a mesma rapidez, esquecido: como o belo *incidente* da música alemã. Mas no que toca a Robert Schumann, que levava as coisas a sério e que desde o início também foi levado a sério – foi o último a fundar uma escola –: não se considera hoje entre nós uma felicidade, um alívio, uma libertação, que justamente esse romantismo schumanniano esteja superado? Schumann, refugiado na "Suíça saxã" de sua alma, de índole meio wertheriana, meio jean-paulina, não beethoveniana, certamente!, não byroniana, certamente! – sua música para o *Manfred* é um equívoco e um mal-entendido que chega às raias da injustiça –, Schumann, com o seu gosto, que no fundo era um gosto *pequeno* (ou seja, um pendor perigoso, entre alemães duplamente perigoso, para o lirismo sossegado e a borrachice do sentimento), constantemente se afastando, encolhendo-se e recolhendo-se, um nobre melindroso, regalando-se apenas em felicidades e dores anônimas, desde o início uma espécie de mocinha e *noli me tangere*[164]: esse Schumann já não passou de um acontecimento *alemão* na música, nada mais de europeu, como o foi Beethoven, como, em medida ainda mais considerável, o foi Mozart – com ele, o maior dos perigos ameaçou a música alemã, o de perder *a voz para a alma da Europa* e se rebaixar a uma mera patriotice. –

246

– Que tortura são os livros escritos em alemão para aquele que possui o *terceiro* ouvido! Com que má vontade

164. "Não me toques."

ele se detém às margens do pântano a se revolver lentamente dos clangores sem canto, dos ritmos sem dança, que é chamado de "livro" entre os alemães! E o alemão que *lê* livros, então! Que preguiça, que má vontade, que leituras malfeitas! Quantos alemães sabem, e exigem de si mesmos saber, que há *arte* em toda boa frase – arte que precisa ser percebida para que a frase seja compreendida! Um mal-entendido acerca de seu ritmo, por exemplo: e a própria frase é mal-entendida! Que não se deve ter dúvidas acerca das sílabas ritmicamente decisivas, que se sinta a quebra de uma simetria demasiado rigorosa como algo desejado e como um encanto, que se preste atenção com um ouvido sutil e paciente a cada *staccato*, a cada *rubato*,[165] que se perceba o sentido na sequência de vogais e ditongos, e quão delicada e ricamente eles podem se colorir e mudar de cor dentro de sua sequência: quem, dentre os alemães que leem livros, possui boa vontade o bastante para reconhecer tais deveres e exigências, e prestar ouvidos a tanta arte e intenção na linguagem? Não se possui, afinal, justamente "ouvidos para isso": e assim, os mais fortes contrastes do estilo não são ouvidos, e a mais sutil elaboração artística *desaparece* como que diante de surdos. – Essas foram as minhas reflexões ao notar a maneira tosca e ignorante com que confundiram dois mestres na arte da prosa, o primeiro, cujas palavras gotejam hesitantes e frias, como que do teto de uma caverna úmida – ele conta com o seu surdo soar e ressoar –, o segundo, que maneja a língua como uma espada flexível, e que, descendo do seu braço até o dedão do pé, sente a felicidade perigosa da lâmina que vibra superafiada, que quer morder, sibilar, cortar. –

247

Quão pouco o estilo alemão tem a ver com o som e com os ouvidos é demonstrado pelo fato de que justamen-

---

165. *Staccato*: notas curtas, bem destacadas entre si. *Rubato*: trecho ou frase executado com grande liberdade rítmica, tendo algumas notas arbitrariamente estendidas e outras, analogamente, encurtadas ou vice-versa (*Houaiss*).

te os nossos bons músicos escrevem mal. O alemão não lê em voz alta, para os ouvidos, mas apenas com os olhos: ao ler, ele deixa seus ouvidos na gaveta. O homem antigo lia, quando lia – o que acontecia muito raramente –, em voz alta para si mesmo; causava espanto ler em silêncio, e, em segredo, despertava perguntas acerca dos motivos. Em voz alta: isso significa, com todos os crescendos, inflexões, mudanças de tom a alterações de ritmo nos quais o antigo mundo *público* tinha sua alegria. As leis do estilo escrito eram então as mesmas do estilo falado; e suas leis dependiam em parte da admirável formação, das refinadas necessidades do ouvido e da laringe, em parte da força, duração e potência do pulmão antigo. Um período, no sentido dos antigos, é sobretudo um todo fisiológico, na medida em que ele pode ser abrangido em uma respiração. Tais períodos, como eles ocorrem em Demóstenes, em Cícero, subindo duas vezes, descendo duas vezes, e tudo num só fôlego: esses são deleites para homens *antigos*, que sabiam apreciar, a partir de sua instrução, a virtude que há nisso, do que há de raro e difícil na enunciação de tais períodos: – *nós* não temos propriamente nenhum direito ao *grande* período, nós, modernos, nós, homens de fôlego curto em todos os sentidos! No próprio discursar, esses antigos eram todos diletantes, logo conhecedores, logo críticos – com isso eles impulsionavam seus oradores a extremos; do mesmo modo que no século passado, quando todos os italianos e italianas sabiam cantar, o virtuosismo do canto (e com isso também a arte da melódica –) chegou ao ápice. Mas na Alemanha (até há pouco, quando uma espécie de eloquência de palanque agita suas jovens asas de modo tímido e sem jeito) houve propriamente apenas um gênero de discurso público e *mais ou menos* artístico: aquele proferido do alto do púlpito. Apenas o pregador sabia na Alemanha o peso de uma sílaba, de uma palavra, em que medida uma frase escoiceia, salta, se precipita, corre e transcorre, apenas ele tinha consciência em seus ouvidos, com bastante frequência uma má consciência: pois não faltam motivos para que precisamente um alemão raras vezes, quase sempre muito tarde, chegue a ser habilidoso ao discursar. A obra-prima da prosa alemã é por isso, com toda razão, a obra-prima de seu maior pregador: a *Bíblia* foi até agora o melhor livro alemão. Comparado à Bíblia de Lutero, quase todo o resto é apenas "literatura" – uma coisa que não medrou na Alemanha, e por isso também não medrou e não medra nos corações alemães: como o fez a Bíblia.

248

Há dois tipos de gênio: um, que sobretudo gera e quer gerar, e um outro que prefere ser fecundado e dar à luz. E do mesmo modo, há entre os povos geniais aqueles aos quais coube o problema feminino da gestação e a secreta tarefa de formar, amadurecer, aperfeiçoar – os gregos, por exemplo, eram um povo desse tipo, do mesmo modo os franceses –; e outros, que precisam fecundar e se tornam a causa de novas ordens de vida – caso dos judeus, dos romanos e, perguntando com toda a modéstia, dos alemães? –, povos atormentados e encantados por febres desconhecidas e irresistivelmente impelidos para fora de si mesmos, apaixonados e cobiçosos por raças estranhas (por aquelas que se "deixam fecundar" –), e nisso, sequiosas de poder como tudo aquilo que se sabe repleto de forças geradoras, e portanto, "de graça divina". Esses dois tipos de gênio procuram-se do mesmo modo que homem e mulher; mas eles também entendem mal um ao outro – do mesmo modo que homem e mulher.

249

Cada povo tem a sua própria tartufice, e que chama de suas virtudes. – O que se tem de melhor, não se conhece – não se pode conhecer.

250

O que a Europa deve aos judeus? – Muitas coisas, boas e ruins, sobretudo uma, que é ao mesmo tempo a melhor e a pior: o grande estilo na moral, a enormidade e a majestade de exigências infinitas, significados infinitos, toda a sublimidade e o romantismo das dubiedades morais – e, em consequência, precisamente a parte mais atraente, mais capciosa e mais seleta desses jogos de cores e dessas seduções à vida, em cujo brilho remanescente arde – talvez cesse de arder – o céu de nossa cultura europeia atual, seu céu crepuscular. Nós, artistas entre os espectadores e os filósofos, devemos por isso aos judeus a nossa – gratidão.

251

É preciso resignar-se quando sucede a um povo que sofre – que *quer* sofrer – de febre nervosa nacionalista e ambição política que vários tipos de nuvens e perturbações atravessem seu espírito, em suma, pequenos ataques de estupidificação: por exemplo, entre os alemães do hoje, ora a estupidez antifrancesa, ora a antijudaica, ora a antipolonesa, ora a cristã-romântica, ora a wagneriana, ora a teutônica, ora a prussiana (vejam-se esses pobres historiadores, esses Sybel e Treitzschke[166], com suas cabeças estreitamente unidas –) e como quer que se chamem todos esses pequenos enevoamentos do espírito e da consciência alemãs. Que me perdoem o fato de que também eu, numa breve e arriscada permanência em região gravemente infectada, não fui de todo poupado da doença e, a exemplo de todo mundo, quase comecei a ter pensamentos sobre coisas que em nada me dizem respeito: primeiro sinal de infecção política. Por exemplo, sobre os judeus: ouçam-me. – Ainda não encontrei nenhum alemão que quisesse bem aos judeus; e por mais absoluta que seja a recusa da verdadeira antissemitice por parte de todos os cautelosos e políticos, tais cautela e política não se dirigem porém contra a própria espécie do sentimento, mas apenas contra os seus excessos perigosos,

166. Nietzsche refere-se a Heinrich von Sybel (1817-1895) e a Heinrich Gotthard von Treitzschke (1834-1896).

em especial contra a expressão aviltante e de mau gosto desse sentimento excessivo – que não nos enganemos acerca disso. Que a Alemanha possui judeus *suficientes*, que o estômago alemão, o sangue alemão, tem dificuldade (e por longo tempo ainda terá dificuldade) em dar conta dessa quantidade de "judeu" – assim como deram conta o italiano, o francês e o inglês graças a uma digestão mais vigorosa –: essa é a evidente declaração e linguagem de um instinto geral que é preciso ouvir, segundo o qual é preciso agir. "Não deixar que entrem novos judeus! E fechar os portões que dão para o leste (também para o império do leste[167])!", assim ordena o instinto de um povo cuja raça ainda é fraca e indeterminada, de maneira que ela pudesse ser facilmente apagada, facilmente extinta por uma raça mais forte. Mas os judeus são, sem qualquer dúvida, a raça mais forte, mais tenaz e mais pura que agora vive na Europa; eles sabem se impor mesmo sob as piores condições (melhor inclusive do que sob condições favoráveis) devido àquelas virtudes que hoje se gostaria de qualificar como vícios – graças, sobretudo, a uma fé resoluta que não precisa se envergonhar frente às "ideias modernas"; eles se modificam, *quando* se modificam, apenas do modo como o império russo faz as suas conquistas – como um império que tem tempo e que não é de ontem –: ou seja, segundo o princípio do "mais lentamente possível!" Um pensador que carregue na consciência o destino da Europa contará, em todos os projetos que fizer consigo acerca desse futuro, tanto com os judeus quanto com os russos como os fatores de início mais certos e mais prováveis no grande jogo e luta das forças. Aquilo que hoje é chamado na Europa de "nação", e que é propriamente

---

167. "Império do leste": *Östreich* na edição de Colli e Montinari e *Österreich* ("Áustria") na edição de Karl Schlechta. O termo utilizado na edição de Colli e Montinari parece permitir a interpretação de que "império do leste" seja uma alusão à Rússia.

mais uma *res facta* que *nata*[168] (que às vezes até se parece confundir com uma *res ficta et picta* –), é em todo o caso algo em formação, algo jovem, facilmente adiável, que ainda não é raça, para não falar de um tal *aere perennius* como é a raça judia: essas "nações" deveriam se cuidar muito bem de toda concorrência e hostilidade cabeça-quente! Que os judeus, caso quisessem – ou, caso fossem obrigados a isso, como parecem querer os antissemitas –, já agora *poderiam* ter a preponderância, até literalmente o domínio sobre a Europa, é algo certo; que eles *não* trabalham e nem fazem planos nesse sentido, também. Por enquanto eles querem e desejam muito mais, inclusive com alguma impertinência, ser absorvidos e sorvidos na Europa e pela Europa, eles têm sede de se fixar, de ser aceitos, de ser estimados em algum lugar e dar um basta à vida nômade, ao "judeu errante"[169] –; e se deveria considerar e ir ao encontro desse impulso e ímpeto (que talvez já expresse mesmo uma atenuação dos instintos judaicos): para isso talvez fosse útil e justificado desterrar os gritalhões antissemitas. Ir ao encontro com todo o cuidado, com seleção; mais ou menos como o faz a aristocracia inglesa. É algo evidente que os tipos mais fortes e já mais firmemente definidos do novo germanismo poderiam travar relações com eles sem a menor hesitação, por exemplo, o oficial aristocrata da comarca de Brandenburgo: seria de muito interesse ver se à arte hereditária do mando e da obediência – em ambos a mencionada região é clássica hoje – não se deixaria introduzir, implantar o gênio do dinheiro e da paciência (e sobretudo algum espírito e espiritualidade, o que faz muita falta no referido lugar –). Mas aqui convém interromper minha jovial teutomania e

---

168. Mais uma *res facta* que *nata*: "mais uma coisa feita que nascida"; *res ficta et picta*: "coisa imaginada e pintada". *Aere perennius*: "mais duradouro que o bronze". Expressão tirada de Horácio, *Odes*, III, 30, 1: *Exegi monumentum aere perennius*, "erigi um monumento mais duradouro que o bronze".

169. Em alemão, *ewigen Juden* (literalmente, "judeu eterno"): figura lendária que teria sido condenada por Jesus a errar pelo mundo até o final dos tempos.

meu discurso festivo: pois quase toco em minha *seriedade*, no "problema europeu", como o entendo, no cultivo de uma nova casta que governe a Europa. –

252

Eis uma raça nada filosófica – esses ingleses: Bacon significa um *ataque* ao espírito filosófico em geral, Hobbes, Hume e Locke, um rebaixamento e uma depreciação do conceito "filósofo" por mais de um século. *Contra* Hume elevou e sublevou-se Kant; Locke foi aquele de quem Schelling *pôde* dizer: "*Je méprise Locke*"[170]; na luta contra o aparvalhamento anglo-mecanicista do mundo, Hegel e Schopenhauer (com Goethe) foram unânimes, esses dois gênios-irmãos hostis da filosofia, que almejavam os polos opostos do espírito alemão e nisso eram injustos um com o outro como só irmãos podem sê-lo. – O que falta à Inglaterra e sempre faltou é algo que sabia bem o bastante aquele semicomediante e retórico, o insípido cabeça-confusa Carlyle, que procurou esconder sob esgares passionais o que sabia a seu próprio respeito: ou seja, o que *faltava* a Carlyle – autêntico *poder* da espiritualidade, autêntica *profundidade* do olhar espiritual, em suma, filosofia. – Caracteriza essa raça afilosófica que ela é firmemente fiel ao cristianismo: ela *precisa* de sua disciplina para a "moralização" e a humanização. O inglês, mais sombrio, mais sensual, mais forte de vontade e mais brutal que o alemão – justamente por isso, na condição de mais vulgar de ambos, também mais piedoso que o alemão: para ele, o cristianismo é ainda *mais necessário*. Para narinas mais delicadas, mesmo esse cristianismo inglês ainda possui uma genuína recendência inglesa a *spleen*[171] e abuso alcoólico, contra os quais, por boas razões, ele é empregado como remédio – o veneno mais refinado, portanto, contra o mais grosseiro: um envenenamento mais refinado já é de fato, para povos broncos,

170. "Eu desprezo Locke."

171. "Enfado", "melancolia", "tédio".

um avanço, um degrau para a espiritualização. Através da linguagem gestual cristã e de orações e salmodias, a bronquice e a seriedade campônia inglesas são disfarçadas do modo mais tolerável, melhor: são interpretadas e adquirem um novo sentido; e para esse gado de borrachos e desregrados, que outrora aprendeu a grunhir moralmente sob o poder do metodismo, e outra vez, há pouco, como "exército de salvação", a convulsão de penitência pode na verdade ser a conquista relativamente mais alta de "humanidade" à qual ele pode ser alçado: isso é tudo o que razoavelmente se pode conceder. O que ofende, porém, ainda no mais humano dos ingleses, é a sua carência de música, para usar uma imagem (e sem usar imagem –): nos movimentos de sua alma e de seu corpo, ele não possui nenhum compasso e nenhum passo de dança, nem sequer o apetite por compassos e passos de dança, por "música". Ouça-se quando ele fala; vejam-se as mais belas inglesas *caminhar* – não há em nenhum país do mundo mais belas pombas e cisnes – enfim: ouçam-nas cantar! Mas estou pedindo demais...

253

Há verdades que são mais bem reconhecidas por cabeças medíocres em razão de serem as mais adequadas a elas, há verdades que possuem encantos e forças de sedução apenas para espíritos medíocres – topa-se com essa tese talvez desagradável justamente agora, desde que o espírito de respeitáveis mas medíocres ingleses – menciono Darwin, John Stuart Mill e Herbert Spencer – começa a alcançar o predomínio na região média do gosto europeu. Na verdade, quem colocaria em dúvida a utilidade de *tais* espíritos dominarem temporariamente? Seria um erro tomar os espíritos mais superiormente constituídos e capazes de voos solitários por especialmente hábeis em constatar muitos fatos pequenos e ordinários, colecioná-los e espremê-los em conclusões: – eles estão antes, na condição de exceções, em uma posição de antemão nada favorável comparados à "regra". Afinal, eles têm mais a fazer do que apenas reconhecer – ou seja, *ser* algo novo, *significar* algo novo, *representar* novos valores! O abismo entre saber e poder talvez seja maior, também mais sinistro, do que se pensa: o potente[172] em grande estilo, o criador, terá possivelmente de ser um ignorante – enquanto, por outro lado, para fazer descobertas científicas do gênero daquelas de Darwin, não deve ser pequena a disposição para uma certa estreiteza, aridez e cuidado diligente, em suma, algo inglês. – Não deve ser esquecido, por fim, que os ingleses, com a sua profunda mediocridade, já uma vez provocaram uma depressão geral do espírito europeu: aquilo que se chama de "ideias modernas", ou "as ideias do século XVIII", ou também "as ideias francesas" – aquilo, portanto, contra o que o espírito *alemão* se levantou com profundo asco –, era de origem inglesa, quanto a isso não cabe dúvida. Os franceses foram apenas os macacos e comediantes dessas ideias, também os seus melhores soldados, e do mesmo modo, infelizmente, suas primeiras e mais radicais *vítimas*: pois graças à execrável anglomania das "ideias modernas", a *âme française*[173] se tornou por fim tão tênue e emagrecida que hoje nos recordamos quase com descrença de seus séculos XVI e XVII, de sua força profunda e passional, de sua inventiva nobreza. Mas é preciso segurar com unhas e dentes a justiça histórica dessa tese e defendê-la contra o momento e a aparência[174]: a *noblesse* europeia – do sentimento, do gosto, do costume, em suma, tomada essa palavra em todo sentido elevado – é obra e invenção *da França*; a vulgaridade europeia, o plebeísmo das ideias modernas – *da Inglaterra*. –

---

172. No original, *der Könnende*, "aquele que pode", termo que Nietzsche deriva do verbo *können*, "poder".

173. "Alma francesa."

174. Em alemão, *den Augenblick* (momento, instante, piscadela, pestanejo) *und Augenschein* (vista, aparência).

254

Ainda agora a França é a sede da mais espiritual e mais refinada cultura da Europa e a escola superior do gosto: mas é preciso saber encontrar essa "França do gosto". Quem a ela pertence, conserva-se bem escondido – o número daqueles em que ela vive e viceja pode ser pequeno, entre eles, talvez, homens que não são os mais firmes das pernas, em parte fatalistas, sombrios, doentes, em parte amimalhados e artificiosos, tais que possuem a *ambição* de se ocultar. Todos têm algo em comum: eles tapam os ouvidos para a imbecilidade furibunda e a matraca barulhenta do *bourgeois* democrático. Na verdade, remexe-se atualmente em primeiro plano uma França imbecilizada e abrutalhada – recentemente, por ocasião dos funerais de Victor Hugo, ela celebrou uma verdadeira orgia do mau gosto, e ao mesmo tempo, de autoadmiração. Há outra coisa que eles também têm em comum: uma boa vontade em se defender da germanização espiritual – além da melhor incapacidade para tanto! Nessa França do espírito, que também é uma França do pessimismo, talvez Schopenhauer já esteja agora mais em casa e mais aclimatado do que jamais esteve na Alemanha; para não falar de Heinrich Heine, que há muito tempo já se transformou em carne e sangue dos mais refinados e exigentes poetas de Paris, ou de Hegel, que hoje exerce na figura de Taine – ou seja, do *primeiro* historiador vivo – uma influência quase tirânica. Mas no que toca a Richard Wagner: quanto mais a música francesa aprende a se plasmar segundo as verdadeiras necessidades da *âme moderne*, tanto mais ela irá "wagnerizar", isso se pode prever – agora ela já faz isso o bastante! Há contudo três coisas que ainda hoje os franceses podem exibir com orgulho como a sua herança e posse, e como sinal indelével de uma antiga superioridade cultural na Europa, apesar de toda germanização e plebeização voluntária ou involuntária do gosto: em primeiro lugar, a capacidade para paixões artísticas, para a dedicação à "forma", para a qual o lema *l'art pour l'art*, entre tantos outros, foi inventado: – coisas assim não faltaram na França nos últimos três séculos, e, sem cessar, graças ao respeito pelo "pequeno número", possibilitaram uma espécie de música de câmara da literatura que não se encontrará no resto da Europa –. O segundo ponto sobre o qual os franceses podem fundamentar uma superioridade na Europa é a sua antiga e variada cultura *moralista*, que faz com que, na média, mesmo nos pequenos *romanciers*[175] dos jornais e nos ocasionais *boulevardiers de Paris* encontremos uma sensibilidade e curiosidade psicológicas das quais, por exemplo na Alemanha, não se tem qualquer ideia (para não falar da coisa!). Para tanto faltam aos alemães alguns séculos do gênero moralista,[176] dos quais, como foi dito, a França não se poupou; quem por essa razão chama os alemães de "ingênuos", consegue transformar um defeito em elogio. (Como antítese à inexperiência e inocência alemãs *in voluptate psychologica*, não tão distantemente aparentadas com o tédio do trato social alemão – e como expressão mais bem lograda de uma curiosidade e inventividade genuinamente francesas em relação a esse império de suaves estremecimentos, podemos considerar Henri Beyle, esse homem notável, antecipador e precursor, que corre em um ritmo napoleônico através da *sua* Europa, através de vários séculos de alma europeia, na condição de rastreador e descobridor dessa alma: – foram necessárias duas gerações para de algum modo *alcançá-lo*, para chegar a adivinhar tardiamente alguns dos enigmas que o atormentavam e encantavam, a esse admirável epicurista e homem-interrogação que foi o último grande psicólogo da França –). Há ainda um terceiro título à superioridade: na essência dos franceses ocorreu uma síntese mais

175. "Romancistas". *Boulevardiers*: "frequentadores dos bulevares". *In voluptate psychologica:* "na volúpia psicológica". Pouco abaixo: Henri Beyle (1783-1842) era o verdadeiro nome de Stendhal.

176. Em alemão, *moralistischer Art*. Parece legítimo subentender que se trata do gênero *literário* moralista. A edição de Karl Schlechta "corrige" Nietzsche e substitui *Art* por *Arbeit* ("trabalho").

ou menos bem-sucedida do norte com o sul, que os faz compreender muitas coisas e lhes ordena fazer outras tantas que um inglês nunca compreenderá; seu temperamento voltado e afastado de modo periódico para o sul, em que de tempos em tempos transborda o sangue provençal e ligúrio, protege-os de ver tudo nos terríveis tons cinzentos do norte, da fantasmagoria conceitual e da anemia privadas de sol – nossa doença *alemã* do gosto, contra cujo excesso se prescreveu no momento, com grande determinação, sangue e ferro,[177] quer dizer: "grande política" (segundo uma perigosa terapêutica, que me ensina a esperar e esperar, mas até agora não me ensinou a ter esperança –). Mesmo agora, ainda há na França uma compreensão antecipada e um acolhimento para esses homens raros e raramente satisfeitos, que são muito vastos para encontrar sua satisfação em alguma patriotice e que sabem amar o sul no norte, o norte no sul – para os mediterrâneos natos, os "bons europeus". – Foi para eles que *Bizet* fez música, esse último gênio que viu uma nova beleza e sedução – que descobriu uma parte de *sul da música.*

255

Julgo recomendável tomar alguns cuidados com a música alemã. Supondo que alguém ame o sul como eu o amo, como uma grande escola da convalescença, no aspecto mais espiritual e no mais sensual, como uma indômita abundância de sol e transfiguração solar que se espalha sobre uma existência autocrática, crente em si: bem, alguém assim aprenderá a se cuidar um pouco da música alemã, pois ela, ao arruinar seu gosto, arruína junto sua saúde. Tal homem meridional, não segundo a origem, mas segundo a *crença*, precisa, caso ele sonhe com o futuro da música,

---

177. Conforme A.S. Pascual, Nietzsche alude a Bismarck, que, em sessão do Parlamento em 30 de setembro de 1862, afirmou: "Não é com discursos nem com acordos da maioria que se decidem as grandes questões da época – esse foi o erro de 1848 e 1849 –, mas com ferro e sangue".

sonhar também com a sua libertação do norte, e ter em seus ouvidos o prelúdio de uma música mais profunda, mais pujante, quem sabe mais malvada e mais misteriosa, uma música supra-alemã, que diante da visão do mar azul e voluptuoso, e da claridade celeste mediterrânea, não esmoreça, amareleça, empalideça como o faz toda a música alemã, uma música supra-europeia, que tenha razão mesmo diante dos pores do sol castanhos do deserto, uma música cuja alma seja aparentada com a palmeira, e que saiba se aclimatar e vaguear entre grandes, belos e solitários animais de rapina... Eu poderia imaginar uma música cuja mais rara magia consistisse em que ela nada mais soubesse do bem e do mal, sobre a qual, talvez, apenas passasse correndo vez por outra alguma nostalgia de marinheiro, algumas sombras douradas e fraquezas delicadas: uma arte que visse a uma grande distância que as cores de um mundo *moral* soçobrante, que quase se tornou incompreensível, buscam refúgio junto a ela, e que fosse hospitaleira e profunda o bastante para receber tais fugitivos tardios. –

256

Graças ao doentio afastamento que a insanidade nacionalista provocou e ainda provoca entre os povos europeus, graças igualmente aos políticos de vista curta e mão rápida que hoje estão no topo com a ajuda dessa insanidade, e que nem imaginam o quanto a política desagregadora que praticam apenas pode ser, necessariamente, uma política de entreato – graças a tudo isso e a muitas outras coisas hoje absolutamente indizíveis, são agora ignorados ou recebem uma interpretação arbitrária e mendaz os sinais mais inequívocos que expressam que a *Europa quer se tornar uma só*. Em todos os homens mais profundos e mais amplos deste século, a autêntica orientação geral do misterioso trabalho de suas almas foi a de preparar o caminho para essa nova *síntese* e, a título de experiência, antecipar o europeu do futuro: apenas com suas fachadas, ou em momentos de fraqueza, talvez na velhice, eles pertenceram às "pátrias" – eles apenas descansavam de si mesmos ao se tornar "patriotas". Penso em homens como Napoleão, Goethe, Beethoven, Stendhal, Heinrich Heine, Schopenhauer: não me levem a mal se também conto Richard Wagner entre eles, acerca do qual não devemos nos deixar seduzir pelos seus próprios mal-entendidos – gênios de sua espécie raramente têm o direito de compreender a si mesmos. Muito menos, decerto, pelo alarido grosseiro com que os franceses de hoje se opõem a Wagner e dele se defendem – nem por isso deixa de persistir o fato de que a *última fase do romantismo francês* dos anos 40 e Richard Wagner ligam-se um ao outro do modo mais estreito e mais íntimo. Eles são aparentados, radicalmente aparentados, em todas as alturas e profundezas de suas necessidades: é a Europa, a Europa una, cuja alma, através de sua arte múltipla e impetuosa, urge por sair, por subir, e anseia – ir para onde? Rumo a uma nova luz? A um novo sol? Mas quem poderia dizer com exatidão o que todos esses mestres de novos meios linguísticos não souberam dizer claramente? Certo é que a mesma tempestade e o mesmo ímpeto os atormentou, que eles *buscavam* do mesmo modo, esses últimos grandes buscadores! Todos eles com os olhos e ouvidos dominados pela literatura – os primeiros artistas com formação literária universal –, na maioria eles próprios até escritores, poetas, mediadores e misturadores das artes e dos sentidos (na condição de músico, o lugar de Wagner é entre os pintores, na de poeta, entre os músicos, na de artista, entre os comediantes); todos eles fanáticos da *expressão* "a todo custo" – destaco Delacroix, o mais aparentado a Wagner –, todos eles grandes descobridores no império do sublime, também no do feio e do horrendo, ainda maiores descobridores no efeito, na exibição, na arte das vitrines, todos eles talentos muito acima de seus gênios – virtuoses dos pés à cabeça, com inquietantes acessos a tudo que seduz, atrai, coage, derruba, inimigos natos da lógica e da linha reta, cobiçosos do estranho, do exótico, do formidável, do tortuoso, do que se autocontradiz; na condição de homens, Tântalos da vontade,[178] plebeus que ascenderam, que na vida e na criação se sabiam incapazes de um *tempo* nobre, um *lento* – pense-se em Balzac, por exemplo –, trabalhadores desenfreados, quase autoarruinadores através do trabalho; antinomistas e agitadores nos costumes, ambiciosos e insaciáveis sem equilíbrio e satisfação; todos eles, por fim, alquebrados e prostrados diante da cruz cristã (e isso com todo o direito: pois qual deles teria sido profundo e original o bastante para uma filosofia do *anticristo*? –), no todo, uma espécie de homens superiores ousada-atrevida, magnífica-violenta, altaneira e arrebatadora, que tinha a ensinar em primeiro lugar ao seu século – e era o século das *multidões*! –, o conceito "homem superior"... Os amigos alemães de Richard Wagner podem deliberar consigo mesmos se na arte wagneriana existe algo meramente alemão, ou se aquilo que justamente a distingue não é o fato de provir de fontes e incitamentos *supra-alemães*: no que não se pode subestimar o quanto precisamente Paris foi imprescindível para a formação de seu tipo, cidade pela qual a profundeza de seus instintos o fez ansiar no mais decisivo dos momentos, e como toda a sua maneira de entrar em cena, de seu autoapostolado, somente pôde se consumar face ao modelo dos socialistas franceses. Numa comparação mais sutil, talvez se encontre, em honra à natureza alemã de Richard Wagner, que em tudo ele agiu com mais força, mais ousadia, mais dureza, mais elevação do que poderia agir um francês do século XIX – graças à circunstância de que nós, alemães, ainda estamos mais próximos da barbárie do que os franceses –; talvez o que de mais notável Richard Wagner criou seja mesmo para sempre, e não apenas por hoje, inacessível, incompreensível, inimitável para essa inteira raça latina tão tardia: a figura de Siegfried, esse homem *muito livre*, que de fato e de longe pode ser muito livre, muito duro, muito jovial, muito saudável, muito *anticatólico* para o gosto de velhos e cansados povos civilizados. Ele pode ter sido

178. Tântalo foi condenado pelos deuses a padecer eternamente de sede amarrado dentro de um lago.

inclusive um pecado contra o romantismo, esse antirromânico Siegfried: bem, Wagner expiou a valer esse pecado em seus últimos e turvos dias, quando – antecipando um gosto que entrementes se transformou em política – começou, se não a seguir, pelo menos a pregar, com a veemência religiosa que lhe era própria, *o caminho para Roma*. – Para que não entendam mal essas minhas últimas palavras, quero recorrer a algumas rimas vigorosas, que também a ouvidos menos sutis revelarão o que quero – o que quero *contra* o "último Wagner" e a música de seu *Parsifal*.

– Será isto ainda alemão? –
Veio de coração alemão esse chiar abafado?
Será alemão o corpo assim autodescarnado?
Seriam alemães todos esses gestos e essa batina,
Esse atiçar dos sentidos com incenso que alucina?
E alemão esse parar, cair, cambalear,
Esse incerto, bimbalhante bambolear?
Esse piscar de olhos da freira, esse repique de sinos,
Toda essa falsidade, esse enlevo, esses hinos?
– Será isto ainda alemão? –
Considerai! Ainda estais à entrada:
Pois, o que ouvis, é *Roma – a fé romana de*
[palavras privada![179]

179. Em alemão: – *Ist das noch deutsch? – / Aus deutschem Herzen kam dies schwüle Kreischen?/ Und deutschen Leibs ist dies Sich-selbst-Entfleischen? / Deutsch ist dies Priester-Händespreizen, / Dies weihrauch-düftelnde Sinne-Reizen? / Und deutsch dies Stocken, Stürzen, Taumeln, / Dies ungewisse Bimbambaumeln? / Dies Nonnen-Äugeln, Ave-Glocken-Bimmeln, / Dies ganze falsch verzückte Himmel-Überhimmeln? / – Ist Das noch deutsch? – / Erwägt! Noch steht ihr an der Pforte: – / Denn, was ihr hört, ist* Rom – Rom's Glaube ohne Worte!
Em uma tradução literal: – Será isto ainda alemão? – / De coração alemão veio esse chiar abafado? / E é de corpo alemão esse descarnar a si mesmo? / Alemão é esse estender de mãos sacerdotal, / Esse atiçar dos sentidos através de incenso oloroso? / E alemão esse parar, cair, cambalear, / Esse incerto, bimbalhante bambolear? / Esse piscar de olhos da freira, esse repique chamando a rezar as ave-marias, / Todo esse falso e enlevado olhar extasiado para os céus? / – Será isto ainda alemão? – / Considerai! Ainda estais nos portões: – / Pois, o que ouvis, é *Roma – a fé de Roma sem palavras!*

Nona parte
O que é nobre?

257

Toda elevação do tipo "homem" foi até hoje obra de uma sociedade aristocrática – e assim será sempre: como uma sociedade que acredita em uma longa escala de hierarquia e diferença de valores entre um homem e outro, e que precisa da escravidão em algum sentido. Sem o *páthos da distância*,[180] tal como ele resulta da arraigada diferença de classes, do constante olhar ao longe e olhar de cima lançado pela casta dominante a súditos e instrumentos, e de seu igualmente constante exercício na obediência e no mando, no manter abaixo e afastado, não poderia absolutamente resultar aquele outro e mais misterioso *páthos*, aquele anelo por sempre novos aumentos de distância no interior da própria alma, a formação de estados sempre mais elevados, mais raros, mais afastados, mais estendidos, mais amplos, em suma, precisamente a elevação do tipo "homem", a contínua "autossuperação do homem", para tomar uma fórmula moral em um sentido supramoral. Todavia: não devemos nos entregar a ilusões humanitárias sobre a história do surgimento de uma sociedade aristocrática (o pressuposto, portanto, dessa elevação do tipo "homem" –): a verdade é dura. Digamos a nós mesmos sem indulgência como foi que até agora toda cultura elevada *começou* sobre a Terra! Homens de uma natureza ainda natural, bárbaros em todo o terrível sentido da palavra, homens de rapina, ainda possuidores de forças de vontade e de apetites de

180. *Páthos*: palavra grega. Literalmente: dor, sofrimento, paixão.

poder intactos, lançaram-se sobre raças mais fracas, mas civilizadas, mais pacíficas, talvez mercantis ou pastoris, ou sobre culturas velhas e cansadas, nas quais a última força vital acabava de se apagar em brilhantes fogos de artifício de espírito e de corrupção. A casta nobre sempre foi, no início, a casta dos bárbaros: sua preponderância não residia em primeiro lugar na força física, mas na da alma – eram os homens *mais inteiros* (o que, em cada etapa, significa o mesmo que "as bestas mais inteiras" –).

258

A corrupção como expressão de que a anarquia ameaça no interior dos instintos, e de que o alicerce dos afetos, que se chama "vida", está abalado: segundo a forma de vida em que ela se mostra, a corrupção é algo radicalmente diferente. Quando, por exemplo, uma aristocracia como a da França no início da Revolução lança fora com um sublime asco os seus privilégios e se sacrifica a um desregramento de sua sensibilidade moral, então isso é corrupção – foi propriamente apenas o ato final de uma corrupção que já durava séculos, devido à qual ela tinha cedido passo a passo suas prerrogativas senhoriais e se rebaixado à *função* da realeza (por fim, inclusive a seu ornato e aparato). O essencial em uma boa e saudável aristocracia, porém, é que ela *não* se sinta como função (seja da realeza, seja da coletividade), mas como o seu *sentido* e suprema justificação – que por isso ela aceite com boa consciência o sacrifício de um sem-número de homens que *por sua causa* devem ser calcados e reduzidos a homens incompletos, a escravos, a instrumentos. Sua crença fundamental precisa ser justamente a de que a sociedade *não* deve existir por causa da sociedade, mas somente como fundamento e suporte sobre o qual um gênero seleto de criaturas possa elevar-se à sua tarefa superior, e sobretudo, a uma *existência*[181] superior: à semelhança da-

181. Na realidade, a palavra empregada por Nietzsche é *Sein* (ser) e não *Dasein* (existência). O contexto, porém, justifica plenamente nossa opção, evitando assim a óbvia confusão que uma expressão como "ser superior" poderia causar.

quelas trepadeiras ávidas de sol encontradas em Java – são chamadas de cipó-matador – que com os seus braços tanto apertam um carvalho, e por tanto tempo, até que por fim, muito acima dele, mas nele apoiadas, podem abrir sua copa e ostentar sua felicidade em plena luz. –

259

Abster-se mutuamente da ofensa, da violência e da exploração, equiparar sua vontade à do outro: em um certo sentido grosseiro, isso pode se transformar num bom costume entre indivíduos se forem dadas as condições para tanto (a saber, sua efetiva semelhança em quantidades de força e medidas de valor, e seu pertencimento a um mesmo corpo). Logo, porém, que se quisesse levar adiante esse princípio, e quem sabe transformá-lo até em *princípio fundamental da sociedade*, de imediato ele se demonstraria como aquilo que é: como vontade de *negação* da vida, como princípio de desagregação e declínio. Aqui é preciso pensar profundamente a fundo[182] e se defender de toda fraqueza sentimental: a própria vida é *essencialmente* apropriação, ofensa, sujeição do alheio e do mais fraco, opressão, dureza, imposição das próprias formas, incorporação e, pelo menos, no caso mais ameno, exploração – mas para que se deveria usar justamente sempre essas palavras, que, desde sempre, estão marcadas com um propósito caluniador? Mesmo aquele corpo, em cujo interior, como antes foi admitido, os indivíduos se tratam como iguais – isso ocorre em toda aristocracia sã –, precisa, caso ele seja um corpo vivo e não um corpo agonizante, fazer contra outros corpos tudo aquilo de que os indivíduos em seu interior se abstêm de fazer mutuamente: ele terá de ser a vontade de poder encarnada, ele quererá crescer, expandir-se, atrair para si, ganhar a preponderância – não em razão de alguma moralidade ou imoralidade,

---

182. Em alemão, *gründlich auf den Grund.* Pouco abaixo, "pelo menos, no caso mais ameno" traduz *mindestens, mildestens,* literalmente "no mínimo, no mais ameno". O segundo termo é outra invenção do autor.

mas porque *vive*, e porque a vida *é* precisamente vontade de poder. Mas em nenhum ponto a consciência comum dos europeus é mais relutante à instrução do que aqui; por toda parte se delira agora, inclusive sob roupagem científica, com estados vindouros da sociedade aos quais deverá faltar "o caráter explorador": – isso soa aos meus ouvidos como se prometessem inventar uma vida que se abstivesse de todas as funções orgânicas. A "exploração" não é própria de uma sociedade corrompida ou imperfeita e primitiva: ela é própria da *essência* daquilo que é vivo como função orgânica fundamental, ela é uma consequência da autêntica vontade de poder, que é precisamente a vontade de vida. – Supondo que, como teoria, isto seja uma inovação – como realidade, é o *fato primordial* de toda a história: seja-se honesto consigo mesmo até esse ponto! –

260

Em uma excursão através das muitas morais mais refinadas e mais grosseiras que até agora dominaram ou ainda dominam sobre a Terra, encontrei certos traços que retornam juntos com regularidade e ligados entre si: até que finalmente se revelaram para mim dois tipos fundamentais e se ressaltou uma distinção fundamental. Há *moral de senhores* e *moral de escravos* – acrescento de imediato que em todas as culturas mais elevadas e mais miscigenadas também aparecem tentativas de mediação entre ambas as morais, mais frequentemente a barafunda das mesmas e mal-entendidos recíprocos, até, por vezes, a sua dura justaposição – inclusive na mesma pessoa, no interior de uma só alma. As distinções morais de valor surgiram ou entre uma espécie dominante que se apercebeu com agrado de sua diferença em relação à dominada – ou entre os dominados, os escravos e dependentes em todo grau. No primeiro caso, quando os dominantes determinam o conceito de "bom", são os estados de alma elevados e orgulhosos que são sentidos como o fator distintivo e determinante da hierarquia.

O homem nobre afasta de si as criaturas em que se expressa o contrário de tais estados elevados e orgulhosos: ele as despreza. Observe-se de imediato que nesta primeira espécie de moral, a oposição "bom" e "ruim" significa o mesmo que "nobre" e "desprezível": – a oposição "bom" e "*mau*" tem outra origem. Desprezado é o covarde, o medroso, o mesquinho, aquele que pensa na utilidade estreita; igualmente o desconfiado, com seu olhar cativo, aquele que se rebaixa, a espécie canina de homem que se deixa maltratar, o bajulador mendicante, sobretudo o mentiroso – é uma crença fundamental de todos os aristocratas que o povo comum é mentiroso. "Nós, verazes" – assim chamavam a si mesmos os nobres da antiga Grécia. É evidente que as designações morais de valor foram atribuídas por toda parte em primeiro lugar a *homens*, e só derivada e tardiamente a *ações*: razão pela qual é um erro grave quando historiadores da moral partem de perguntas como "por que foi louvada a ação compassiva?" A espécie nobre de homem sente a *si mesma* como determinadora de valores, ela não precisa de aprovações, ela julga que "aquilo que me é danoso, é danoso em si", ela se sabe como aquela que confere honra às coisas, ela é *criadora de valores*. Tudo que ela conhece de si mesma, ela venera: semelhante moral é autoglorificação. Em primeiro plano está o sentimento de plenitude, de poder que quer transbordar, a felicidade da tensão elevada, a consciência de uma riqueza que quer dar e presentear – também o homem nobre ajuda o infeliz, mas não, ou quase não, por compaixão, senão mais por um ímpeto nascido do excesso de poder. O homem nobre honra em si o poderoso, também aquele que tem poder sobre si mesmo, que sabe falar e calar, que exercita com prazer o rigor e a dureza consigo mesmo e que tem reverência para com tudo que é rigoroso e duro. "Um coração duro Wotan colocou em meu peito", consta em uma antiga saga escandinava: um verso que proveio com razão da alma de um orgulhoso viquingue. Semelhante espécie de homem orgulha-se precisamente de *não* ser feita para a compaixão, o que leva o herói da saga a acrescentar a admoestação: "Quem ao ser jovem ainda não tem um coração duro, nunca o terá". Nobres e valentes que assim pensam estão o mais longe possível de toda moral que enxerga precisamente na compaixão, ou no agir para os outros, ou no *désintéressement*, o signo daquilo que é moral; a crença em si mesmo, o orgulho de si mesmo, uma hostilidade radical e uma ironia para com a "abnegação" pertencem tão decididamente à moral nobre quanto um ligeiro menosprezo e cautela em face da compaixão e do "coração cálido". – São os poderosos aqueles que *sabem* honrar, é a sua arte, seu reino de invenções. O profundo respeito para com o antigo e a tradição – todo o direito repousa sobre esse duplo respeito –, a crença e o preconceito em favor dos antepassados e em desfavor dos vindouros são típicos da moral dos poderosos; e se, inversamente, os homens das "ideias modernas" acreditam quase instintivamente no "progresso" e no "futuro", e carecem cada vez mais de respeito para com os antigos, então isso já denuncia suficientemente a origem sem nobreza dessas "ideias". O que mais torna uma moral de dominantes estranha e penosa para o gosto atual, porém, é o rigor de seu princípio fundamental de que se possui deveres apenas para com os seus iguais; de que para com as criaturas de categoria inferior, para com tudo que é estranho, pode-se agir como bem se entender ou "como quiser o coração", e, em todo o caso, "além do bem e do mal" –: aqui podem caber a compaixão e que tais. A capacidade e o dever da prolongada gratidão e da prolongada vingança – ambas apenas entre iguais –, a fineza na retaliação, o refinamento no conceito de amizade, uma certa necessidade de ter inimigos (como que desaguadouros para os afetos da inveja, da ânsia por contendas, da petulância – no fundo, para bem poder ser *amigo*): tudo isso são sinais típicos da moral nobre, a qual, como foi aludido, não é a moral das "ideias modernas", e por isso é hoje difícil de compreender, também difícil de escavar e descobrir. – É diferente com o segundo tipo de moral, a *moral de escravos*. Supondo que os violentados, oprimidos, sofredores, cativos, inseguros e cansados moralizem: o que haverá de análogo em suas valorações morais? Provavelmente ganhará expressão uma suspeita pessimista em relação a toda a situação do homem, talvez uma condenação do homem juntamente com a sua situação. O olhar do escravo é desfavorável às virtudes do poderoso: ele mostra ceticismo e desconfiança, ele mostra *sutileza* na desconfiança em relação a todo o "bom" que lá é venerado – ele gostaria de se persuadir de que ali a própria felicidade não é autêntica. Inversamente, são destacadas e cobertas de luz as qualidades que servem ao alívio da existência dos sofredores: recebem as honras aqui a compaixão, a mão solícita, obsequiosa, o coração cálido, a paciência, a diligência, a humildade, a afabilidade – pois essas são aqui as qualidades mais úteis e quase os únicos meios para suportar o fardo da existência. A moral escrava é, essencialmente, moral utilitária. Aqui é o foco onde se origina aquela célebre oposição entre "bom" e "*mau*" – na maldade sente-se o poder e a periculosidade, uma certa terribilidade, sutileza e fortaleza que não permitem que o desprezo se manifeste. Assim, segundo a moral de escravos, o "mau" inspira medo; segundo a moral de senhores, é precisamente o "bom" que inspira e quer inspirar medo, enquanto o homem "ruim" é sentido como desprezível. A oposição atinge seu ápice quando, segundo a lógica da moral de escravos, liga-se finalmente ao "bom" dessa moral um sopro de menosprezo – que pode ser ligeiro e benevolente –, pois o bom, no modo de pensar escravo, precisa ser de todo modo o homem *inofensivo*: ele é bonachão, fácil de enganar, talvez um pouco bobo, *un bonhomme*. Por toda parte em que a moral de escravos chegou à preponderância, a língua mostra uma tendência a aproximar as palavras "bom" e "bobo". – Uma última distinção fundamental: o anelo por *liberdade*, o instinto para a felicidade e as sutilezas do sentimento de liberdade pertencem tão necessariamente à moral e à moralidade de escravos quanto a exaltação e a arte do respeito, da dedicação são um sintoma regular de um modo aristocrático de pensar e valorar. – A partir disso se compreende sem maiores dificuldades por que o amor *como paixão* – que é nossa especialidade europeia – simplesmente precisa ser de origem nobre: como se sabe, coube sua invenção aos poetas-cavaleiros provençais, aqueles magníficos e inventivos homens do "*gai saber*",[183] aos quais a Europa tanto deve, quase a si mesma. –

261

Dentre as coisas que um homem nobre talvez compreenda mais dificilmente, encontra-se a vaidade: ele será tentado a negá-la mesmo ali onde uma outra espécie de homem julga tocá-la com ambas as mãos. O problema, para ele, é imaginar criaturas que procuram despertar uma boa opinião que elas mesmas não possuem acerca de si – e que, portanto, também não "merecem" –, e que, contudo, *acreditam* posteriormente nessa boa opinião. Isso lhe parece, por um lado, de tanto mau gosto e de tamanho desrespeito para consigo mesmo, e por outro lado, tão barroco-absurdo, que ele gostaria de tomar a vaidade como uma exceção, e duvida de sua existência na maioria dos casos em que dela se fala. Ele dirá, por exemplo: "Posso me enganar acerca de meu valor e, por outro lado, exigir que meu valor também seja reconhecido por outros exatamente assim como eu o estimo – mas isto não é vaidade (porém presunção, ou nos casos mais frequentes, aquilo que é chamado de 'humildade', também de 'modéstia')". Ou também: "Por muitos motivos posso me alegrar com a boa opinião dos outros, talvez porque eu os respeite, ame e me alegre com cada uma de suas alegrias, talvez também porque a sua boa opinião

183. "Gaia ciência", a arte de versejar segundo a praticavam os trovadores provençais do século XI ao XIII, e que se estendeu à escola galego-portuguesa, à escola catalã e outras (*Houaiss*).

confirma e reforça a crença na minha própria boa opinião, talvez porque a boa opinião dos outros, mesmo nos casos em que eu não a partilho, seja-me útil ou prometa vir a sê-lo – mas nada disso é vaidade". Apenas forçado, especialmente com a ajuda da história, é que o homem nobre consegue imaginar que desde tempos imemoriais, em todas as camadas populares de algum modo dependentes, o homem comum apenas *era* aquilo pelo que o *tomavam*: – de modo algum habituado ele próprio a estimar valores, ele também não se atribuía nenhum outro valor além daquele que seus senhores lhe atribuíam (criar valores é o genuíno *direito dos senhores*). O fato de que, também agora, o homem comum primeiro *espera* por uma opinião a seu respeito e então se sujeita instintivamente a ela, pode ser entendido como a consequência de um formidável atavismo: mas de modo algum apenas a uma "boa" opinião, mas também a uma ruim e injusta (pense-se, por exemplo, na maior parte das autoestimações e autosubestimações que as senhoras devotas aprendem de seus confessores e, em geral, o cristão devoto aprende de sua Igreja). Agora, de fato, conforme a lenta ascensão da ordem democrática das coisas (e de sua causa, a mistura do sangue de senhores e escravos), o originalmente nobre e raro ímpeto de atribuir a si próprio, independentemente, um valor e de "pensar bem" de si mesmo é mais e mais encorajado e difundido: mas a cada momento ele possui contra si um pendor mais antigo, mais amplo e profundamente incorporado – e no fenômeno da "vaidade", esse pendor mais antigo domina o mais novo. O vaidoso alegra-se com *toda* boa opinião que ouve acerca de si (deixando completamente de lado quaisquer pontos de vista utilitários, e sem considerar, igualmente, a verdade e a falsidade), assim como sofre com toda opinião ruim: pois ele se submete a ambas, ele *sente-se* submetido a elas por aquele instinto antiquíssimo de sujeição que nele irrompe. – É "o escravo" no sangue do vaidoso, um resto da manha do escravo – e quanto de "escravo", por exemplo, ainda permanece agora na mulher! –, que procura *seduzir* os outros a ter boas opiniões acerca dele; é igualmente o escravo que depois se prostra de imediato diante dessas opiniões, como se ele não as tivesse suscitado. – E dito mais uma vez: a vaidade é um atavismo.

262

Uma *espécie* surge, um tipo se torna firme e forte, através da prolongada luta com condições *desfavoráveis* essencialmente iguais. De modo inverso, sabe-se, pelas experiências de criadores, que espécies que recebem uma alimentação superabundante e, sobretudo, um excesso de proteção e cuidado, logo tendem da maneira mais pronunciada à variação do tipo e são abundantes em portentos e monstruosidades (também em vícios monstruosos). Contemple-se agora uma comunidade aristocrática, talvez uma antiga pólis grega ou Veneza, como uma instituição, seja voluntária, seja involuntária, com fins de *cultivo*: ali há homens que coexistem e dependem de si mesmos que querem impor a sua espécie, na maioria das vezes porque eles *têm de* se impor ou correm o terrível perigo de serem exterminados. Aqui falta aquele favorecimento, aquele excesso, aquela proteção sob os quais a variação é promovida; a espécie precisa de si como espécie, como algo que precisamente graças a sua dureza, uniformidade, simplicidade da forma, pode se impor e se tornar duradouro, em constante luta com o vizinho ou com os oprimidos rebeldes, ou ameaçando rebelião. A mais variada experiência a ensina a que qualidades, principalmente, ela deve o fato de ainda existir apesar de todos os deuses e homens, o fato de sempre ter triunfado: essas qualidades ela chama de virtudes, somente essas virtudes ela cultiva. Ela o faz com dureza, ela até quer a dureza; toda moral aristocrática é intransigente na educação da juventude, nas prescrições acerca das mulheres, nos costumes matrimoniais, nas relações entre velhos e jovens, nas leis penais (que apenas têm em vista os desviantes): –

ela conta a própria intransigência entre as virtudes, sob o nome de "justiça". Um tipo com poucos traços, mas muito acentuados, uma espécie de homem rigorosa, guerreira, prudente-calada, fechada e reservada (e, como tal, da mais fina sensibilidade para os encantos e nuances da sociedade), é de tal modo fixada acima da variação das gerações; a constante luta com condições *desfavoráveis* e sempre iguais é, como foi dito, a causa de que um tipo se torne firme e duro. Finalmente, porém, surge uma situação de felicidade, a formidável tensão se atenua; talvez não haja mais inimigos entre os vizinhos, e os meios para a vida, até para o gozo da vida, encontram-se abundantemente disponíveis. De um golpe se rompe o laço e a coação da antiga disciplina: ela não se sente mais necessária, como condicionante da existência – quisesse continuar, apenas poderia fazê-lo como uma forma de *luxo*, de *gosto* arcaizante. A variação, seja como desvio (para o mais elevado, mais sutil, mais raro), seja como degeneração e monstruosidade, está subitamente em cena na sua maior abundância e esplendor, o indivíduo ousa ser indivíduo e se destacar. Nesses pontos de virada da história, apresentam-se magníficos, variados e selvagens crescimentos para o alto e aspirações de ascensão uns ao lado dos outros e, com frequência, confundidos e enredados uns nos outros, uma espécie de andamento *tropical* na competição pelo crescimento, e um formidável soçobro e autoaniquilamento, graças aos egoísmos bestialmente voltados uns contra os outros, como que explodindo, que combatem entre si "por sol e luz" e não sabem mais deduzir qualquer limite, qualquer freio, qualquer consideração da moral até então vigente. Foi essa moral mesma que acumulou a força até esse ponto extremo, que retesou o arco de maneira tão ameaçadora: – agora ela é, ela se torna, "sobrevivente"[184]. Foi alcançado o ponto perigoso e funesto em que a vida maior, mais múltipla, mais ampla, *vive além* da antiga mo-

---

184. Em alemão, *überlebt*, "ultrapassado", "antiquado" – "sobrevivente", portanto, no sentido de sobreviver ao seu tempo.

ral; eis o "indivíduo", forçado a legislações próprias, a artes e astúcias próprias de autoconservação, autoelevação, autolibertação. Apenas novos "para que", apenas novos "com que", mais nenhuma fórmula comum, o mal-entendido e o menosprezo em aliança, a decadência, a corrupção e os mais elevados apetites horrendamente enodados, o gênio da raça transbordando de todas as cornucópias de bens e males, uma fatídica simultaneidade de primavera e outono, plena de novos encantos e véus, próprios da corrupção nova, ainda não esgotada, ainda não cansada. Eis novamente presente o perigo, o pai da moral, o grande perigo, desta vez localizado no indivíduo, no próximo e no amigo, na rua, no próprio filho, no próprio coração, em tudo que há de mais próprio e de mais secreto em desejo e vontade: o que haverão de pregar os filósofos da moral que surgem nesse período? Eles descobrem, esses agudos observadores e mandriões, que o fim se aproxima célere, que tudo ao redor deles se corrompe e faz corromper, que nada perdura até depois de amanhã, excetuada uma espécie de homem, os irremediavelmente *medíocres*. Apenas os medíocres possuem perspectivas de prosseguir, de procriar – eles são os homens do futuro, os únicos sobreviventes; "sede como eles! tornai-vos medíocres!", ordena agora a única moral que ainda tem sentido, que ainda encontra ouvidos. – Mas é difícil de pregar, essa moral da mediocridade! – ela jamais deverá admitir o que é e o que quer! Ela precisa falar de medida e dignidade e dever e amor ao próximo – ela terá necessidade *de ocultar a ironia!* –

263

Há um *instinto para a categoria* que, mais do que tudo, já é sinal de uma categoria *elevada*; há um *prazer* nas nuances da reverência que deixa adivinhar origem e costumes nobres. A fineza, a qualidade e a elevação de uma alma são perigosamente colocadas à prova quando passa junto a ela algo que é de primeira categoria, mas que ainda não é protegido de garras e grosserias impertinentes pelos estremecimentos da autoridade: algo que, não distinguido, não descoberto, tateante, talvez voluntariamente velado e disfarçado, segue seu caminho como uma pedra de toque vivente. Àquele entre cujas tarefas e exercícios se encontre a investigação de almas, servirão precisamente as várias formas dessa arte para determinar o derradeiro valor de uma alma, a inamovível e inata hierarquia à qual ela pertence: ele a colocará à prova no que respeita ao seu *instinto de reverência. Différence engendre haine*[185]: a vulgaridade de muitas naturezas esguicha subitamente como água suja quando algum vaso sagrado, alguma preciosidade de escrínios fechados à chave, algum livro com os signos do grande destino passa carregado ao seu lado; e, por outro lado, há um emudecer involuntário, um hesitar do olho, um acalmar de todos os gestos que expressam que uma alma *sente* a proximidade do que é mais venerável. O modo como em geral a reverência pela *Bíblia* foi até agora conservada na Europa é talvez a melhor parte de disciplina e refinamento dos costumes que a Europa deve ao cristianismo: tais livros profundos e de suprema importância necessitam para a sua proteção de uma tirania autoritária provinda de fora a fim de ganhar aqueles milênios de *duração* que são necessários para esgotá-los e decifrá-los. Conseguiu-se muito quando finalmente se incutiu na grande multidão (os rasos e os intestinos apressados de toda espécie) aquele sentimento de que ela não deve tocar em tudo; de que há vivências sagradas diante das quais ela deve descalçar os sapatos e manter afastada a mão suja – trata-se, quase, de sua máxima elevação em humanidade. Inversamente, talvez nada seja mais repugnante nos assim chamados homens cultos, nos crentes das “ideias modernas”, do que sua falta de pudor, o atrevimento sem-cerimônia de seu olho e de sua mão, com os quais tudo tocam, lambem, apalpam; e é possível

185. “Diferença gera ódio.” Stendhal, *O vermelho e o negro*, Livro primeiro, Cap. XXVII.

que hoje entre o povo, entre o povo baixo, especialmente entre camponeses, ainda se encontre mais *relativa* nobreza de gosto e tato na reverência do que no *demi-monde*[186] do espírito que lê jornais, entre os homens cultos.

264

Não se pode apagar da alma de um homem o que seus antepassados fizeram com mais gosto e mais constância: se foram, talvez, poupadores diligentes e apetrechos de uma escrivaninha ou caixa-forte, modestos e burgueses em seus apetites; ou se viveram habituados a dar ordens da manhã até a tarde, afeiçoados a prazeres rudes e, ao mesmo tempo, talvez a deveres e responsabilidades ainda mais rudes; ou se eles, por fim, alguma vez sacrificaram antigos privilégios de nascimento e de propriedade para viver inteiramente segundo sua fé – seu "deus" –, na condição de homens de uma consciência implacável e delicada que se ruboriza diante de todo arranjo. Não é absolutamente possível que um homem *não* tenha em seu corpo as qualidades e predileções de seus pais e ancestrais: não importando o que as aparências digam em contrário. Este é o problema da raça. Supondo que se conheça algo dos pais, então é permitida uma conclusão acerca do filho: qualquer descomedimento repugnante, qualquer inveja mesquinha, qualquer mania grosseira de sempre dar-se razão – conforme essas três coisas juntas, em todas as épocas, sempre constituíram o autêntico tipo plebeu – devem passar ao filho tão seguramente quanto sangue corrompido; e com a ajuda da melhor educação e formação apenas se conseguirá *enganar* acerca de semelhante herança. – E que outra coisa querem hoje a educação e a formação! Em nossa época demasiado popular, quer dizer, plebeia, a "educação" e a "formação" *precisam* ser, essencialmente, arte de enganar – de enganar

---

186. Nietzsche emprega *Halbwelt*, ("meio mundo"), termo tomado justamente do francês, e que indica uma sociedade elegante mas de reputação duvidosa.

acerca da origem, da plebe herdada no corpo e na alma. Um educador que hoje pregasse sobretudo a veracidade e gritasse constantemente a seus pupilos: "Sede verazes! Sede naturais! Mostrai-vos como sois!" – mesmo semelhante asno virtuoso e cândido aprenderia, passado algum tempo, a pegar aquela *furca* de Horácio para *naturam expellere*: com que resultado? A "plebe" *usque recurret*[187]. –

265

Com o risco de desagradar a ouvidos inocentes, afirmo: o egoísmo pertence à essência da alma nobre, quero dizer, aquela inamovível crença de que a uma criatura como "nós somos", outras criaturas devem ser submissas por natureza e a ela tenham de se sacrificar. A alma nobre aceita o fato de seu egoísmo sem qualquer ponto de interrogação, isenta também dos sentimentos de dureza, coação e arbitrariedade, antes como algo que estaria fundado na lei primordial das coisas; – se ela buscasse um nome para isso, diria que "é a própria justiça". Sob determinadas circunstâncias, que de início a fazem hesitar, ela admite a si mesma que existem almas com direitos iguais aos seus; tão logo esteja com essa questão de categoria tirada a limpo, ela se move entre esses iguais e possuidores de direitos iguais aos seus com a mesma segurança no pudor e delicada reverência que ela possui no trato consigo mesma – segundo uma inata mecânica celeste, da qual entendem todos os astros. É uma porção *mais* de seu egoísmo, essa fineza e autorestrição no trato com seus iguais – cada astro é um tal egoísta –: ela honra a *si mesma* neles e nos direitos que a eles cede, ela não duvida de que a permuta de honras e direitos, como *essência* de todo trato, pertença igualmente ao estado natural das coisas. A alma nobre concede da mesma maneira que toma, a partir do passional e sensível instinto de retribuição que se encontra em sua base. O conceito de "graça"

187. Horácio, *Epístolas* I, 10, 24: *Naturam expelles furca, tamen usque recurret* ("mesmo que expulses a natureza com um forcado, ela voltará sempre").

não possui qualquer sentido e fragrância *inter pares*[188]; pode haver um modo sublime de, por assim dizer, resignar-se a presentes vindos de cima e sorvê-los até o fim sedentamente como se fossem gotas: mas para essa arte e gestual, a alma nobre não possui qualquer habilidade. Seu egoísmo é aqui um obstáculo: não lhe agrada absolutamente olhar "para cima" – mas, ou à sua *frente*, horizontal e lentamente, ou para baixo: – *ela se sabe no alto*. –

266

"Pode-se estimar verdadeiramente apenas aquele que não *busca* a si mesmo."[189] – Goethe ao conselheiro Schlosser.

267

Há um ditado entre os chineses que as mães ensinam já aos seus filhos: *siao-sin*, "faz *pequeno* o teu coração!". Este é o genuíno pendor fundamental das civilizações tardias: não duvido que o autoapequenamento fosse a primeira coisa que um grego antigo percebesse também em nós, europeus de hoje – só isso já bastaria para que lhe "repugnássemos ao gosto". –

268

O que é afinal a vulgaridade?[190] – Palavras são sinais sonoros para conceitos; conceitos, porém, são sinais imagéticos mais ou menos determinados para sensações que retornam com frequência e em associação, para grupos de

---

188. "Entre iguais."

189. Em alemão: "*Wahrhaft hochachten kann man nur, wer sich nicht selbst* sucht". Nietzsche faz aqui um jogo entre *selbst sucht*, "busca a si mesmo", e o substantivo *Selbstsucht*, "egoísmo", formado por *selbst*, "si mesmo", e *sucht*, sufixo que denota patologia, adição ou conduta moralmente reprovável, como em *Fallsucht* (epilepsia), *Trunksucht* (alcoolismo) e *Geldsucht* (avareza).

190. Em alemão, *Gemeinheit*. Quanto ao adjetivo *gemein* (vulgar, comum), não foi possível vertê-lo sempre por "vulgar", de modo que em uma expressão como "experiência em *comum*", por exemplo, não se deve perder de vista o subtom desdenhoso e pejorativo: seria uma experiência ordinária, vulgar, baixa.

sensações. Para o entendimento mútuo não é ainda suficiente que se empreguem as mesmas palavras: é preciso empregar as mesmas palavras também para a mesma espécie de vivências interiores, é preciso, enfim, que a sua experiência seja *comum* à de outros. É por isso que homens de um povo se entendem melhor entre si do que membros de povos diferentes, mesmo quando se servem da mesma língua; ou antes, quando homens viveram juntos por longo tempo sob condições semelhantes (de clima, de solo, de perigo, de carências, de trabalho), então *surge* disso algo que "se entende", um povo. Em todas as almas, um mesmo número de vivências que retornam com frequência alcançou a preponderância sobre outras mais raras: graças a elas é que as pessoas se entendem, rápida e sempre mais rapidamente – a história da linguagem é a história de um processo de abreviação –; graças a esse rápido entendimento é que as pessoas se unem de modo mais estreito e sempre mais estreito. Quanto maior a periculosidade, tanto maior é a necessidade de entrar em acordo rápida e facilmente acerca daquilo que é preciso fazer; não se entender mal no perigo, eis do que os homens simplesmente não podem prescindir para se relacionar. Mesmo em cada amizade ou namoro se faz essa prova: nada do gênero perdura logo que se descubra que um dos dois, empregando as mesmas palavras, sente, pensa, pressente, deseja, teme de maneira diferente do outro. (O temor ao "eterno mal-entendido": eis o gênio benevolente que com tanta frequência impede os sexos de estabelecer ligações precipitadas às quais os sentidos e o coração aconselham – e *não* algum "gênio da espécie" schopenhauriano – !) Quais os grupos de sensações que no interior de uma alma mais rapidamente despertam, tomam a palavra, dão as ordens, é isso que decide sobre a completa hierarquia de seus valores, é isso que determina afinal a sua tábua de bens. As valorações de um homem revelam algo da *estrutura* de sua alma e daquilo em que ela vê suas condições vitais, sua genuína necessidade. Supondo, pois, que desde sempre a necessidade aproximou apenas aqueles homens que puderam, com signos semelhantes, indicar carências semelhantes, vivências semelhantes, resulta de modo geral que a fácil *comunicabilidade* da necessidade, ou seja, bem no fundo, o vivenciar tão somente vivências medíocres e *comuns*, deve ter sido, dentre todas as forças que até agora dispuseram do homem, a mais forte. Os homens mais semelhantes, mais ordinários, estiveram e sempre estão em vantagem, e os mais seletos, mais sutis, mais raros, mais difíceis de compreender ficam facilmente sozinhos, entregues, em seu isolamento, às desgraças, e raramente se reproduzem. É preciso invocar formidáveis forças contrárias para fazer frente a esse natural, demasiado natural *progressus in simile*,[191] à transformação progressiva do homem no semelhante, costumeiro, medíocre, gregário – no *vulgar!*

269

Quanto mais um psicólogo – um nato, um inevitável psicólogo e adivinhador de almas – se voltar para os casos e homens mais seletos, tanto maior será o perigo de sufocar de compaixão: ele *precisa* de dureza e jovialidade mais que qualquer outro homem. Pois a corrupção, o soçobro dos homens superiores, das almas mais singularmente constituídas, é a regra: é terrível ter sempre diante dos olhos semelhante regra. As variadas torturas do psicólogo que descobriu esse soçobro, que pela primeira vez e então *quase* sempre voltou a descobrir, atravessando toda a história, essa completa "irremediabilidade" inerente ao homem elevado, esse eterno "Tarde demais!" em todos os sentidos – isso talvez possa algum dia se tornar a causa de que ele se volte com amargura contra seu próprio destino e faça uma tentativa de autodestruição – que ele próprio "se corrompa". Em quase todo psicólogo será possível perceber uma inclinação e um gosto reveladores para o trato com homens triviais e bem organizados: nisto se revela que ele

191. "Progresso no assemelhamento."

sempre necessita de uma cura, que ele precisa de uma espécie de fuga e esquecimento, longe do peso que lhe puseram na consciência a sua visão e suas incisões, o seu "ofício". O medo de sua memória é próprio dele. Diante do juízo alheio, ele facilmente emudece: com o rosto impassível, ele escuta como se venera, admira, ama, transfigura lá onde ele *viu* – ou inclusive oculta seu mutismo ao concordar expressamente com alguma opinião de fachada. O paradoxo de sua situação talvez avance tão longe em horror, que a multidão, os homens cultos, os entusiastas, precisamente ali onde ele aprendeu a grande compaixão ao lado do grande desprezo, aprendam de sua parte a grande veneração – a veneração pelos "grandes homens" e animais-prodígio, em razão dos quais se abençoa e se honra a pátria, a Terra, a dignidade do homem, a si mesmo, para os quais se chama a atenção da juventude, que a ela servem de modelo... E quem sabe se até agora, em todos os grandes casos, não ocorreu a mesma coisa: que a multidão adorou um deus – e que o "deus" era apenas um pobre animal de sacrifício! O êxito sempre foi o maior dos mentirosos – e a própria "obra" é um êxito; o grande estadista, o conquistador, o descobridor está disfarçado em suas criações até a irreconhecibilidade; a "obra", a do artista, do filósofo, apenas inventa aquele que a criou, que a teria criado; os "grandes homens", tal como são venerados, são pequenas e péssimas invenções posteriores; no mundo dos valores históricos, *domina* a cunhagem de moeda falsa. Esses grandes escritores, esses Byron, Musset, Poe, Leopardi, Kleist, Gogol, por exemplo – não ouso mencionar nomes muito maiores, mas penso neles[192] –, tal como eles são, talvez tenham de ser: homens do momento, entusiasmados, sensuais, criançolas, repentinos e levianos na desconfiança e na confiança; com almas nas quais usualmente alguma ruptura precisa ser ocultada; com frequên-

192. Essa frase não aparece na edição de Colli e Montinari, na qual é remetida para as notas por ser um acréscimo posterior constante apenas no exemplar pessoal do autor. Logo adiante, *gloria*: em latim no texto alemão.

cia vingando-se com suas obras de alguma nódoa interior, com frequência buscando esquecimento em seus voos de uma memória demasiado fiel, com frequência extraviados no lodo e por ele quase apaixonados, até se tornarem iguais aos fogos-fátuos em torno dos pântanos e *passarem* por estrelas – o povo decerto os chama então de idealistas –, com frequência lutando com um asco prolongado, com um fantasma recorrente de descrença que enregela e os coage a suspirar pela *gloria* e comer a "fé em si" das mãos de aduladores arrebatados – que *tortura* são esses grandes artistas e sobretudo os homens superiores para aquele que alguma vez os adivinhou! É assim compreensível que *eles* experimentem justamente da parte da mulher – que é clarividente no mundo do sofrimento e, infelizmente, também é sequiosa de ajudar e salvar muito além de suas forças –, com tanta facilidade, esses transportes de ilimitada e da mais dedicada *compaixão*, os quais a turba, sobretudo a turba veneradora, não compreende e cumula de interpretações curiosas e presumidas. Em regra, essa compaixão se engana acerca de sua força; a mulher gostaria de acreditar que o amor *tudo* pode – é a sua autêntica *fé*. Ah, o conhecedor do coração adivinha quão pobre, bobo, desamparado, pretensioso, equivocado, antes destruidor que salvador também pode ser o melhor e mais profundo amor! – É possível que sob a sagrada fábula e disfarce da vida de Jesus se encontre escondido um dos mais dolorosos casos de martírio do *conhecimento acerca do amor*: o martírio do mais inocente e mais ávido dos corações, para o qual nenhum amor humano era o bastante, que *exigia* o amor, ser amado e nada exceto isso com dureza, com loucura, com terríveis transportes contra aqueles que lhe negavam amor; a história de um pobre insaciado e insaciável no amor, que teve de inventar o inferno a fim de mandar para lá aqueles que não o *quiseram* amar – o qual, por fim, tendo adquirido conhecimento sobre o amor humano, teve de inventar um deus todo amor, todo *poder*-amar – que se apieda do amor humano por ser tão mesquinho, tão ignorante! Quem assim sente, quem de tal modo *conhece* o amor – *busca* a morte. – Mas por que se entregar a essas coisas dolorosas? Supondo que não seja preciso fazê-lo. –

270

A altivez e o asco espirituais de todo homem que sofreu profundamente – determina quase a hierarquia *quão* profundamente homens podem sofrer –, sua arrepiante certeza, que o impregna e tinge por inteiro, de, graças a seu sofrimento, *saber mais* que os mais prudentes e mais sábios podem saber, de ser conhecido e alguma vez ter estado "em casa" em muitos mundos horrendos e distantes dos quais "*vós* nada sabeis!" [.....] essa calada altivez espiritual do sofredor, esse orgulho do escolhido pelo conhecimento, do "iniciado", do quase sacrificado, acham necessárias todas as formas de disfarce para se proteger do contato de mãos impertinentes e compassivas, e sobretudo, de todo aquele que não é seu igual no sofrimento. O sofrimento profundo enobrece; ele separa. Uma das mais sutis formas de disfarce é o epicurismo, bem como uma certa valentia do gosto ostentada doravante, que não leva a sério o sofrimento e se defende contra tudo que é triste e profundo. Há "homens joviais" que se servem da jovialidade pois graças a ela são mal-entendidos: – eles *querem* ser mal-entendidos. Há "homens científicos" que se servem da ciência pois ela confere um aspecto mais jovial, e porque a cientificidade leva à conclusão de que o homem é superficial – eles *querem* seduzir a uma falsa conclusão. Há espíritos livres e atrevidos que gostariam de ocultar e negar que são corações quebrados, orgulhosos, incuráveis (o cinismo de Hamlet – o caso Galiani)[193]; e às vezes a própria loucura é a máscara para um saber infausto, demasiado seguro. – Donde resulta que pertence ao mais sutil humanitarismo ter reverência "diante

193. Segundo Colli e Montinari, este é outro trecho que consta apenas do exemplar pessoal do autor.

da máscara" e não praticar a psicologia e a curiosidade no lugar errado.

271

O que mais profundamente separa dois homens são o sentido e o grau distinto de asseio. De que adiantam toda honradez e utilidade recíproca, de que adianta toda boa vontade mútua: afinal, não se vai além do – eles "não suportam o cheiro um do outro!" O supremo instinto do asseio coloca seu possuidor no mais espantoso e mais perigoso isolamento, como a um santo: pois justamente isso é santidade – a suprema espiritualização do mencionado instinto. Alguma ideia acerca de uma indescritível plenitude na felicidade do banho, algum anseio e sede que constantemente impulsiona a alma a sair da noite para a manhã, da turvação, da "mente turvada"[194] para a claridade, o brilhante, o profundo, o sutil –: tanto quanto uma semelhante inclinação *distingue* – é uma inclinação nobre –, também *separa*. – A compaixão do santo é a compaixão para com a *imundície* do que é humano, demasiado humano. E existem graus e alturas em que a própria compaixão é por ele sentida como desasseio, como imundície.....

272

Sinais de nobreza: jamais pensar em degradar nossos deveres a deveres de todo mundo; não querer ceder, não querer partilhar a própria responsabilidade; contar seus privilégios e seu exercício entre seus *deveres*.

273

Um homem que aspira ao que é grande considera todo aquele que encontra em seu caminho ou como meio ou como atraso e obstáculo – ou como um temporário leito

194. Em alemão: *aus dem Trüben, der "Trübsal"*. *Trübsal*, cognato de *trüb* (turvo, opaco, nublado), pode ser traduzido mais propriamente por tristeza, melancolia, aflição, tribulação.

de repouso. Sua peculiar e superiormente constituída *bondade* para com o próximo só é possível quando ele está em sua altura e domina. A impaciência e sua consciência de, até chegar lá, estar sempre condenado à comédia – pois mesmo a guerra é uma comédia e oculta do mesmo modo que todo meio oculta o fim – arruínam-lhe todas as relações: essa espécie de homem conhece a solidão e o que de mais venenoso ela possui.

274

O problema dos que esperam. – São necessários golpes de sorte e muito de imponderável para que um homem superior, no qual dorme a solução de um problema, ainda chegue a agir no momento oportuno – "a irromper", como se poderia dizer. Na média, isso *não* acontece, e em todos os cantos da Terra há homens que esperam, e que dificilmente sabem em que medida esperam, mas muito menos que esperam em vão. Muitas vezes, também chega muito tarde o chamado de despertar, aquele acaso que concede a "permissão" para agir – no momento em que a melhor juventude e energia para agir já foram gastas de tanto ficar sentado em imobilidade; e quantos não há que encontraram com horror, justamente ao se "levantar num pulo", dormentes os seus membros e já muito pesado o seu espírito! "É tarde demais" – dizem consigo, tendo se tornado descrentes acerca de si e daí por diante para sempre inúteis. – Não deveria, no reino do gênio, ser o "Rafael sem mãos"[195], entendida a expressão no mais vasto sentido, talvez não a exceção, mas a regra? – O gênio talvez não seja assim tão raro: mas o são as quinhentas *mãos* de que precisa para – tiranizar o καιρός, "o momento oportuno", para agarrar o acaso pelos cabelos!

---

195. Alusão a uma fala do pintor Conti em diálogo com Hettore Gonzaga, Príncipe de Guastalla (Lessing, *Emília Galotti*, I, 4): "Ou pensas, Príncipe, que Rafael não teria sido o maior dos gênios da pintura se, por uma desgraça, tivesse nascido sem mãos?" Para Conti, a habilidade do pintor residiria não apenas no manejo do pincel, mas sobretudo no olhar acurado – uma tortuosa justificativa para suas limitações...

275

Quem não *quer* ver o que há de elevado num homem olha tão mais perspicazmente para aquilo que nele é baixo e fachada – e com isso se delata.

276

No que se refere a toda espécie de ferida e perda, a alma mais baixa e mais grosseira se acha em melhor situação do que a mais nobre: os perigos desta têm de ser maiores, a possibilidade de que seja vitimada por um desastre e sucumba, dada a complexidade de suas condições vitais, é mesmo tremenda. – A uma lagartixa, volta a crescer o dedo que perdeu: não é assim no caso do homem. –

277

– Já é ruim o bastante! Outra vez a velha história! Quando alguém termina de construir sua casa, percebe que, ao fazê-lo, inesperadamente aprendeu algo que simplesmente *teria* de saber antes que a construção fosse – iniciada. O eterno e triste "Tarde demais!" – A melancolia de tudo que *está pronto*!...

278

– Andarilho, quem és tu? Vejo-te seguindo o teu caminho, sem escárnio, sem amor, com olhos inescrutáveis; úmido e triste como uma sonda que insaciada volta novamente à luz saída de toda profundidade – o que procurava lá embaixo? –, com um peito que não suspira, com um lábio que oculta seu asco, com uma mão que segura apenas lentamente: quem és tu? Que fizeste? Descansa aqui: este lugar é hospitaleiro para todo mundo – descansa! E quem quer que sejas: que te agradaria agora? Que te serviria de alívio? Apenas diz: o que eu tenho, te ofereço! – "De alívio? De alívio? Ah, seu curioso, que falas aí! Mas dá-me, peço – –" O quê? O quê? Fala duma vez! – "Uma máscara mais! Uma segunda máscara!"....

279

Os homens de profunda tristeza se delatam quando são felizes: eles têm uma maneira de agarrar a felicidade como se fossem esmagá-la e sufocá-la, de ciúme – ah, eles muito bem sabem que ela lhes escapa correndo!

280

"Terrível! Terrível! O quê? Ele não está – recuando?" – Sim! Mas o entendeis mal, se vos queixais a respeito disso. Ele recua assim como todo aquele que quer dar um grande salto. – –

281

"Alguém acreditará em mim? Mas peço que acreditem: eu sempre pensei mal em mim, sobre mim, apenas em casos bem raros, apenas forçado, sempre sem gosto 'pela coisa', pronto a me desviar de 'mim', sempre sem fé no resultado, graças a uma desconfiança invencível quanto à *possibilidade* do autoconhecimento, que me levou ao ponto de notar, mesmo no conceito de 'conhecimento imediato', que os teóricos se permitem, uma *contradictio in adjecto*[196] – todos esses fatos são quase o que de mais seguro sei a meu respeito. Deve haver em mim uma espécie de relutância a *acreditar* em algo determinado a meu respeito. – Talvez haja nisso um enigma? É possível; mas, felizmente, nenhum para os meus próprios dentes. – Talvez isso delate a *species* à qual pertenço? – Mas não para mim: o que me vem mesmo bem a calhar. –"

282

"Mas o que te aconteceu?" – "Eu não sei", disse ele hesitante; "talvez as harpias[197] tenham voado sobre a minha

196. "Contradição nos termos."

197. Criaturas mitológicas com corpo de ave de rapina e cabeça de mulher, com fama de sujas e malcheirosas (segundo informa o tradutor espanhol A.S. Pascual).

mesa." – Acontece hoje, por vezes, que um homem benévolo, comedido, reservado, subitamente se enfureça, quebre os pratos, vire a mesa, grite, vocifere, ofenda todo mundo – e por fim se afaste, envergonhado, furioso consigo – para onde? Para quê? Para, à parte, morrer de fome? Para sufocar em suas lembranças? – Quem possua os apetites de uma alma elevada, exigente, e apenas raramente encontre sua mesa posta, sua comida pronta, corre sempre um grande perigo: mas hoje ele é extraordinário. Lançado numa época barulhenta e plebeia, com a qual não consegue comer na mesma gamela, ele pode facilmente sucumbir de fome e sede, ou, caso finalmente, contudo, "se sirva" – de um nojo súbito. – Todos provavelmente já nos sentamos a mesas às quais não pertencíamos; e precisamente os mais espirituais de nós, que são os mais difíceis de alimentar, conhecem aquela perigosa *dyspepsia* que surge de uma súbita compreensão e desilusão acerca de nossa comida e vizinhança de mesa – o *nojo à sobremesa.*

283

Supondo que se queira mesmo louvar, é um autodomínio sutil e ao mesmo tempo nobre louvar apenas ali onde *não* se está de acordo – em caso diverso, uma pessoa louvaria a mesma, o que ofende o bom gosto – um autodomínio, todavia, que fornece um gracioso ensejo e estímulo para que se seja constantemente *mal-entendido.* Para poder se permitir esse verdadeiro luxo de gosto e moralidade, é preciso não viver entre palermas do espírito, antes entre homens para os quais mesmo mal-entendidos e equívocos entretenham pela sua sutileza – ou se terá de pagar caro por isso! – "Ele me louva: *logo*, me dá razão" – essa asneira de conclusão nos arruína a metade da nossa vida de eremitas, pois introduz os asnos em nossa vizinhança e em nosso círculo de amigos.

284

Viver com uma serenidade formidável e orgulhosa; sempre além –. Ter e não ter voluntariamente seus afetos, seu pró e contra, condescender com eles por horas a fio; *montá-los* como cavalos, frequentemente como asnos – pois é preciso saber se aproveitar de sua tolice tão bem quanto de seu fogo. Conservar suas trezentas fachadas; também os óculos escuros: pois há casos em que ninguém deve ver nossos olhos, muito menos nosso "fundo"[198]. E escolher para sua companhia aquele vício gaiato e jovial, a cortesia. E permanecer senhor de suas quatro virtudes, a coragem, a inteligência, a simpatia, a solidão. Pois a solidão é uma virtude em nós, como um sublime pendor e ímpeto de asseio que adivinha o quanto no contato entre as pessoas – "em sociedade" – as coisas têm de transcorrer inevitavelmente pouco asseadas. Toda comunidade torna, de algum modo, em algum lugar, alguma vez – "comum".

285

Os maiores acontecimentos e pensamentos – mas os maiores pensamentos são os maiores acontecimentos – são os que mais tardiamente são compreendidos: as gerações que lhes são contemporâneas não *vivenciam* tais acontecimentos – vivem ao largo deles. Ocorre aí algo semelhante ao que sucede no reino dos astros. A luz dos astros mais distantes chega mais tardiamente ao homem; e antes que tenha chegado, o homem *nega* que lá – existam astros. "De quantos séculos precisa um espírito para ser compreendido?" – isso também é um metro, com isso se cria também uma hierarquia e uma etiqueta tal como delas se carece: para o espírito e para o astro. –

---

198. "Fundo": o termo alemão é *Gründe*, "razões", "motivos", mas no singular também significa "fundo", "base", "fundamento". Nietzsche usa o termo no plural (e entre aspas) não só para incluir também a primeira acepção, mas para ressaltar a oposição a "fachadas", *Vordergründe*, que ocorre um pouco antes. No final da seção, as aspas ressaltam a dupla acepção do termo *gemein*, que também pode significar "vulgar" (veja-se nota à seção 268).

286

"Aqui a vista é livre, o espírito, elevado."[199] – Mas há uma espécie contrária de homem, que também está no alto e também tem a vista livre – mas olha *para baixo*.

287

– O que é nobre? O que significa hoje para nós, ainda, a palavra "nobre"? Em que se revela, em que se reconhece, sob esse céu pesado e encoberto do incipiente domínio plebeu, que tudo deixa opaco e plúmbeo, o homem nobre? – Não são as ações que o apontam – ações são sempre equívocas, sempre insondáveis –; também não são as "obras". Entre artistas e doutos encontramos hoje em número suficiente aqueles que revelam através de suas obras o quanto um profundo desejo pelo nobre os impele: mas precisamente essa necessidade que anseia *pelo* nobre é distinta de modo radical das necessidades da própria alma nobre e, decididamente, o eloquente e perigoso sinal de sua falta. Não são as obras, é a *fé* que decide aqui, que determina aqui a hierarquia, para retomar uma velha fórmula religiosa em um novo e mais profundo sentido: alguma certeza fundamental que uma alma nobre tem acerca de si mesma, algo que não se pode procurar, nem encontrar e talvez também não se possa perder. – *A alma nobre tem reverência por si mesma.* –

288

Há homens que possuem espírito de uma maneira inevitável, virem e voltem-se como quiserem, e coloquem as mãos diante dos olhos delatores (– como se a mão não fosse um delator! –): finalmente sempre se descobre que possuem algo a esconder, ou seja, espírito. Um dos meios mais sutis para enganar ao menos durante o maior tempo possível e, com êxito, parecer mais tolo do que se é – o que na vida ordinária é com frequência tão desejável quanto um guarda-chuva –, chama-se *entusiasmo*: acrescido daquilo

---

199. Goethe, *Fausto*, Segunda parte, Quinto ato, versos 11.989-90.

que lhe cabe, por exemplo, virtude. Pois, como diz Galiani, que o devia saber –: *vertu est enthousiasme*[200].

289

Nos escritos de um eremita sempre se escuta algo do eco do deserto, algo das vozes sussurradas e do receoso olhar em volta, próprio da solidão; em suas palavras mais enérgicas, mesmo em seu grito, ainda ressoa uma nova e mais perigosa espécie de silenciar, de calar. Quem, entra ano, sai ano, permaneceu dia e noite sentado com sua alma em familiares dissensões e diálogos, quem, em sua caverna – ela pode ser um labirinto, mas também uma mina de ouro – se tornou um urso das cavernas ou um escavador de tesouros ou um guardião de tesouros e um dragão: seus próprios conceitos, por fim, adquirem uma peculiar cor de penumbra, um odor tanto de profundeza quanto de mofo, algo incomunicável e repugnante, que bafeja friamente a todo passante. O eremita não acredita que alguma vez um filósofo – supondo que um filósofo sempre foi em primeiro lugar um eremita – tenha exprimido em livros as suas autênticas e derradeiras opiniões: não se escrevem livros precisamente para ocultar aquilo que se traz dentro de si?[201] –, sim, ele duvidará que um filósofo *possa* mesmo ter "derradeiras e autênticas" opiniões, que por detrás de cada uma das suas cavernas não haja, não tenha de haver, uma caverna ainda mais profunda – um mundo mais amplo, mais estranho, mais rico que à superfície, um abismo por detrás de todo fundamento, sob toda "fundamentação". Toda filosofia é uma filosofia de fachada – eis um juízo de eremita: "Há algo de arbitrário no fato de que *ele* se deteve aqui, olhou para trás, olhou em torno, de que *aqui* ele não cavou mais

200. "Virtude é entusiasmo." *Cartas a Madame d'Epinay*, 2, 276.

201. No texto alemão há um jogo entre os verbos *verbergen* (ocultar) e *bergen* (encerrar, conter). Mais adiante: abismo, *Abgrund*; fundamento, *Grund* (também "solo" e "razão", no sentido de "motivo"); fundamentação, *Begründung*; fachada, *Vordergrund*.

fundo e deixou a pá de lado – também há algo de suspeito nisso". Toda filosofia *oculta* também uma filosofia; toda opinião é também um esconderijo, toda palavra também uma máscara.

290

Todo pensador profundo teme mais a compreensão do que a incompreensão. Com esta última talvez sofra a sua vaidade; mas com a primeira sofre o seu coração, sua simpatia, que sempre diz: "Ah, por que também quereis *vós* carregar um fardo tão pesado quanto aquele que eu carrego?"

291

O homem, um animal complexo, mendaz, artificioso e opaco, inquietante para os outros animais menos por sua força que por sua astúcia e esperteza, inventou a boa consciência para finalmente fruir sua alma como algo *simples*; e toda a moral é uma resoluta e prolongada falsificação graças à qual se torna possível, sobretudo, uma fruição na contemplação da alma. Sob este ponto de vista, talvez caiba muito mais no conceito de "arte" do que comumente se acredita.

292

Um filósofo: eis um homem que constantemente vivencia, enxerga, escuta, suspeita, espera, sonha coisas extraordinárias; que é atingido pelos seus próprios pensamentos, a *sua* espécie de acontecimentos e raios, como que de fora, como que de cima e de baixo; que é ele próprio talvez um temporal a andar prenhe de novos raios; um homem fatídico, em torno do qual as coisas sempre se sucedem de modo inquietante, trovejando, estrondeando, se fendendo. Um filósofo: ah, um ser que com frequência foge de si, com frequência teme a si – mas que é por demais curioso para não "voltar a si" sempre outra vez...

293

Um homem que diz: "Isso me agrada, disso me aproprio e quero protegê-lo e defendê-lo contra todo mundo"; um homem que pode levar uma coisa adiante, cumprir uma resolução, ser fiel a um pensamento, conservar uma mulher, punir e abater um atrevido; um homem que possui sua ira e sua espada, e do qual os fracos, sofredores, aflitos, também os animais, se aproximam com agrado e lhe pertencem por natureza, em suma, um homem que é por natureza *senhor* – quando semelhante homem tem compaixão, bem!, *esta* compaixão tem valor! Mas que importa a compaixão daqueles que sofrem! Ou daqueles que até pregam a compaixão! Há hoje por quase toda parte, na Europa, uma mórbida sensibilidade e suscetibilidade à dor, ao mesmo tempo uma repugnante intemperança na queixa, um amolecimento que busca passar por algo superior adornando-se com religião e quinquilharias filosóficas – há um verdadeiro culto do sofrimento. A *invirilidade* daquilo que em tais círculos de fanáticos é batizado de "compaixão" salta aos olhos, segundo me parece, sempre em primeiro lugar. – Essa novíssima espécie de mau gosto precisa ser banida enérgica e radicalmente; e desejo, por fim, que contra ela se coloque em torno do coração e do pescoço o bom amuleto do "*gai saber*" – da "gaia ciência", para esclarecê-lo aos alemães.

294

O vício olímpico. – A despeito daquele filósofo que, como autêntico inglês, procurou difamar o riso entre todas as cabeças pensantes – "o riso é um grave defeito da natureza humana que toda cabeça pensante procurará superar" (Hobbes) –, eu até me permitiria uma hierarquia dos filósofos segundo a categoria de seu riso – chegando até aqueles que são capazes da *áurea* gargalhada. E supondo que também os deuses filosofem, ao que já fui forçado por várias conclusões – então não duvido de que eles também saibam rir de uma maneira nova e sobre-humana – e às custas de todas as coisas sérias! Os deuses são galhofeiros: parece que mesmo durante as práticas religiosas não podem deixar de rir.

295

O gênio do coração, assim como o possui aquele grande dissimulado, o deus-tentador [202] e nato pega-ratos da consciência, cuja voz sabe descer até o submundo de toda alma, que não diz uma palavra, não lança um olhar em que não se encontre uma consideração e um vinco de sedução, a cuja mestria pertence que ele entenda de aparentar – e não aquilo que ele é, mas aquilo que para os que o seguem constitui uma coerção a *mais* para se aglomerar sempre mais próximo em torno dele, para segui-lo sempre mais profunda e radicalmente – o gênio do coração, que a tudo o que é ruidoso e presumido faz emudecer e ensina a escutar, que alisa as almas ásperas e lhes dá de saborear um novo anseio – permanecer quietamente estendidas como um espelho para que o céu profundo nelas se reflita –; o gênio do coração, que ensina a mão apalermada e demasiado apressada a hesitar e a segurar mais graciosamente; que adivinha o tesouro escondido e esquecido, a gota de bondade e a doce espiritualidade sob o opaco e espesso gelo, e que é uma varinha mágica para todo grão de ouro que por longo tempo jazeu soterrado no cárcere de profusa areia e lama; o gênio do coração, de cujo contato cada um segue adiante mais rico, não agraciado e surpreendido, não como que beneficiado e oprimido por bondade alheia, porém mais rico de si próprio, mais jovem do que antes, desabrochado, bafejado e sondado por um vento tépido, talvez mais incerto, mais delicado, mais frágil, mais alquebrado, porém cheio de esperanças que ainda não têm nome, cheio de uma nova

202. Em alemão, *Versucher-Gott*, que também pode significar "deus dos tentadores" ou dos "experimentadores". Acerca da expressão "pega-ratos", veja-se a seção 205.

vontade e fluir, cheio de uma nova má vontade e refluir... mas o que faço, meus amigos? De quem vos falo? Foi tão longe meu esquecimento que nem sequer vos mencionei seu nome? A não ser que já tenhais adivinhado por conta própria quem é esse questionável espírito e deus, que de tal maneira quer ser *louvado*. Como ocorre a todo aquele que desde criança sempre esteve a caminho e no estrangeiro, assim também me ocorreu encontrar alguns estranhos e nada inofensivos espíritos, mas sobretudo aquele do qual acabo de falar, e repetidas vezes o encontrei, ninguém menos que o deus *Dioniso*, aquele grande ambíguo e deus tentador ao qual certa vez, segundo sabeis, em meio a todo segredo e reverência, ofereci minhas primícias – na condição de último, segundo me parece, a lhe oferecer um *sacrifício*: pois não encontrei ninguém que tivesse compreendido o que fiz então. Nesse meio tempo acrescentei muito, muitíssimo, ao meu aprendizado acerca da filosofia desse deus, e, como já disse, de boca a boca – eu, o último discípulo e iniciado do deus Dioniso: e quem sabe eu finalmente devesse, meus amigos, dar-vos de provar um pouco, até onde me seja permitido, dessa filosofia? A meia-voz, como cabe: pois aqui se trata de muita coisa misteriosa, nova, estranha, singular, inquietante. Apenas o fato de que Dioniso seja um filósofo, e de que, portanto, também os deuses filosofem, parece-me uma novidade nada inofensiva e que talvez desperte desconfiança precisamente entre filósofos – entre vós, meus amigos, ela já tem menos contra si, a não ser que ela chegue muito tarde e fora do momento oportuno: pois, segundo me foi dito, hoje acreditais de má vontade em deus e deuses. Além disso, talvez eu deva ir mais longe na franqueza de minha narrativa do que sempre agrada aos hábitos severos de vossos ouvidos? Certamente o referido deus foi mais longe, muito mais longe, em diálogos semelhantes, e sempre estava muitos passos à frente de mim... Sim, eu lhe atribuiria segundo o uso dos homens, caso fosse permitido, belos e solenes nomes de pompa e virtude, teria de fazer muitos elogios à sua coragem de investigador e descobridor, a sua ousada retidão, veracidade e amor à sabedoria. Mas com todos esses veneráveis trastes e pompas um semelhante deus não sabe o que fazer. "Guarda isso", diria ele, "para ti e teus iguais e para quem quer que o precise! Eu – não tenho nenhum motivo para ocultar a minha nudez!" – Adivinha-se: a essa espécie de divindade e filósofo talvez falte pudor? – Assim disse ele certa vez: "Às vezes amo o homem" – e com isso se referia à Ariadne, que estava presente –: "O homem é para mim um animal agradável, valente, inventivo, que não tem igual sobre a Terra, em todos os labirintos ele ainda encontra a saída. Sou bondoso para com ele: medito frequentemente em como levá-lo adiante e em como torná-lo mais forte, mais malvado e mais profundo do que é." – "Mais forte, mais malvado e mais profundo?", perguntei apavorado. "Sim", disse ele mais uma vez, "mais forte, mais malvado e mais profundo; também mais belo" – e depois o deus-tentador sorriu o seu sorriso alciônico, como se tivesse acabado de dizer uma graça encantadora. Vê-se aqui, ao mesmo tempo: não falta apenas pudor a essa divindade –; e há em geral boas razões para presumir que em algumas coisas todos os deuses teriam a aprender conosco, os homens. Nós, homens, somos – mais humanos...

296

Ah, o que sois afinal, meus pensamentos escritos e pintados! Não faz muito tempo, ainda éreis tão coloridos, jovens e maldosos, cheios de espinhos e secretos condimentos, de modo que me fazíeis espirrar e rir – e agora? Já vos despistes de vossa novidade, e alguns dentre vós estão, assim temo, prestes a se tornar verdades: tão imortais já parecem, tão pungentemente íntegros, tão maçantes! E alguma vez foi diferente? Que coisas escrevemos e pintamos, nós, mandarins com o pincel chinês, nós, eternizadores das coisas que se *deixam* escrever, o que apenas conseguimos pintar afinal? Ah, somente aquilo que logo quer emurchecer e começa a perder o perfume! Ah, somente tempestades esgotadas e a se afastar, e sentimentos tardios, amarelos! Ah, somente pássaros cansados de voar e de perder o rumo de seu voo, e que agora se deixam apanhar com a mão – com a *nossa* mão! Nós eternizamos o que não pode mais viver e voar por muito tempo, apenas coisas cansadas e esgotadas! E é apenas para a vossa *tarde*, meus pensamentos escritos e pintados, somente para ela que possuo cores, muitas cores talvez, muitas delicadezas coloridas e cinquenta amarelos e marrons e verdes e vermelhos – mas a partir disso ninguém consegue adivinhar como era vossa aparência pela manhã, vós, repentinos fulgores e portentos de minha solidão, vós, meus velhos, amados – – *terríveis* pensamentos!

Nas altas montanhas
Canção-epílogo

Ó meio-dia da vida! Solene momento!
        Ó jardim de verão!
Inquieta felicidade em estar de pé e espreitar e esperar: –
Os amigos aguardo, dia e noite a postos,
Onde estais, amigos? Vinde! É tempo! É tempo!

Não foi para vós que o cinzento da geleira
        Hoje se adornou de rosas?
O riacho vos busca, sequiosos hoje se aglomeram e se [empurram
O vento e as nuvens nas alturas azuis,
A espreitar por vós a partir da mais distante vista de [pássaro.

Em alturas extremas foi posta minha mesa para vós: –
        Quem tão próximo mora
Das estrelas, das distâncias apavorantes do abismo?
Meu reino – que reino mais longe se estendeu?
E o meu mel – quem é que o provou?.....

– Aí *estais*, amigos! – Ai, mas não sou *eu*
        A quem procurais?
Vós hesitais, pasmados – ah, preferia vosso rancor!
Eu – não sou mais eu? Mudados a mão, o passo, a face?
E *o que* sou, amigos – não o sou para vós?

Outro terei me tornado? E estranho a mim mesmo?
        De mim mesmo evadido?

Um lutador que vezes demais a si mesmo subjugou?
Vezes demais se opôs à própria força,
Ferido e tolhido pela vitória sobre si próprio?

Procurei o lugar em que o vento sopra mais cortante?
Aprendi a morar,
Onde ninguém mora, nas zonas desertas do urso branco,
Desaprendi homem e deus, maldição e oração?
Tornei-me espectro a vagar sobre as geleiras?

– Vós, velhos amigos! Vede! Agora é pálida a vossa
[aparência,
Plenos de amor e assombro!
Não, ide! Sem ira! Aqui – não podeis *vós* habitar:
Aqui, em meio ao mais remoto reino de gelo e
[penhascos –
Aqui é preciso ser caçador e semelhante à camurça.

Um *terrível* caçador me tornei! – Vede, quão
Imponentemente retesado o meu arco!
Foi o mais forte de todos a tensionar com essa tensão – –:
Mas agora, ai! Perigosa é *a* seta,
Como *nenhuma* seta – fora daqui! – Para vosso bem!.....

Dais a volta? – Ó coração, tu suportas bastante,
Forte permaneceu a tua esperança:
Mantém a *novos* amigos as tuas portas abertas!
Deixa os velhos! Deixa as recordações!
Outrora eras jovem, agora – és jovem de um modo
[ainda melhor!

O que no passado nos ligava, o laço de uma só
[esperança, –
Quem lê os sinais, ainda,
Que o amor uma vez inscreveu, empalidecidos?
Ao pergaminho o comparo, que a mão
Tocar *teme* – igual a ele, escurecido, queimado.

Não amigos mais, mas – que nome então darei? –
    Apenas espectros de amigos!
Que à noite decerto ainda batem-me ao coração e à
[janela,
Que me olham e falam: "Mas não *éramos* amigos?" –
Ó palavra murcha, que uma vez cheirava a rosas!

Ó ânsia juvenil que a si mesma enganou!
    Aqueles por quem *eu* ansiei,
Que eu julgava a mim mesmo aparentados-
[transformados,
O fato de *envelhecerem* os baniu para longe:
Apenas quem se transforma permanece a mim
[aparentado.

Ó meio-dia da vida! Segunda juventude!
    Ó jardim de verão!
Inquieta felicidade em estar de pé e espreitar e esperar!
Aguardo os amigos, dia e noite a postos,
Os *novos* amigos! Vinde! É tempo! É tempo!

* * *

Esta canção terminou – da saudade o doce grito
    Morreu na boca:
Obra de um mago, do amigo na hora oportuna,
Do amigo do meio-dia – não! Não pergunteis quem
[seja –
Foi ao meio-dia que um se tornou dois.....

Celebramos agora, seguros de unida vitória,
    A festa das festas:
O amigo *Zaratustra* chegou, o hóspede dos hóspedes!
Ri agora o mundo, rasgou-se a horrenda cortina,

Chegou a hora do casamento entre a luz e as trevas.....[203]

---

203. Nossa tradução é literal, ou seja, não apresenta rimas como o texto alemão, abaixo reproduzido.

Aus hohen Bergen. Nachgesang. // Oh Lebens Mittag! Feierliche Zeit! / Oh Sommergarten! / Unruhig Glück im Stehn und Spähn und Warten: – / Der Freunde harr' ich, Tag und Nacht bereit, / Wo bleibt ihr Freunde? Kommt! 's ist Zeit! 's ist Zeit! // War's nicht für euch, dass sich des Gletschers Grau / Heut schmückt mit Rosen? / Euch sucht der Bach, sehnsüchtig drängen, stossen / Sich Wind und Wolke höher heut in's Blau, / Nach euch zu spähn aus fernster Vogel-Schau. // Im Höchsten ward für euch mein Tisch gedeckt: – / Wer wohnt den Sternen / So nahe, wer des Abgrunds grausten Fernen? / Mein Reich – welch Reich hat weiter sich gereckt? / Und meinen Honig – wer hat ihn geschmeckt?..... // – Da seid *ihr, Freunde! – Weh, doch* ich *bins' nicht, / Zu dem ihr wolltet? / Ihr zögert, staunt – ach, dass ihr lieber grolltet! / Ich – bin's nicht mehr? Vertauscht Hand, Schritt, Gesicht? / Und* was *ich bin, euch Freunden – bin ich's nicht? // Ein andrer ward ich? Und mir selber fremd? / Mir selbst entsprungen? / Ein Ringer, der zu oft sich selbst bezwungen? / Zu oft sich gegen eigne Kraft gestemmt, / Durch eignen Sieg verwundet und gehemmt? // Ich suchte, wo der Wind am schärfsten weht? / Ich lernte wohnen, / Wo niemand wohnt, in öden Eisbär-Zonen, / Verlernte Mensch und Gott, Fluch und Gebet? / Ward zum Gespenst, das über Gletscher geht? // – Ihr alten Freunde! Seht! Nun blickt ihr bleich, / Voll Lieb' und Grausen! / Nein, geht! Zürnt nicht! Hier – könntet* ihr *nicht hausen: / Hier zwischen fernstem Eis- und Felsenreich – / Hier muss man Jäger sein und gemsengleich. // Ein* schlimmer *Jäger ward ich! – Seht, wie steil / Gespannt mein Bogen! / Der Stärkste war's, der solchen Zug gezogen – –: / Doch wehe nun! Gefährlich ist* der *Pfeil, / Wie* kein *Pfeil, – fort von hier! Zu eurem Heil!..... // Ihr wendet euch? – Oh Herz, du trugst genung, / Stark blieb dein Hoffen: / Halt* neuen *Freunden deine Türen offen! / Die alten lass! Lass die Erinnerung! / Warst einst du jung, jetzt – bist du besser jung! // Was je uns knüpfte, Einer Hoffnung Band – / Wer liest die Zeichen, / Die Liebe einst hineinschrieb, noch, die bleichen? / Dem Pergament vergleich ich's, das die Hand / Zu fassen* scheut, *– ihm gleich verbräunt, verbrannt. // Nicht Freunde mehr, das sind – wie nenn' ich's doch? – / Nur Freunds-Gespenster! / Das klopft mir wohl noch Nachts an Herz und Fenster, / Das sieht mich an und spricht: "wir* waren's *doch?" – / – O welkes Wort, das einst wie Rosen roch! // Oh Jugend-Sehnen, das sich missverstand! / Die* ich *ersehnte, / Die ich mir selbst verwandt-verwandelt wähnte, / Dass* alt *sie wurden, hat sie weggebannt: / Nur wer sich wandelt, bleibt mit mir verwandt. // Oh Lebens Mittag! Zweite Jugendzeit! / Oh Sommergarten! Unruhig Glück im Stehn und Spähn und Warten! / Der Freunde harr' ich, Tag und Nacht bereit, / Der* neuen *Freunde! Kommt! 's ist Zeit! 's ist Zeit! // * * * //* Dies *Lied ist aus, – der Sehnsucht süsser Schrei / Erstarb im Munde: / Ein Zaubrer that's, der Freund zur rechten Stunde, / Der Mittags-Freund – nein! fragt nicht, wer es sei – / Um Mittag war's, da wurde Eins zu Zwei..... // Nun feiern wir, vereinten Siegs gewiss, / Das Fest der Feste: / Freund* Zarathustra *kam, der Gast der Gäste! / Nun lacht die Welt, der grause Vorhang riss, / Die Hochzeit kam für Licht und Finsterniss.....*

Cronologia biobibliográfica
A vida e a obra de Nietzsche

Marcelo Backes

1844 – Em 15 de outubro, nasce Friedrich Wilhelm Nietzsche, em Röcken, na Saxônia, mais velho entre os três filhos de uma família de pastores protestantes. Seu pai e seus dois avôs eram pastores. Aos 10 anos já fazia suas primeiras poesias e composições musicais e aos 14 tornou-se professor numa Escola Rural em Pforta.

1846 – Em 10 de julho, nasce sua irmã Elisabeth.

1848 – Em 27 de fevereiro, nasce seu irmão Ludwig Joseph.

1849 – Morre o pai de Nietzsche, Karl Ludwig, em 30 de julho, com apenas 35 anos de idade.

1850 – Morre Ludwig Joseph, seu irmão. A família se muda a Naumburg. Nietzsche passa a viver cercado apenas de mulheres. Além da mãe e da irmã, é cercado pela avó e por duas tias solteironas.

1858 – De outubro de 1858 a setembro de 1964 estuda Teologia e Filologia Clássica na Universidade de Bonn. Em 1858 começa a escrever seu diário, esboçando, já na época, uma autobiografia e sinalizando para o *Ecce homo*, escrito apenas trinta anos depois. "Da minha vida" é o título da obra de um autor que, em tenra idade, já se sabia destinado a grandes tarefas.

1865 – Prossegue os estudos em Leipzig. Entra em contato com a obra de Schopenhauer.

1868 – Primeiro encontro, em 8 de novembro, com Richard Wagner, cuja música o deixa fascinado.

1869 – Em fevereiro, com apenas 24 anos – e isso apenas confirma um gênio que se manifestou sempre precoce –, Nietzsche é chamado para a cadeira de Língua e Literatura Grega na Universidade de Basileia, na Suíça, ocupando-se também da disciplina de Filologia Clássica. O grau de Doutor – indispensável nas universidades alemãs – seria concedido a Nietzsche apenas alguns meses depois, pela Universidade de Leipzig. Sem qualquer prova e com um trabalho sobre "Homero e a filologia clássica", Nietzsche assumiu o título e mudou-se definitivamente para Basileia. Em 17 de maio, pouco antes, visita Wagner em Tribschen, junto a Lucerna.

1870 – Com 26 anos, Nietzsche desenvolve os aspectos teóricos de uma nova métrica na poesia, para ele, "o melhor achado filológico que tinha feito até então". Em agosto participa da Guerra Franco-Alemã na condição de enfermeiro voluntário; adoece gravemente. Em outubro volta a Basileia e começa a amizade com o teólogo Franz Overbeck.

1872 – Escreve sua primeira grande obra, *O nascimento da tragédia*, sobre a qual Wagner disse: "jamais li obra tão bela quanto esta". O ensaio viria a se tornar um clássico na história da estética. Nele, Nietzsche sustenta que a tragédia grega surgiu da fusão de dois componentes: o apolíneo, que representava a medida e a ordem; e o dionisíaco, símbolo da paixão vital e da intuição. Segundo a tese de Nietzsche, Sócrates teria causado a morte da tragédia e a progressiva separação entre pensamento e vida ao impor o ideal racionalista apolíneo. As dez últimas seções da obra constituem uma rapsódia sobre o renascimento da tragédia a partir do espírito da música de Wagner. Daí que, elogiando Nietzsche, Wagner estava, na verdade, elogiando a si mesmo.

1873 – Ano da primeira e da segunda *Considerações extemporâneas*. Na primeira, ocupa-se do escritor e teólogo David Straus (1808-1874), na segunda das vantagens e desvantagens da História para a vida humana.

1874 – Escreve a terceira *Consideração extemporânea*, dedicada ao estudo de Schopenhauer.

1875-76 – Escreve a quarta *Consideração extemporânea*, voltando a tratar diretamente de Wagner. Em outubro de 1875 conhece o músico Peter Gast (Heinrich Köselitz), em setembro de 1876 começa a amizade com o psicólogo Paul Reé. Adoece mais gravemente e em outubro do mesmo ano recebe férias da Universidade de Basileia para cuidar de sua saúde. Passa o inverno em Sorrento com Paul Rée e Malwida von Meysenburg. Em novembro, em Sorrento, acontece o último encontro entre Nietzsche e Wagner e a amizade é rompida, depois de uma série de desentendimentos e alguns ataques mútuos via imprensa.

1876-78 – Trabalha em *Humano, demasiado Humano – Um livro para espíritos livres*, depois de entrar em contato com a obra de Voltaire. As dores que Nietzsche já sentia há algum tempo progridem nessa época, e o filósofo escreve numa carta a uma amiga: "De dor e cansaço estou quase morto". Daí para diante a enxaqueca e o tormento nos olhos apenas fariam progredir.

1879 – Adoece ainda mais gravemente e é obrigado a abandonar a Universidade de Basileia.

1880 – Publica *O peregrino e sua sombra. Humano demasiado humano*, segunda parte. Entre março e junho passa a primeira temporada em Veneza. Em novembro, vivencia seu primeiro inverno em Gênova.

1880-81 – Escreve *Aurora*. Em 1881 passa o primeiro verão em Sils-Maria, em 27 de novembro ouve pela primeira vez, em Gênova, a *Carmen*, de Bizet.

1882 – Publica *A gaia ciência*. Em março viaja pela Sicília, em abril conhece Lou Salomé e, junto com Paul Reé, mantém uma amizade a três, perturbada por constantes declarações de amor da parte dos dois homens a Lou Salomé. Os três viajaram e moraram juntos em várias cidades.

1883 – Em fevereiro, em Rapallo, começa a escrever *Assim falou Zaratustra*, cujas primeira e segunda partes são publicadas ainda no mesmo ano. A partir de novembro passa o primeiro verão em Nice.

1884 – Terceira parte do *Zaratustra*, sua obra-prima, é escrita em Nice. Entre novembro do mesmo ano e fevereiro de 1885, escreve a quarta e última parte, dividido entre Mentone e Nice. Sob a máscara do lendário sábio persa, Nietzsche anuncia sua filosofia do eterno retorno e do super-homem, disposta a derrotar a moral cristã e o ascetismo servil.

1885 – Lê e estuda as *Confissões* de Santo Agostinho.

1886 – Publica *Além do bem e do mal*, obra com a qual se ocupou nos dois anos anteriores, depois do término do *Zaratustra*.

1887 – Escreve *Genealogia da moral* e descobre Dostoiévski, aprofundando-se em sua leitura.

1888 – Produz uma enxurrada de obras, entre elas *O caso Wagner*, *Crepúsculo dos ídolos*, que seria publicada em janeiro do ano seguinte, *O Anticristo* e *Ecce homo*, que seria publicada apenas em 1908. Em abril, passa sua primeira temporada em Turim. Georg Brandes (1842-1927), crítico literário, filósofo e escritor dinamarquês dá um curso sobre a obra de Nietzsche na Universidade de Copenhague.

1889 – Em janeiro sofre um colapso ao passear pelas ruas de Turim e perde definitivamente a razão. Em Basileia, foi diagnosticada uma "paralisia progressiva", provavelmente originada por uma infecção sifilítica contraída na juventude.

1891 – Aproveitando-se da fraqueza de Nietzsche, a irmã Elisabeth faz o primeiro ataque à obra do filósofo, impedindo a segunda edição do *Zaratustra*. A partir de então a irmã (que voltara a Alemanha depois de viver durante anos no Paraguai com o marido, o líder antissemita Bernhard Förster, que se suicidou depois de ver malogrado seu projeto de fundar uma colônia ariana na América do Sul. Nietzsche sempre foi terminantemente contra o casamento) passou a ditar as regras em relação ao legado de Nietzsche. E assim seria até 1935, quando Elisabeth veio a falecer.

1895 – Os sinais da paralisia avançam e Nietzsche passa a apresentar sinais visíveis de perturbação nos movimentos dos membros.

1897 – Morre a mãe de Nietzsche e a família se muda para Weimar, levando o filósofo gravemente enfermo, junto com o arquivo de suas obras e escritos.

1900 – Em 25 de agosto, depois de penar sob o jugo da dor e da irmã, Nietzsche falece em Weimar.

Poirot

Agatha Christie®

L&PM POCKET

ARTHUR CONAN DOYLE
SHERLOCK HOLMES
O Cão dos Baskerville
ARTHUR CONAN DOYLE
SHERLOCK HOLMES
O Signo dos Quatro
ARTHUR CONAN DOYLE
SHERLOCK HOLMES
O Vale do Terror
ARTHUR CONAN DOYLE
SHERLOCK HOLMES
Um Estudo em Vermelho
ARTHUR CONAN DOYLE
SHERLOCK HOLMES
na Coleção L&PM POCKET
A maior coleção de livros de bolso do Brasil

IMPRESSÃO:

PALLOTTI
GRÁFICA

Santa Maria - RS | Fone: (55) 3220.4500
www.graficapallotti.com.br